AF325441

MARQUE DE GRAVEUR DU XV⦁ SIÈCLE

TRAITÉ

DE

CRYPTOGRAPHIE

PAR

ANDRÉ LANGE   ET   E.-A. SOUDART

ANCIENS CHEFS DE LA SECTION DU CHIFFRE
AU GRAND QUARTIER GÉNÉRAL

OUVRAGE ORNÉ D'UN FRONTISPICE

ET DE

100 TABLEAUX ET ILLUSTRATIONS DANS LE TEXTE

PARIS

LIBRAIRIE FÉLIX ALCAN

108, BOULEVARD SAINT-GERMAIN, 108

1925

A LA MÉMOIRE

DU LIEUTENANT DE VAISSEAU

MAXIME BERTRAND

MORT POUR LA FRANCE

AVANT-PROPOS

Il existe, à notre connaissance, très peu d'ouvrages traitant de la *Cryptographie* et du *Décryptement*. Quelques-uns sont remarquables. Mais, outre que de tels ouvrages, pour être consultés avec fruit, exigent des connaissances préalables assez étendues en langues étrangères, la masse des renseignements qu'ils contiennent les rend d'une lecture difficile pour ceux qui désirent acquérir suffisamment de notions générales pour aborder les détails de la pratique. D'autre part, aucun de ces livres n'embrasse la question dans son ensemble : chacun d'eux n'en traite qu'un des côtés. En dehors d'une brochure [1] qui, publiée il y a quarante ans, n'est plus au courant des méthodes actuelles, nous ne connaissons aucun exposé méthodique, à la fois succinct et complet, de la science de la Cryptographie et de l'art du Décryptement.

Le travail présenté ci-après a pour objet de combler cette lacune. Dix années consacrées à nous occuper du Chiffre, soit pendant la guerre au Grand Quartier Général, soit depuis la guerre, pour notre édification personnelle, nous ont incités à l'entreprendre. La complexité des questions traitées nous a fait un devoir d'être clair avant tout et de rejeter, de propos délibéré, les exposés techniques susceptibles d'alourdir les démonstrations. Toutefois, on trouvera dans les chapitres ci-après suffisamment de renseignements pour permettre à ceux que

1. Kerckhoffs. *Cryptographie militaire*. Paris, 1883. Baudoin.

Cryptographie. a

cela intéresserait de pousser plus loin leurs recherches, notamment une bibliographie plus complète que toutes celles qui ont été publiées jusqu'à ce jour, et les cotes de bibliothèques des ouvrages cités les plus importants. La bibliographie, à elle seule, représente une valeur inappréciable, la plupart des ouvrages dont il est fait mention étant aujourd'hui introuvables.

Nous avons écrit ce livre à l'intention du grand public, toujours si ouvert à tout ce qui touche de près ou de loin à la science. Nous l'avons écrit aussi, plus spécialement, pour les officiers et, ajoutons-le, aussi bien pour les officiers de réserve, que pour ceux de l'active. Il ne faut pas oublier, en effet, que ce sont des officiers de réserve qui ont assuré pendant toute la durée de la guerre de 1914-1918 le service du Chiffre dans les grands États-Majors, et que la Section du Chiffre au G. Q. G. a été dirigée par des officiers de réserve, depuis février 1917 jusqu'à la démobilisation. Ceux qui nous liront seront peut-être appelés quelque jour, à leur tour, à remplir la tâche que leurs aînés ont tenu à honneur d'assumer. Ce livre leur sera, croyons-nous, de quelque secours dans leurs débuts, et leur évitera, nous l'espérons, les difficultés que nous avons eu à surmonter à nos propres débuts.

Nous pensons que les études cryptographiques ne doivent laisser aucun Français indifférent. Les services rendus au cours de la guerre par le décryptement des dépêches ont redonné à la Cryptographie toute sa valeur. Depuis la guerre, les procédés qui en constituent la matière font l'objet d'une recrudescence d'intérêt. Puisse l'exposé qui va suivre apporter une contribution modeste, mais efficace, à ces attrayantes études.

Klingenthal, le 19 août 1924.

BIBLIOGRAPHIE

Æneas Le tacticien (IVᵉ siècle avant J.-C.).

Commentaires sur la défense des places, traduction française (l'original, en grec, étant perdu) du maréchal de camp Comte de Beausobre, Amsterdam, 1757, in-4°.

Recueil de stratagèmes. Le chapitre xxxi traite spécialement des moyens de communication secrets. Une traduction en latin a été publiée sous le titre : *Commentarius de toleranda obsidione*, Lipsiæ, 1818, in-8°. Cette traduction figurait déjà dans l'édition latine de 1609 des Histoires de Polybe, et a été éditée à part, en 1818, pour faire suite à l'édition de Schweighaeuser.

Jules l'Africain (230 avant J.-C.). *Les Cestes*, traduction française reproduite dans les *Mémoires critiques et historiques* de Guischard, Berlin, 1774, in-4°.

Ouvrage sur l'art militaire. Ce n'est guère qu'une copie des Commentaires d'Ænéas.

Lavinde (Gabriel de). *Liber zifrarum* [Archives Vaticanes, Collect. 393, f° 166 à 181]. Rome, 1375-1383.

Sicco Simonetta. *Traité de déchiffrement*. Milan, 1474. Une étude critique de cet ouvrage par M. P. Perret, a paru sous le titre : *Les règles de Sicco Simonetta pour le déchiffrement des écritures secrètes* [Bibl. de l'École des Chartes]. Paris, 1890,

Alberti (Léon Battista). *Trattati in cifra*. Rome, 1480. Il existe quatre exemplaires manuscrits de ce traité : l'un aux Archives Vaticanes, série *Varia Politicorum*, tome LXXX, f° 173-181 ; le second à la Bibliothèque Chigi, à Rome, M. II, 49, f° 9 à 34 ; le troisième aux Archives générales de Venise, Busta VI, Nr. 1 ; le quatrième à la Bibliothèque Vaticane, à Rome, dans le Cod. Vat. Lat. 6532 S. 170-201. Cité par Vigenère, éd. de 1587, p. 209, par Brown, dans son *Calendar*, Londres, 1867 et par Meister, dans la *Cryptographie à la Curie papale*, Paderborn, 1906.

Publicius (Jacobus). *Ars memoriæ*, Venetiis, Erh Ratdolt, 1482, in-4° gothique.

Trithème (Abbé), de son vrai nom Johann von Heydenberg, de Trittenheim, près Trèves. *Polygraphiæ, libri sex Johannis Trithemii*, Oppenhemii, 1518, petit in-folio.

Deuxième édition donnée par Adolf de Glauburg, à Francfort, en 1550. Nouvelles éditions données en 1564 et 1671, 1676 et 1721, à Cologne, et en 1600, 1613, 1621 et 1637, à Strasbourg.

Cet ouvrage a été traduit en français par Gabriel **de Collange**, sous la dénomination de *Polygraphie et universelle escriture caballistique de M. Jean Trithème, Abbé*, Paris, 1561, in-4°. Autres éditions : 1621, 1625.

Cette même traduction de Collange a été, à ce que fait observer Nicéron, publiée, sous le même titre, comme un ouvrage nouveau par Dominique **de Hottinga**, Emden, 1620, in-4°. Nous ajoutons que, dans le premier catalogue de Crevenna, tome II, on trouve : *Polygraphie ou méthode universelle de l'escriture cachée*, par Dominicus de Hottinga, Groningue, 1621, in-4°.

Trithème a aussi écrit une *Stéganographia*, éditée à Francfort, en 1608, rééditée en 1621, sous le titre de : *Clavis steganographiæ*. Autres éditions : Darmstadt, 1621, Cologne 1635. **Selenus** (Gustav) a commenté Trithème dans un ouvrage intitulé : *Cryptomenytices et cryptographiæ*, lib. IX, in quibus plenissima steganographiæ a Joh. Trithemio, olim conscriptæ, enodatio traditur, Luneburgi, Sternii, 1624, in-fol.

L'ouvrage de **Heidel** (Wolfgang-Ernst) sert également à faciliter l'intelligence du traité ci-dessus ; il est intitulé : *J. Trithemii steganographia vindicata, reserata et illustrata*, Moguntiœ, 1676 et Norimbergœ, 1721, in-4°.

Silvester (Jacobus). *Opus novum*, Rome, 1526.

Première idée du cryptographe concentrique.

Soro (Giovan). *Liber zifrarum*, Venise, 1539.

Ouvrage perdu. Meister, dans les *Débuts des écritures secrètes diplomatiques modernes*, Paderborn, 1902, indique que cet ouvrage traitait du décryptement des écritures secrètes et était riche en enseignements.

Bellaso (Giovan Battista). *Il vero modo di scrivere in cifra*. Bressa, 1553, 1557 et 1564.

Ludovicis (Johann Baptista de), *Cifre*. Fragments aux Archives de Venise, Busta VI, in-4°, Nr. 3 et 4, 1569.

Marins (Giovan Francesco). *Del modo di extraʒar le cifre* [Archives de Venise, Busta VI, in-4°, Nr. 2], 1578.

Cardan (Jérôme). *De subtilitate*, Nuremberg, 1550 et Bâle, 1553 et 1582, in-fol.

Cet ouvrage a été traduit en français par Richard le Blanc, sous le titre : *De la subtilité et subtiles inventions*, Paris, 1556, in-4° et 1584, in-8°.

Cardan est l'inventeur du procédé de la grille.

Dolce (Ludovicus). *Dialogo di memoria*, (en italien), Venetia, 1586.

Collange (Gabriel de). Voy. Trithème.

Porta (J.-B.). *De furtivis literarum notis*, Naples, 1563, in-4° et 1602, pet. in-fol.

[Bibliothèque Sainte-Geneviève, 8°, V. 1134].

De occultis literarum notis. Montisbeligardi, 1593 et Strasbourg, 1603, 1606, in-8° et 1616, éditions augmentées [Bibliothèque de l'Université de Paris : H. AR., p. 13].

Fondateur, avec Vigenère, de la cryptographie moderne. A perfectionné les systèmes de substitution simple et inventé la substitution double.

Colorni a commenté Porta, dans un ouvrage intitulé : *Scotographia overe scienza di scrivere oscuro*, Prague, 1593.

Vigenère (Blaise de). *Traité des Chiffres ou secrètes manières d'écrire*, Paris, chez Abel Langelier, 1586, 1587 et 1637 [Bibliothèque Sainte-Geneviève, 4° V. 804].

Fondateur, avec Porta, de la cryptographie moderne. Savant remarquable, inventeur du chiffre carré. S'est spécialisé dans l'étude des mystères de la Cabale.

Du Carlet a donné une traduction en italien de l'ouvrage de Vigenère, intitulée : *Blago di Vigenère, la cryptografia racchiudente la maniera di scrivere secrementale*, 1644.

Colorni. (Voy. Porta).

Armadi (Agostino). *Cifre*. Venetia, 1588 [Archives de Venise, Busta VI, Nr. 7]. Traité de chiffrement et de décryptement.

Argenti (Matteo). *Trattato familiare di Cifre*. Rome, 1610 [Bibliothèque Chigi, M. II, 48, f°s 1 à 135]. Ouvrage capital pour la connaissance du chiffre des Papes.

Trattato che insigna di formare cifre. Rome. [Bibliothèque Chigi, M. II, 49, f° 191 à 212]. Traité de chiffrement.

Discorso e considerationi et coietture da levar senza contracifra. Rome. [Bibliothèque Chigi, M. II, 48, f° 136-142]. Traité de décryptement.

Meister a donné des extraits de ces ouvrages dans la *Cryptographie à la Curie Papale*, Paderborn, 1906. Argenti a été secrétaire aux Chiffres des Papes de 1591 à 1605 : tous ses ouvrages sont manuscrits.

HANEDI. Voy. Schwenter.

HOTTINGA (Dominique de). Voy. Trithème.

SCHWENTER (Daniel). *Steganologie et steganographie*, Nuremberg, 1617 et 1620.

> L'anagramme de Daniel Schwenter Noribergense est : « Resene Gibronte Runeclus *Hanedi* », nom sous lequel cet auteur a fait paraître son ouvrage de 1617. Il est encore connu sous le nom de Janus Hercules de Sunde.

SCHENCKELIUS *detectus : seu memoria artificialis hactenus occultata*, Lyon, 1617.

SELENUS (Gustav), de son vrai nom Herzog August von Braunschweig-Lunebourg. *Systema integrum Cryptographiæ*, Lunebourg, 1624. Voy. également Trithème.

WILKINS (John), évêque de Chester. *Mercury or the secret and swift messenger*, London, 1641.

> Recueil de modes de communication secrets, tels que notes de musique, timbres, cartes à jouer.

COSPI (Ant. Maria). *L'interprétation des chiffres*, Paris, 1641, in-8°, traduction du Père Niceron [Bibliothèque de l'Université de Paris : L P. c., 98].

> Méthode de décryptement des systèmes à simple clef où la séparation des mots a été conservée.

DU CARLET (Jean-Robert). *La cryptographie, contenant une très subtile manière d'escrire secrètement*, Tolose, 1644. Voy. également Vigenère.

KIRCHER (Le Père Athanasius). *Polygraphia nova et universalis ex combinatoria arte detecta*, Rome, 1663, in-fol.

> A transformé Vigenère en remplaçant les alphabets littéraux par des alphabets numéraux. Inventeur d'un cryptographe : l'Arca glottotactica.

SCHOTT (Gaspar). *Schola steganographica*, Norimbergæ, 1665, in-4°. [Bibliothèque Sainte-Geneviève, 4° V. 802].

> *Magia universalis naturæ et artis*, Nuremberg, 1677 (sauf la IVᵉ partie qui est de 1659).

> A commenté Kircher.

HILLER (L.-H.). *Mysterium artis steganographicæ novissimum modum epistulas, aliaque scripta incognita characteribus furtivis exarta, expedite solvendi*, Ulmae, 1682. [Bibliothèque Sainte-Geneviève, 8° V. 1135].

> Exposé systématique de l'art du décryptement.

FREDERICI. *Cryptographia oder geheime Korrespondenz*, Hambourg, 1685.

> Application du système de Lord Bacon.

Dœbel (Johann, Heinrich). *Collegium mnemonium*, Hamburg, 1707.

Heidel (Wolfgang-Ernst). Voy. Trithème.

Breithaupt (Christian). *Disquisitio historica, critica, curiosa, de variis modis occulte scribendi*, Helmstadt, 1727.
   Ars decifratoria sive occultas scripturas solvendi et legendi scientia, Helmstadt, 1737.
   Commentaire de Hiller.

Davys (John). *An essay on the art of decyphering*, Londres, 1737.

Gravezande. *Introduction à la philosophie*, Leyde, 1739.

Conrad (David, Arnold). *Cryptographia denudata, sive ars deciferandi*, Leyde, 1739.

Ramsay. *Tachéographie*, Leipzig, 1743.

Beguelin (M.). Mémoire sur la découverte des lois d'un chiffre de feu M. le professeur Herrmann. (*Mémoires de l'Académie Royale des Sciences et des Belles Lettres de Berlin*, XIV). Berlin, 1765.

Lindner (Samuel). *Elementa artis decifratoriæ*, Königsberg, 1770.

Thickenesse. *A treatise on the art of decyphering*, Londres, 1772.

Kortum. *Anfangsgrunde der Entzifferungskunst deutscher Zifferschriften*, Duisbourg, 1782.
   A commenté Hiller.

Dlandol. *Le contr'espion ou les clefs de toutes les correspondances secrettes*, Paris, 1794.
   Description des grilles.

Hindenburg (C.F.). *Uber die Netz-oder Gitterschrift* (Archiv. der reinen und angewandten Mathematik (III und V, 1796).
   Étude sur les grilles.

Mysterienbuch alter und neuer Zeit, Leipzig, 1797. Sans nom d'auteur.

De Prasse (Maurice). *De recticulis cryptographicis*, Leipzig, 1799.
   Étude sur les grilles.

Kluber (Johann, Ludwig). *Kryptographik*, Lehrbuch der Geheimschreibekunst, Tubingue, 1809.
   Étude historique.

Rees. *The new Cyclopaedia*, article Cypher, Londres, 1802 et 1819-21.

Lindenfels (J.-B.). *Den hemmelige Skrivekonst eller Chiffer-og Dechiffrer-Konsten*, Kopenhaguo, 1819.
   Commente Kluber.

Kerndörfer (H.A.). *Leicht fassliche Anleitung zur Kryptographie*, Leipzig, 1835.

Vesin de Romanini. *Traité d'obscurigraphie*, Paris, 1838.
   La cryptographie dévoilée, Paris, 1857 et Florence, 1871.

Poë (Edgar). *Cryptographie*, 1841. Chapitre des *Essais* traduit pour la première fois en français par F. Rabbe, Paris, 1906.

MEISSNER (C.L.). *Die Korrespondenz in Chiffern*, Braunschweig, 1849.

WHEATSTONE. *Report of the Roval commission on historical Manuscripts*, 1870.

JACOB (Bibliophile P.L.), de son vrai nom Paul Lacroix.
    Les secrets de nos pères : la Cryptographie, Paris, 1858.
    Table des ouvrages parus antérieurement.

KASISKI (Major F.-W.). *Die Geheimschriften und die Dechiffrir-Kunst*, Berlin, 1863 [Bibliothèque de l'Université de Strasbourg, D. 104.755 Dh. II].
    Exposé de la première méthode de décryptement des systèmes à double clef.

CECCHETTI (B.). *Le scritture occulte nella diplomazia veneziana.*
Actes de l'Institut royal vénitien des sciences, des lettres et des Arts, série III, tome XIV, Venise, 1868-69.

PASINI (Luigi). *Delle scritture in cifra usata della Republica Veneta.* II R. Archives de Venise, Venise, 1873.

GABRIELLI (Abbé Piétro Domenico). Auteur d'un très grand nombre d'ouvrages relatifs à la *Cryptographie florentine*, parus de 1864 à 1873. Les documents originaux se trouvent aux Archives de Florence.

BARTELS. *Leitfaden für den Unterricht in der Dienstkenntniss auf den Königlichen Kriegschulen*, Berlin, 1881 (1ro et 2o éd.), 1882 (3e éd.). Une 4o éd. parut en 1883, sous le titre : *Leitfaden für den Unterricht im militärischen Geschäftsstyl.*
    Étude sur l'emploi du chiffre carré dans l'armée allemande.

FLEISSNER VON WOSTROWITZ (Eduard B.). *Handbuch der Kryptographie*, Vienne, 1881.
    [Bibliothèque de Strasbourg D. 104750 Dh. II].
    Étude des principales méthodes de chiffrement. A commenté Kasiski.

BEAUFORT (Morris). *Cryptography, a system of secret writing, by the late admiral Sir Francis Beaufort*, Londres, 1883 et 1893.
    Variante du chiffre carré.

KERCKHOFFS (Auguste). *La cryptographie militaire*, Paris, 1883.
    Exposé des connaissances cryptographiques de son époque.
    Ouvrage fondamental.

WAGNER (F.). *Studien zu eine Lehre von der Geheimschrift* (Archivalische Zeitschrift, XII, 1887). *Eine nürnbergische Geheimschrift* (Archivalische Zeitschrift IX, Nüremberg, 1884).

MAURY. *Science et guerre* (Études parues dans le Génie Civil). Paris, 1885.

Josse. *La cryptographie et ses applications à l'Art militaire.* (Étude
   parue dans la *Revue maritime et coloniale*). Paris, 1885.
   [Bibliothèque Nationale, 8° V. 7442].
   Exposé historique.

Havet (Julien). *L'écriture secrète de Gerbert* (Comptes rendus de
   l'Académie des Inscriptions et Belles-Lettres, IV), Paris, 1887.

Jolliet. *Les écritures secrètes dévoilées*, Paris, 1887.

Perret (P.-M.). Voy. Sicco Simonetta.

Viaris (Marquis de). *Cryptographie*, Paris, 1888 (publication du
   Génie Civil).
      L'art de chiffrer et de déchiffrer les dépêches secrètes, Paris,
   1893.
      [Bibliothèque Sainte-Geneviève, V. 8° Sup. 1707].

Rockinger. *Geheimschriften der bayerischen Kanzlei im* 16. *Jahr-
   hundert*, Munich, 1891.

Hermann. *Méthode pour chiffrer et déchiffrer les écritures secrètes*,
   Paris, 1892.
      Le livre des Clefs, Paris, 1892.
      Introduction au livre des Clefs, Paris, 1892.

Mengarini. *Cifrario*, Rome, 1892.

Burgaud (Emile) et Commandant Bazeries. *Le Masque de fer. Révélation de la correspondance chiffrée de Louis XIV*. Paris, 1893.

Delastelle. *Cryptographie universelle*, Paris, 1893.

Montfort. *Anweisung*, Berlin, 1893.

Valerio (Capitaine). *De la Cryptographie*, 1ʳᵉ partie, Paris, 1893 ;
   2ᵉ partie, Paris, 1896.

Carmona. *Traité de Cryptographie*, Madrid, 1894.

Boetzel (A.). *Écriture secrète*, Paris, 1895.
      [Bibliothèque Sainte-Geneviève, V. 8° Sup. 964].
      Éléments de cryptotypographie, Paris, 1898. Édité en alle-
   mand, à Leipzig, en 1900.

Bazeries (Commandant). *Les chiffres de Napoléon Iᵉʳ, pendant la
   campagne de 1813*, Fontainebleau, 1896.
      Les chiffres secrets dévoilés, Paris, 1901.
      Étude historique sur les chiffres.
      [Bibliothèque Sainte-Geneviève, X, 8° Sup. 1100].

Deltheil (Commandant). *Cryptographie sans instruments*, Paris,
   1896.
      [Bibliothèque Nationale 8° V. Pièce 11. 260].

Türkheim (Gioppidi). *La crittografia*, Milan, 1897.

Angammare (Commandant). *Déchiffrement de la Cryptographie
   sans instruments du commandant Deltheil*, Paris, 1899.
      [Bibliothèque Nationale 8° V. Pièce 13.094].

COLLON. *La Cryptographie à la guerre*, Bruxelles, 1899.
> [Bibliothèque Nationale 8° V. 28.948].

SCHNEIKERT (Hans). *Geheimschriften im Dienste der Geschäfts- und Verkehrsleben*, Leipzig (sans date).
> *Moderne Geheimschriften*, Mannheim, 1900.

MINOS (Johannes). *Ein neu entdecktes Geheimschriftsystem der Alten*, Leipzig, 1901.
> Minos est l'anagramme de Simon.

DELASTELLE. *Traité élémentaire de cryptographie*, Paris, 1902.
> [Bibliothèque Sainte-Geneviève, V. 8° Sup. 3207].

MYSZKOWSKI (Lieutenant-Colonel). *Cryptographie indéchiffrable*, Paris, 1902.
> [Bibliothèque Nationale, 8° V. 29.687].

MEISTER (Aloys). *Die Anfänge der modernen diplomatischen Geheimschrift*. (Cryptographie italienne du xv° siècle). Paderborn, 1902.
> [Bibliothèque Nationale, 8° G. 6831].
> *Die Geheimschrift im Dienste der päpstlichen Kurie von ihren Anfängen bis zum Ende des XVI. Jahrhunderts*, Paderborn, 1906.

BEAUDOIRE. *Genèse de la cryptographie apostolique et de l'architecture rituelle du I°ʳ au XVI° siécle*, Paris, 1903.

GRANDPRÉ (DE). *Cryptographie pratique*, Paris, 1905.
> [Bibliothèque Sainte-Geneviève, X. 8° Sup. 1223].

WOODWARD. *Tudor problems*, Londres, 1912.
> [Bibliothèque Nationale, 4° Z. 2088].

SCHNEIDER (Commandant). *Description d'un système cryptographique*, Paris, 1912.
> [Bibliothèque Nationale, 8° V. Pièce 18.043].

PFISTER (Dr. Oskar). *Die psychologische Enträtselung des automatischen Kryptographie*, Leipzig und Wien, 1912.

RUELLE. *Cryptographie grecque*, Paris, 1913.
> [Bibliothèque Nationale, 8° V. Pièce 18.321].

LANGIE. *De la Cryptographie*, Paris, 1918.
> [Bibliothèque Nationale, 8° V. 42.289].

MÉLY (F. de). *L'anneau d'Ulger et les inscriptions cryptographiques du Moyen-Age*. Paris, 1918.
> [Bibliothèque Nationale, 8° V. P. 19.850].

DRÖSCHER. *Die Methoden der Geheimschriften*, Leipzig, 1921.
> [Bibliothèque Nationale, 4° M. 2.513].
> *The index of Coïncidence and its applications in cryptography*, Paris, 1922.
> [Bibliothèque Nationale, 4° V. 8.885].

OUVRAGES A CONSULTER

De Montfaucon (Bernard). — *Palaeographia graeca*, Paris, 1708.

Viète. — Les principaux décryptements effectués par Viète sont à la Bibliothèque Nationale (Département des Manuscrits. Les 500 de Colbert).

De Rommel. — *Correspondance inédite de Henri IV avec Maurice le Savant, Landgrave de Hesse*, Paris, 1840.

Baschet (Armand). — *Histoire de la Chancellerie secrète, Archives de Venise*, Paris, 1870.

Bacon (Sir Françis), Baron de Verulam (plus connu sous le nom de Chancelier Bacon ou Lord Bacon). — *Advancement of learning*, Londres, 1605. Édité en latin et augmenté sous le nom de *De dignitate et augmentis scientiarum*, Londres, 1623, 1624.

Autres éditions : édition latine de Paris, 1624 ; d'Amsterdam, 1640 ; de Londres, 1730, 1740, 1765, 1835, 1857 ; de Paris, 1834-35. Traduction française, 1800-03. *Instauratio magna*, ouvrage inachevé, dont la partie principale est le *Novum Organum*, Londres, 1620.

Ben Jonson. — *The dramatics works*, Londres, 1616-31.

Von der Hardt. — *Ænigmata Iudœorum religiosissima*, Helmstädt, 1708.

Walpole (Horace). — *Hieroglyphic Tales*, Kirgate, Strawbery Hill, 1785.

Läwätz (H.-W.). — *Handbuch für Bücherfreunde und Bibliothekare*, Halle, 1788, 1791, et 1794.

Mémoires de police du Comte de Vergennes, Eisenach, 1793. Cité par Kluber.

Ulrich Kopp. — *Palæographia critica*, Mannheim, 1817.

Gisquet, ancien préfet de police. — *Mémoires*, Paris, 1840.

Perret (P.). — *Les Catacombes de Rome*, Paris, 1850.

Firmin-Didot. — *Essai sur l'histoire de la gravure sur bois*, Paris, 1863.

Weatley (Henry B.). — *Of Anagrams*, London, 1862.

Garnier. — *Histoire de l'Imagerie populaire*, Chartres, 1869.

Von Walderdorff (Hugo). — *Regensburg in seiner Vergangenheit und Gegenwart*, 1874.

Gardthausen. — *Griechische Palaeographie*, Leipzig, 1879.

Hamy. — *Mission scientifique au Mexique. Recherches historiques et archéologiques*, Paris, 1885.

Rockinger. — *Uber eine Handschrift des Schwabenspiegels.* (*Oberbayerisches Archiv für vaterl. Geschichte*), München, 1891.

Berger (Philippe). — *Histoire de l'Écriture dans l'Antiquité*, Paris, 1891.

Giry (A.). — *Manuel de diplomatique*, Paris, 1894.

Gross. — *Handbuch des Untersuchungsrichters*, Graz, 1899.

Maspero. — *Histoire ancienne des peuples de l'Orient. Appendice : les écritures du Monde Oriental*, Paris, 1909.

Johnen. — *Geschichte der Stenographie*, Berlin, 1911.

Prou (Maurice). — *Manuel de Paléographie latine et française*, Paris, 1920.

DICTIONNAIRES SECRETS CHIFFRÉS

Brachet. — *Dictionnaire chiffré*, Paris, 1850.

Sittler (F.-J.). — *Dictionnaire abréviatif chiffré*, Paris, 1868.

Brunswick. — *Dictionnaire pour la Correspondance télégraphique secrète*, Paris, 1868.

Vaz Subtil. — *Diccionario para a correspondencia secreta*, Lisbonne, 1871.

Airenti. — *Dictionnaire chiffré diplomatique et commercial*, Paris.

Krohn. — *Buchstaben und Zahlensysteme für die Chiffrirung von Telegrammen, Briefen, und Postkarten*, Berlin, 1873.

Mamert-Gallian. — *Dictionnaire télégraphique, économique et secret*, Paris, 1874.

Niethe. — *Wörterbuch*, Berlin, 1877.

Walter. — *Dechiffrier Wörterbuch*, Winterthür, 1877.

Nilac. — *Dictionnaire chiffré*.

Louis (N.-C.). — *Dictionnaire pour la Correspondance secrète*, Paris, 1881.

Bolton. — *Dictionnaire pour la correspondance anglaise*.

Cicero. — *Cifrario per la corrispondenza secreta*, Rome, 1889.

Katscher. — *Wörterbuch*, Leipzig, 1889.

Friedmann. — *Chiffrier Wörterbuch*, Berlin.

Stern et Steiner. — *Chiffrierbuch*, Vienne, 1892.

Bazeries (Commandant). — *Tables chiffrantes et déchiffrantes*, Paris, 1893.

Baravelli. — *Dizionario per corrispondenze in cifra*, Turin, 1896.

Mengarini. — *Nuovo cifrario*, Rome, 1898.

Slater. — *Code*, Londres, 1906.

Darhan. — *Clave telegrafica*, Madrid, 1912.

TRAITÉ

DE

CRYPTOGRAPHIE

INTRODUCTION

NOTIONS GÉNÉRALES

On s'est peu préoccupé, jusqu'à présent, de donner une définition du mot « Cryptographie ». La tâche n'est pas aisée. Ce terme évoque, en effet, l'idée d'une science englobant à la fois la recherche et l'étude des modes de chiffrement des textes, et celles des procédés spéciaux susceptibles d'en assurer le déchiffrement.

En réalité, à l'origine, la *Cryptographie* était simplement *l'Art de chiffrer*, comme le voulait, du reste, l'étymologie du mot, du grec *kruptos* caché, *graphein*, écrire. Plus tard, quand apparut la science des déchiffrements, à la suite des travaux entrepris sur des textes chiffrés à clef inconnue, on s'habitua, en l'absence de mot nouveau, à entendre par Cryptographie le chiffrement et le déchiffrement des dépêches. De là naquit une certaine confusion jusqu'au jour, assez récent, où un terme spécial, *Décryptement* ayant été créé pour désigner la science nouvelle, on put restituer au terme Cryptographie sa signification primitive, seule exacte. L'habitude cependant était si forte qu'elle ne disparut pas tout à fait et qu'aujourd'hui encore il n'est pas rare de voir employer le premier terme pour le second, alors qu'il serait préférable de faire usage de deux mots différents pour énoncer deux choses opposées, et de ne plus confondre sous la dénomination de Cryptographie deux sciences analogues mais de méthodes contraires.

Ainsi qu'il est possible de s'en rendre compte par les extraits qui vont suivre, la généralité des auteurs, en présence de la difficulté de donner une définition exacte de ces sciences, ont préféré s'abstenir de toute définition et leurs ouvrages présentent des lacunes à cet égard.

Porta[1] tente un essai de définition de la Cryptographie dans les termes suivants : « Occultas seu furtivas notas « politioris literature viri eas literas appellant, quæ arti- « ficio hujusmodi consistæ sunt, ut non possint ab alio, « quam ab eo, cui litere destinantur interpretari. » Quoique Porta soit tout à fait versé dans la connaissance des chiffres et que ce soit le premier auteur qui ait formulé des principes de décryptement, on ne saurait se dissimuler que la définition ci-dessus est excessivement faible et incomplète et qu'il y manque à la fois l'indication des termes à employer pour désigner ces sciences et leur explication.

Pas plus que Porta, Vigenère[2], qui était pourtant passé maître dans la science des Chiffres, ne cherche à donner une définition acceptable de la Cryptographie. Il écrit ceci : « L'écriture est double : la commune, dont on use « ordinairement, et l'occulte secrète, qu'on déguise d'in-

---

1. *De occultis literarum notis*, Argentorati, 1606, liv. Ier, chap. 1. Nous n'avons relevé qu'un terme, dans tout le cours de cet ouvrage, pour désigner la cryptographie et le décryptement, celui de « cryptomenityce » ; voyez p. 301 : « Cryptomenitice a Porta duabus explicatur partibus. »

2. *Traité des chiffres ou secrètes manière d'escrire*, Paris, 1587, p. 3.

« finies sortes, chacun selon sa fantaisie, pour ne la rendre
« intelligible qu'entre soi et ses consachants. Ce sont les
« chiffres, comme on les appelle d'un mot corrompu,
« aujourd'hui non approprié à autres effets que pour les
« affaires du monde et les négociations et pratiques aussi
« bien des particuliers que des Princes. »

Cospi[1] s'abstient de toute définition et ne prononce
pas davantage les mots « Cryptographie » et « Décryptement ». C'est le premier auteur, cependant, qui ait consacré au décryptement une étude développée : « Si c'est
« une belle chose, dit-il, et digne d'admiration, d'in-
« venter un chiffre de bonne sorte et bien à propos, il
« faut avouer néanmoins qu'il est beaucoup plus admi-
« rable d'entendre et expliquer un chiffre proposé, sans
« en avoir la clef ou le contre-chiffre. »

Vesin de Romanini, auteur de deux ouvrages consacrés au décryptement, a intitulé l'un d'eux *Traité
d'Obscurigraphie*[2], ce qui est à peu près la même chose
que Cryptographie, et l'autre *Cryptographie dévoilée*[3].
Dans la préface de ce dernier ouvrage, il s'exprime de la
façon suivante : « Je publiai dans le temps, à Paris, une
« brochure qui portait le titre d'Obscurigraphie ou art
« d'écrire d'une manière obscure. Ce nom ne me parut
« pas très heureux, par la raison qu'il ne se rapportait
« qu'à l'art d'écrire, et non de déchiffrer. Je l'ai donc
« depuis changé en celui de Cryptographie dévoilée
« qui embrasse, dans sa signification, et l'art d'écrire en
« caractères secrets, et l'art de les expliquer ». (Préface p. 13.) Tout en se rendant compte de la difficulté,
Vesin n'a pas toutefois cherché à la surmonter. « Un

1. *L'interprétation des chiffres*, traduction du Père Niceron, Paris, 1641, chez
Courbé (p. 3).
2. *Traité d'Obscurigraphie*, Paris, 1838.
3. *La Cryptographie dévoilée*, Paris, 1857.

« grand nombre d'auteurs, écrit-il, ont traité de l'usage
« des correspondances secrètes sous le nom de *Crypto-*
« *logie, Polygraphie, Tachygraphie, Sténographie,*
« *Stéganographie,* etc... Nous nous occuperons ici de
« toutes ces parties, sans trop nous inquiéter de leurs
« dénominations. » (*Introduction*, page 21.)

Kasiski[1], un des auteurs le plus clair et le plus complet
dans l'exposé des méthodes cryptographiques, écrit ceci :
« Die *Geheimschrift* oder *Kryptographie* besteht
« darin, dem Vertrauten Geheimnisse durch eine Art
« Schrift mitzutheilen, die für jeden anderen unvers-
« tändlich oder unsichtbar ist, und also mit solchen Zei-
« chen oder auf eine solche Art geschrieben wird, dass
« nur der Eingeweihte dieselbe lesen kann. »

Kerckhoffs[2], tout en exposant les principales méthodes
de chiffrement connues et les moyens de les déchiffrer,
n'a, pas plus que les auteurs qui l'ont précédé, cherché
à préciser ses définitions. Il écrit, au chapitre I de sa
Cryptographie militaire : « C'est de la *stéganogra-*
« *phie* que pratiquaient nos pères, *artificium sine*
« *secreti latentis suspicione scribendi,* plutôt que de
« la *cryptographie* dans le sens que nous attachons
« aujourd'hui à ce mot. Ce n'est qu'à partir de la
« Renaissance que la cryptographie devient un art véri-
« table, *ars occulte scribendi,* comme on disait, et
« qu'elle acquiert une certaine importance dans les cor-
« respondances des princes. »

Josse[3], par contre, donne de ce terme deux définitions
dont l'une tout au moins nous plaît assez. « La *Crypto-*
« *graphie,* écrit-il, est l'art d'exprimer secrètement ses

1. *Die Geheimschriften und die Dechiffrir-Kunst,* Berlin, 1863, chap. I, § 6.
2. *La Cryptographie militaire,* Paris, 1883, chap. I, p. 3.
3. *La Cryptographie et ses applications à l'art militaire,* Paris, 1885.

« sentiments et ses pensées par des caractères de con-
« vention ou résultant d'une transposition des lettres de
« l'alphabet. On la définit aussi : l'art d'écrire soit en
« caractères de convention soit en signes spéciaux, un
« texte qui doit rester secret. » La première de ces définitions est incomplète, puisqu'elle ne fait pas mention
des substitutions. La seconde, au contraire, est parfaitement claire et complète et n'appelle qu'une modification : nous croyons, en effet, que la cryptographie est
une science et le décryptement un art. Nous aurons
l'occasion d'ailleurs de revenir plus loin sur cette question.

Valerio[1] a donné une définition de ce terme. Il dit en
effet : « La *Cryptographie* est l'art des écritures se-
« crètes[2]. » Et ailleurs : « M. Kerckhoffs me semble
« avoir traité des règles de la Cryptographie comme art,
« mais la cryptographie procède à la fois de l'art et de la
« science[3]. » Toutefois il n'explique pas autrement sa
pensée, qui demande à être précisée et complétée.

Quant à l'étude du marquis de Viaris, sur *l'art de
chiffrer et de déchiffrer les dépêches secrètes* (1893),
elle est muette sur la question qui nous intéresse.

L'examen de textes auquel nous venons de nous livrer
ayant confirmé les lacunes signalées plus haut, la définition des mots *Cryptographie* et *Décryptement*
restait à trouver. Nous avons essayé de composer cette
définition au moyen des indications fournies ci-dessus,
en éliminant les parties incorrectes des phrases retenues
et en complétant les autres. Nous avons obtenu ainsi le
texte suivant, que nous proposons à nos lecteurs :

1, *De la Cryptographie*, 1re partie, Paris, 1893 ; 2e partie, 1896.
2. *Loc. cit.*, p. 1.
3. *Ibid.*, p. 228.

« La cryptographie est la science des moyens les « plus propres à assurer le secret d'un texte donné, « par l'emploi d'un langage chiffré ou convenu. »

« Le décryptement est l'art de traduire en langage « clair un texte en langage secret dont on ne pos- « sède pas la clef. »

Ces définitions ont le mérite d'être aussi générales que possible. Elles appellent toutefois quelques éclaircissements complémentaires, touchant le sens des expressions langage clair et langage secret, langage chiffré et langage convenu.

Tout document exclusivement rédigé et offrant un sens compréhensible dans l'une ou plusieurs des langues existantes connues, est en *langage clair*.

Par opposition, tous textes rédigés en langage chiffré ou convenu sont en *langage secret*.

On entend par *langage convenu* tout langage composé de mots dont l'assemblage ne forme pas de phrases compréhensibles dans l'une des langues existantes connues. Les mots du langage convenu peuvent être, soit des mots réels empruntés à une ou plusieurs langues courantes et pris dans une signification nouvelle déterminée à l'avance par entente entre l'expéditeur et le destinataire, soit des mots artificiels formés de syllabes pouvant se prononcer selon l'usage courant de la langue choisie.

On entend par *langage chiffré* tout langage formé de chiffres, de lettres, de figures, ou de mots ayant une signification secrète. Dans le cas où l'on se trouve en présence de mots, ceux-ci ne doivent pas remplir les conditions du langage clair ou du langage convenu.

Les textes formés de passages en langage clair et de passages en langage secret, sont en *langage mixte*.

Des conventions internationales ont posé les règles applicables à la rédaction des télégrammes en langage secret échangés entre tous les pays. Nous croyons utile de donner en appendice un extrait du texte de l'Instruction Ministérielle française T, du 28 mars 1914, qui n'a fait d'ailleurs que reproduire les principes posés dans la Convention de Londres (1903), et contenant les dispositions internationales universelles relatives aux télégrammes rédigés en langage secret (Voir Annexe I).

*
* *

La cryptographie utilisant très souvent les chiffres arabes, on lui donne parfois le nom d'écriture ou de langage chiffré.

Un certain nombre de termes spéciaux sont usités pour désigner les personnes s'occupant de langage chiffré, les opérations auxquelles elles se livrent, les textes sur lesquels elles opèrent, les conventions qu'elles emploient et les appareils qu'elles utilisent.

Ce sont les termes : clef, chiffre, cryptogramme, texte chiffré, chiffrement, déchiffrement, décryptement, chiffreur, cryptologue, cryptographe.

La *clef* ou *chiffre* est la convention intervenue entre deux ou plusieurs correspondants, et connue d'eux seuls, leur permettant de transformer un document clair en document chiffré ou inversement. Par extension, on appelle *chiffre* de telle ou telle administration, de telle ou telle personne, l'ensemble des conventions adoptées par ces administrations ou ces personnes pour correspondre en langage chiffré.

On appelle *chiffrement* l'opération qui consiste à traduire en langage secret un document écrit en langage clair.

La personne qui se livre au travail de chiffrement est dénommée *chiffreur*.

On appelle *cryptogrammes* et *textes chiffrés*, les documents écrits dans un langage ayant une signification secrète.

Sont dénommés *cryptologues* et *déchiffreurs*, les personnes s'occupant ordinairement de traduire en langage clair des documents chiffrés.

Enfin, les mots *décryptement* et *déchiffrement* désignent l'opération consistant à traduire en langage clair des documents chiffrés.

Les divers termes appliqués au déchiffrement ne sont pas employés indifféremment les uns pour les autres. Ils sont au contraire utilisés à l'exclusion les uns des autres suivant que la clef dont il est fait usage est ou n'est pas connue du traducteur.

C'est ainsi que les termes *texte chiffré*, *déchiffreur* et *déchiffrement* sont employés plus spécialement dans les cas où la clef est connue.

Par contre, les termes *cryptogramme*, *cryptologue* et *décryptement* sont caractéristiques de la non-connaissance de la clef.

Toutefois, dans la pratique courante, certains de ces mots sont fréquemment employés les uns pour les autres. Ainsi, texte chiffré est pris comme synonyme de cryptogramme et déchiffreur pour cryptologue. Mais c'est à tort que ces mots sont détournés de leur véritable sens et il serait préférable de leur conserver leur signification exacte.

On applique enfin l'appellation de *cryptographes* aux appareils spéciaux construits en vue de faciliter le chiffrement ou le déchiffrement des documents.

.
. .

Les moyens d'expression à la disposition du langage chiffré sont des signes pouvant revêtir la forme de *figures*, de *lettres* ou de *chiffres*.

La science des écritures *figuratives*, qui porte aussi le nom de *stéganographie*, du grec *steganos*, figure, et *grafein*, écrire, appartient au monde savant. Le chinois, l'écriture cunéiforme et les hiéroglyphes égyptiens et hittites, pour l'Ancien monde, les écritures aztèque et calculiforme pour le Nouveau monde, constituent des exemples d'écritures figuratives.

La science des chiffrements par *lettres* ou *chiffres* appartient au domaine courant. L'armée, la diplomatie et le commerce n'emploient pas d'autre mode de communication. Leur choix est d'ailleurs déterminé par le mode de transmission qu'ils sont obligés d'employer, en l'espèce le télégraphe, dont les règles, fixées par les conventions télégraphiques internationales, proscrivent tous signes autres que chiffres et lettres. (Voir Annexe I.)

Ajoutons que rien ne s'opposerait, d'ailleurs, à ce que ces correspondances fussent transmises par tout autre moyen que le télégraphe. Dans ce cas, tout autre procédé pourrait être employé, signes algébriques, astronomiques ou autres signes.

.
. .

Au point de vue de son emploi, le langage chiffré se présente actuellement sous les trois aspects suivants : le chiffre diplomatique, le chiffre militaire, le chiffre commercial.

L'intérêt des Gouvernements exigeant, en bien des

occasions, que la correspondance avec leurs agents diplomatiques défie toute indiscrétion possible, il est d'usage
de se servir de chiffres, tant pour rédiger les ordres ou
les instructions expédiés par les Chancelleries d'État aux
envoyés en pays étrangers, que pour écrire les rapports et
dépêches que ces envoyés adressent à leurs Gouvernements. Pour cet objet, les Ministres des Affaires étrangères et leurs agents à l'étranger ont à leur disposition des
tables chiffrantes et des *tables déchiffrantes*, les unes
pour traduire les dépêches en chiffres, les autres pour reproduire le texte original. Chaque cabinet suit, à cet égard,
des procédés différents. Les Chancelleries et les Léga-
tions utilisent, quant à elles, à peu près tous les systèmes
de chiffres possibles, *dictionnaires chiffrés*, *méthodes de
subtitution*, *transpositions*. Il est recommandé de ne pas
employer le chiffre sans nécessité et pour la transmission
de nouvelles ou d'observations sans importance réelle.
Un usage trop fréquent du chiffre aurait le double inconvénient d'en compromettre la sécurité, en livrant de trop
nombreux éléments aux recherches des spécialistes qui
pourraient être chargés d'en découvrir le contenu et
d'éveiller la défiance du Gouvernement qui les emploie-
rait à cette besogne. Pour donner le plus de sécurité
possible à l'emploi du chiffre, on a coutume, dans la
composition des tables, de ne pas reproduire trop souvent
le même nombre, de varier les clefs des mêmes tables
et de les renouveler fréquemment.

L'utilité de l'emploi de la correspondance chiffrée dans
l'*Armée* a été reconnue depuis longtemps. La transmission des ordres du Haut Commandement et l'envoi des
comptes rendus et rapports des unités subordonnées
exigent évidemment, pour produire tout leur effet, le
secret le plus absolu. Mais, contrairement aux habitudes

diplomatiques, selon lesquelles le chiffre est employé en tout temps, dans les bureaux des Chancelleries, d'une façon en quelque sorte systématique, les échelons des armées en temps de paix n'ont été pourvus, jusqu'à présent, de moyens de chiffrement que tout à fait exceptionnellement. M. Kerckhoffs attribuait le motif de cette absence de précautions à un excès de confiance dont l'origine remonte à la suppression des cabinets noirs. Nous aurons l'occasion de voir plus loin que si l'emploi du chiffre ne s'impose pas en période de paix avec la même rigueur qu'en temps de guerre, il est cependant de toute nécessité de former très longtemps à l'avance les officiers au maniement de cette correspondance et de les habituer par des exercices constants au décryptement des documents chiffrés.

Indépendamment du Ministère des Affaires étrangères et du Ministère de la Guerre, qui font de leurs tables et dictionnaires un usage courant, il n'y a en France que les Ministères de l'Intérieur, de la Marine et des Postes et Télégraphes, qui, avec la Sûreté générale, possèdent des dictionnaires particuliers et emploient plus ou moins fréquemment le chiffre.

Le Ministère de l'Intérieur détient deux chiffres pour ses communications avec les Préfets et un chiffre pour ses communications avec les Sous-Préfets, ce dernier peu employé. La Sûreté générale fait des échanges chiffrés avec les Commissaires spéciaux des frontières. Les Postes et Télégraphes ont un dictionnaire avec les Directeurs départementaux, un autre avec les Inspecteurs en mission. Un dictionnaire spécial est à la disposition des Receveurs des bureaux composés.

Lorsqu'un Ministre, ne possédant pas de Code, a besoin de faire chiffrer tout ou partie d'un télégramme à adresser à un Préfet, il demande au bureau des télégrammes officiels, qui possède un exemplaire du dictionnaire du Ministère de l'Intérieur, le chiffrement du télégramme en question.

Quand un télégramme, émanant d'une autorité supérieure et présentant un caractère secret, doit être adressé à un personnage en mission, non détenteur de documents chiffrés, le télégramme peut être envoyé, soit sous le couvert du Préfet, soit sous le couvert du Directeur des Postes et Télégraphes.

Il est probable que l'extension éventuelle de la T. S. F. aux services du territoire français, entraînera un emploi plus fréquent du chiffre, à moins que la T. S. F. ne réalise, au point de vue de la sécurité, des progrès qu'on commence d'ailleurs à envisager.

Le *chiffre commercial*, par opposition au chiffre diplomatique et au chiffre militaire, n'a pas exclusivement pour but de dérober à la connaissance des intermédiaires le secret des textes transmis. Il a principalement pour objet de réaliser une économie sur le montant des taxes télégraphiques, celles-ci, pour les distances éloignées, étant relativement élevées.

Un chapitre spécial sera consacré en son lieu à l'étude du chiffre commercial.

* * * *

Ayant ainsi donné des éclaircissements sur le sens des termes les plus usités en cryptographie, et passé en revue les moyens d'expression à la disposition du langage chiffré et les divers aspects de ce langage, nous allons aborder maintenant l'objet même de notre étude.

Indiquons, avant tout, qu'il ne sera pas fait mention,

dans cet ouvrage, des *abréviations*[1] ni des caractères invisibles tracés au moyen d'*encres sympathiques*[2]. Nous considérons que ces modes d'écritures sont étrangers à la cryptographie, et nous renvoyons ceux que ces questions intéresseraient au chapitre que leur a consacré le commandant Bazeries dans son ouvrage *Les chiffres secrets dévoilés* (Paris, 1901, Fasquelle, pp. 9, 10 et 21 à 25).

Il nous importe, principalement, de nous faire une idée exacte de la cryptographie et du décryptement par lettres et chiffres. Ces sciences ont fait, de tout temps, l'objet de travaux très variés. Quoique un certain nombre des écrits qui y sont relatifs n'aient plus aujourd'hui qu'un intérêt rétrospectif et purement historique, il y a lieu cependant de les passer en revue, en vue des enseignements qu'ils sont susceptibles de fournir. Nous consacrerons un premier chapitre à l'étude de ces questions.

1. Les abréviations de mots, principalement les abréviations par initiales, ont été fort usitées dans l'Antiquité grecque et au temps du Christianisme. La Fontaine dans *La vie d'Ésope le phrygien* (édition Jouaust des Fables, Paris, 1842, pp. 24 et 25) raconte qu'Ésope fit trouver un trésor à son maître le philosophe Xantus, en lui donnant l'explication d'une inscription grecque gravée sur un vieux monument, composée des premières lettres de certains mots, choisies de telle manière qu'elles renfermaient un triple sens. L'inscription chrétienne INRI, qu'on trouve encore de nos jours sur les calvaires des grandes routes, a été composée avec les initiales de la phrase « Jésus Nazareus Rex Judæorum ».

2. Le principe des encres sympathiques est de ne devenir visibles qu'après avoir été chauffées, mouillées ou soumises à un traitement chimique. Les Carlistes, à l'époque des guerres d'Espagne de 1833-1839, échangeaient avec leurs partisans des correspondances tracées au jus de citron ; en chauffant le papier, les caractères devenaient parfaitement lisibles. Les sucs acides, tels que le jus d'oignon et le jus de cerise, donnent le même résultat. Il en est de même des sels de cobalt. Un message écrit avec de l'alun dissout dans de l'eau ne devient visible qu'en mouillant le papier et en l'exposant au jour. Il en est de même pour les encres composées d'une partie d'eau forte et trois parties d'eau : l'écriture qui devient lisible étant mouillée, disparaît une fois sèche. Quant aux encres qui ont besoin pour se révéler d'une réaction chimique, telles que les solutions aqueuses de chlorate de soude, n'apparaissant qu'au contact d'une éponge imbibée de vitriol de cuivre, ou le lait et la bière ne devenant visibles que frottés de poudre de charbon, leur emploi est à déconseiller car elles laissent des traces visibles sur le papier.

Faisant suite à l'exposé historique, l'étude des méthodes cryptographiques actuelles par lettres et chiffres et des principes généraux de décryptement des divers systèmes usités de nos jours fera l'objet d'un second chapitre, dans lequel nous entrerons dans certains détails et qui, par les explications données complétera le précédent.

Un chapitre spécial sera ensuite réservé à l'étude de la cryptographie par figures et symboles qui comprend les inscriptions anciennes et les symboles apostoliques. La cryptographie par figures et symboles forme, en effet, une branche particulière du langage chiffré et à ce titre n'est pas susceptible d'entrer dans le cadre du chapitre précédent.

L'ouvrage se composera ainsi de trois parties :

Première partie. *Exposé historique ;*

Deuxième partie. *La Cryptographie par lettres et chiffres ;*

Troisième partie. *La Cryptographie par figures et symboles.*

PREMIÈRE PARTIE
EXPOSÉ HISTORIQUE

La cryptographie, sans être, ainsi que l'affirment certains auteurs, vieille comme le monde, remonte par ses origines à la plus haute antiquité. Toutefois, ce n'est qu'au XV⁰ siècle qu'elle perfectionne ses méthodes et au XVIIᵉ siècle qu'elle atteint son plein épanouissement. A partir de cette époque, les chiffres employés deviennent de plus en plus faibles, et il a fallu la dernière grande guerre pour remettre en honneur, en les améliorant, les vieux systèmes préconisés par les auteurs des temps de Louis XIII et Louis XIV.

L'histoire de la cryptographie a été racontée en partie par MM. Kerckhoffs, Josse, Meister et le commandant Bazeries ; nous aurons souvent à renvoyer le lecteur aux pages intéressantes que ces auteurs ont consacrées à cette matière dans leurs ouvrages.

Les grandes divisions de notre exposé seront les suivantes :

CHAPITRE I. *Les Origines de la Cryptographie et les premiers modes de chiffrement : Antiquité et Moyen Age.*

CHAPITRE II. *La période de développement : la Renaissance et Henri IV.*

CHAPITRE PREMIER

LES ORIGINES DE LA CRYPTOGRAPHIE
LES PREMIERS MODES DE CHIFFREMENT :
ANTIQUITÉ ET MOYEN AGE

L'époque la plus lointaine à laquelle il soit possible de remonter, pour retrouver les premières traces de l'emploi de la correspondance chiffrée, est l'Antiquité grecque. Quoiqu'on soupçonne que la cryptographie ait été cultivée déjà par les Chinois, les Perses et les Carthaginois, aucun document n'est parvenu jusqu'à nous, susceptible de donner confirmation de ce point. Par contre, nous sommes mieux renseignés sur les échanges de communications secrètes du temps des Grecs et des Romains, grâce aux renseignements recueillis et rapportés par les historiens anciens, tels qu'Hérodote[1], Ænéas[2],

---

[1]. *Histoires*. — Liv. Ier, § 123. Liv. VII, § 239. Hérodote ne donne pas de renseignements sur les procédés cryptographiques proprement dits. Il indique les stratagèmes dont il était fait usage à son époque, tels que lettre introduite dans le ventre d'un lièvre, ou tablettes gravées et recouvertes ensuite de cire pour dissimuler le texte.

[2]. *Commentaires sur la défense des places*, traduit du grec en français par le maréchal de camp Comte de Beausobre, Amsterdam, 1757, chap. xxxi, et en latin, sous le titre de « *Commentarius de toleranda obsidione* », Lipsiæ 1818. Cette traduction en latin des Commentaires figurait déjà dans l'édition latine de 1609 des Histoires de Polybe et a été éditée à part, en 1818, pour faire suite à l'édition de Schweighæuser de cet auteur où elle ne figurait pas. Cet ouvrage est plus particulièrement un recueil de stratagèmes. Ænéas vivait au ive siècle avant J.-C.

Jules l'Africain a reproduit les commentaires d'Ænéas dans les *Cestes*, ouvrage sur l'Art militaire, traduit en français dans les « *Mémoires critiques et historiques* » de Guischard. Berlin, 1774, in-4°.

Polybe[1], Plutarque[2], Dion Cassius[3], Suétone[4], Aulu-Gelle[5] et Isidore[6]. Le témoignage de ces auteurs permet d'affirmer que les Grecs et les Romains, en faisant usage de la scytale et du procédé de Jules César, ont posé les bases des deux grandes méthodes cryptographiques connues : la transposition et la substitution.

C'est aux Grecs qu'est due l'invention du premier système de transposition connu : *la scytale.*

SCYTALE DES LACÉDÉMONIENS

ᾮ παῖδες, ἱστώμεσθα. — Ô, enfants, levons-nous (Sophocle. *Œdipe-Roi*, 147).

Plutarque, dans la vie de Lysandre, décrit la scytale des Lacédémoniens de la façon suivante : « Quand un « général part pour une expédition de terre ou de mer, « les éphores prennent deux bâtons ronds, parfaitement « égaux en longueur et en grosseur, de façon à se cor- « respondre exactement l'un à l'autre, dans toutes les « dimensions. Ils gardent l'un de ces bâtons et donnent « l'autre au général : ils appellent ces bâtons scytales. « Lorsqu'ils veulent mander au général quelque secret « d'importance, ils taillent une bande de parchemin, « longue et étroite comme une courroie, la roulent « autour de la scytale qu'ils ont gardée, sans laisser le

1. *Histoires.* Liv. x, chap. 44-48.
2. *Vie de Lysandre.* Chap. 19.
3. *Histoires romaines.* Chap. xl, 9 et xli, 3.
4. *Vie des douze César.* César, chap. 56; Octave, chap. 38.
5. *Nuits attiques.* Liv. xvii, chap. 9.
6. *Origines.* I, 24.

« moindre intervalle entre les bords de la bande, de telle
« sorte que le parchemin couvre entièrement la surface
« du bâton. Sur ce parchemin ainsi roulé autour de la
« scytale, ils écrivent ce qu'ils veulent ; et quand ils ont
« écrit, ils enlèvent la bande et l'envoient au général
« sans le bâton. Le général qui l'a reçue n'y saurait rien
« lire d'ailleurs, parce que les mots, tout dérangés et
« épars, ne forment aucune suite ; mais il prend la scytale
« qu'il a emportée et il enroule autour la bande de par-
« chemin, dont les différents tours se trouvant alors
« réunis, remettent les mots dans l'ordre où ils ont été
« écrits, et présentent toute la suite de la lettre. On
« appelle cette lettre scytale, du nom même du bâton,
« comme ce qui est mesuré prend le nom de ce qui lui sert
« de mesure[1]. » L'antique procédé décrit ci-dessus a
donné naissance aux innombrables méthodes, dites de
transposition, que nous aurons à examiner plus loin.

On doit aux Romains l'invention du premier système
de substitution connu : *l'alphabet de Jules César*. Suétone[2] et Aulu-Gelle[3] ont décrit le système employé par
César dans ses échanges de lettres avec Oppius, Cornelius
Balbus, Cicéron et quelques autres familiers. Le système
consistait à substituer à chaque lettre du texte clair,
prise dans un alphabet normal, la lettre correspondante,
prise dans un alphabet identique mais décalé de quatre
rangs par rapport au premier, de façon à brouiller le sens
des mots. Porta[4] fait mention de ce système. Alberti[5]

---

1. *Vie des hommes illustres : Lysandre*, traduction Pierron, Charpentier, 1861, t. II, p. 379.

2. *Vie des douze César. César*, chap. 56 ; *Octave*, chap. 38.

3. *Nuits attiques*. Liv. xvii, chap. 9.

4. *De occultis literarum notis*. Strasbourg, 1616. Liv. i^{er}, chap. 13.

5. *Trattati in cifra*. Rome 1480. Cité par Meister dans *la Cryptographie à a Curie Papale*, Paderborn, 1906.

l'avait décrit avant lui. L'alphabet de J. César est encore usité de nos jours. Une description détaillée en sera donnée au chapitre des Systèmes.

Pendant le Moyen Age (476-1453), la cryptographie a été fort en honneur à la Curie romaine et dans les petites cours italiennes. Les polygraphes du XVe siècle rapportent, d'autre part, qu'elle était très cultivée par les moines, l'Église, à cette époque, étendant son influence dans le domaine de toutes les sciences. Gabriel de Lavinde[1] et Alberti[2], tous deux secrétaires des Papes pour les Chiffres, ont écrit, l'un le premier manuel, l'autre le premier traité de chiffrement connus. On attribue à Alberti l'invention du cryptographe concentrique. Sicco Simonetta[3], de la Chancellerie des Sforza, à Milan, est l'auteur du plus ancien traité de déchiffrement qui nous soit parvenu. G. de Lavinde décrit pour la première fois la subtitution simple proprement dite, dont il préconise l'emploi concurremment avec celui d'un code chiffré : il use des lettres nulles. Alberti est l'inventeur de la substitution simple avec renversement des fréquences et suppression des redoublements ; sa remarquable méthode de chiffrement des substitutions simples et ses observations relatives aux fréquences des principales lettres de l'alphabet, font, de son traité, un ouvrage classique, susceptible d'être étudié encore maintenant avec fruit. Sicco Simonetta a basé son système de décryptement des substitutions simples sur le calcul des fréquences des voyelles et l'étude des particularités d'ordre général des

---

1. *Liber zifrarum*, Archives vaticanes. Collect. 393, f° 166 à 181, Rome, 1375-1383.

2. *Trattati in cifra*, Rome, 1480 (voir Bibliographie).

3. *Traité de déchiffrement*, Milan, 1474. Voy. l'étude critique de M. Paul Perret, sur cet ouvrage, parue sous le titre : *Les règles de Sicco Simonetta pour le déchiffrement des écritures secrètes*, Paris, 1890 (Bibl. de l'Ecole des Chartes).

principales langues connues. Son travail, quoique succinct, témoigne des profondes connaissances des cryptologues italiens du XVᵉ siècle dans la matière des chiffres.

En France nous savons par les témoignages de Trithème et de Vigenère que Charlemagne employait le chiffre dans ses relations avec ses agents[1].

---

1. Vigenère donne (*loc. cit.*, p. 339), 4 alphabets de Charlemagne empruntés à la *Polygraphie* de l'abbé Trithème.

CHAPITRE II

LA PÉRIODE DE DÉVELOPPEMENT :
LA RENAISSANCE ET HENRI IV

Sous la Renaissance, on voit apparaître les premiers perfectionnements des systèmes types. Ce sont, d'une part l'invention de la *grille*, système de transposition nouveau, dû au mathématicien Cardan, d'autre part des améliorations des systèmes dérivés du système de Jules César, telles que l'introduction du *renversement des fréquences* dans les substitutions simples, dont le document de P. de Nassau et le chiffre de M. de Bassefontaine nous ont conservé la trace, et l'invention du premier système de *substitution double*, due au physicien Porta et au diplomate français Vigenère. On note également des tentatives intéressantes au point de vue historique, comme celle de Trithème.

Nous possédons des documents chiffrés remontant au début du XVIᵉ siècle. Vesin de Romanini[1] reproduit dans un de ses ouvrages une pièce historique provenant des Archives générales du département du Nord, dont il a pu reconstituer la clef. C'est une lettre autographe écrite par P. de Nassau à Marguerite d'Autriche, Gouvernante des Pays-Bas, le 13 avril 1519, au moyen d'un

---

1. *Cryptographie dévoilée*. Paris, 1857, chap. III, p. 56.

alphabet dont nous reproduisons ci-dessous les dispositions :

ALPHABET DE P. DE NASSAU (1519)

a	c	d	e	f	i	l	m	n	o
ψ	β	I	θ	II	η	ν	Λ	ζ	γ
Λ	>		φ		z		=	μ	—
			τ		±			∓	
			+						

p	q	r	s	t	u	v	ss	rr
Δ	ρ	ε	χ	λ	σ	δ	Σ	Ξ
a	x	k	π	8	ω			

L'alphabet de chiffrement de ce document est constitué par un mélange de lettres grecques et de signes conventionnels dans lequel les lettres fréquentes sont représentées par plusieurs signes, ce qui rend le décryptement moins aisé. Ainsi qu'il sera expliqué plus loin, ce procédé constitue une substitution simple avec renversement des fréquences.

La missive suivante : « Le roi recommande cette opération », se chiffrera, selon ce système, comme suit :

$$\text{ν θ ε γ η k φ β — Λ = ψ ζ I τ > + λ 8 θ γ Δ φ ε Λ λ z — μ.}$$

M. Bazeries a indiqué dans un de ses ouvrages[1] le chiffre employé par M. de Bassefontaine dans ses négociations avec le Lantgrave, en 1555.

Le système en est analogue à celui du document de P. de Nassau. L'un et l'autre sont des substitutions simples dont l'établissement prouve des connaissances cryptographiques assez approfondies, et dont le décryptement présente des difficultés. Voici la reproduction de ce chiffre :

1. *Les Chiffres secrets dévoilés*, Paris, 1901, chap. II.

CHIFFRE DE M. DE BASSEFONTAINE (1555)

Le pappe	✶
Le Roy	on
L'empereur	ne
Les protestants	φ
La guerre	oz
La Paix	Bien
Les allemands	De
Lautgrave	bout
Bronzmeb	nouv

NULLES

DOUBLES

L'abbé Trithème (1462-1516)[1], le premier auteur allemand qui ait composé un ouvrage traitant de la cryptographie, paraît être l'inventeur d'un système d'écriture secrète où les lettres sont remplacées par des mots, choisis de manière à former par leur juxtaposition un texte sous les apparences duquel il est impossible de soupçonner

1. *Polygraphiæ, libri sex, Oppenhemii*, 1518. Il existe une édition de Francfort, parue en 1550 et rééditée à Cologne en 1564, 1676 et 1721, et une autre de Strasbourg, 1600, 1613, 1621, 1637. L'ouvrage a été traduit en français par Gabriel de Collange, sous la dénomination de *Polygraphie et universelle escriture caballistique de Jean Trithème*, Paris, 1561. Cette même traduction de Collange a été, à ce que fait observer Nicéron, dans ses Mémoires (tome XL, p. 293), publiée sous le même titre, comme un ouvrage nouveau par Dominique de Hottinga à Emden, en 1620. Selenus (Auguste, duc de Brunswick et Lunebourg) a commenté Trithème dans l'ouvrage intitulé « *Cryptomenytices et cryptographiæ*, lib. IX, in quibus plenissima steganographiæ à Ioh. Trithemio olim conscriptæ, enodatio traditur ». Luneburgi, Sternii, 1624.

l'existence d'un message secret. Trithème avait imaginé,
entre autres, une prière, l'*Ave Maria*, dont [les mots
étaient choisis de telle façon que, quel que fût leur mode
d'assemblage, la phrase qu'ils composaient avait toujours un sens (Annexe II). L'inconvénient de ce système
était la longueur du travail de chiffrement et de déchiffrement, l'auteur ayant imaginé 18 alphabets différents
pour chaque lettre, ce qui portait le nombre des combinaisons à 450. Aussi, les ouvrages de cet écrivain qui
ont joui, au XVe siècle, d'une certaine notoriété, en raison
de la nouveauté de leurs conceptions, ne présentent plus
aujourd'hui qu'un intérêt rétrospectif.

Silvester[1] a emprunté beaucoup de ses démonstrations
à Alberti, en particulier son étude sur les chiffres de
l'Antiquité. Soro[2] est l'auteur du premier traité des
Chiffres vénitien : il l'écrivit à la demande du Conseil
des Dix et y travailla vingt-huit ans. Bellaso[3], de l'entourage du Cardinal Carpi, très versé dans la science des
écritures secrètes, a exposé dans un ouvrage nourri, les
chiffres employés par les Papes et les Princes italiens
vers le milieu du XVIe siècle.

Le mathématicien italien Jérome Cardan[4], qui vécut
aussi au XVIe siècle, est l'inventeur du procédé de la
grille, encore usité de nos jours.

La grille n'est autre chose qu'un système de transposition simple, dont l'usage nécessite l'emploi d'un appareil. Elle consiste en une plaque métallique ou de carton,

---

1. *Opus novum, præfectis arcium*, etc., Rome, 1526.

2. *Liber zifrarum*, Venise, 1539. Ouvrage perdu, signalé par Meister dans :
Die Anfänge der modernen diplomatischen Geheimschrift, Paderborn, 1902.

3. *Il vero modo di scrivere in cifra*, Bressa, 1553, 1557 et 1564.

4. *De subtilitate*, Nuremberg, 1550, et Bâle, 1553 et 1582. Cet ouvrage a été
traduit en français par Richard le Blanc, sous le titre « *De la subtilité et subtiles inventions* ». Paris, 1556 et 1584.

généralement de forme carrée et divisée en cases, dont certaines sont découpées à jour.

Soit une grille de 36 cases, dont 9 ajourées.

GRILLE

<table>
<tr><td></td><td>1</td><td></td><td>2</td><td></td><td>3</td></tr>
<tr><td></td><td></td><td></td><td></td><td>4</td><td></td></tr>
<tr><td></td><td></td><td>5</td><td></td><td></td><td></td></tr>
<tr><td></td><td>6</td><td></td><td></td><td>7</td><td></td></tr>
<tr><td></td><td></td><td></td><td></td><td></td><td>8</td></tr>
<tr><td></td><td></td><td></td><td>9</td><td></td><td></td></tr>
</table>

La grille étant appliquée sur le papier, on écrit une lettre dans chacune de ses 9 ouvertures, puis on lui fait faire un quart de tour, dans le sens des aiguilles d'une montre, sur la même surface, de façon à pouvoir inscrire de nouvelles lettres dans les cases découvertes par suite de cette opération. Si les ouvertures sont combinées de façon convenable, en recommençant encore trois fois l'opération précédente, on peut disposer ainsi de quatre positions pour une même grille, dans chacune desquelles les cases percées occupent des emplacements différents.

Ce système n'est plus guère employé en cryptographie, car son usage est lent et le renouvellement de la grille est chose compliquée.

Ludovicis[1], dont il ne nous reste plus que des fragments, a traité des modes de chiffrement connus à son époque. Marins[2], secrétaire aux Chiffres de la République

1. *Cifre.* Fragments aux Archives de Venise, Busta VI, in-4°, Nr. 3 et 4, 1569.
2. *Del modo di extraçar le cifre.* Archives de Venise, Busta VI, in-4°, Nr. 2, 1578.

de Venise est l'auteur d'un traité remarquable, relatif au chiffrement des dépêches secrètes, dont l'étude n'est pas encore terminée.

Le physicien napolitain J.-B. Porta (1540-1645)[1] est appelé, à juste titre, le père de la cryptographie moderne. Indépendamment d'une foule de renseignements historiques minutieusement contrôlés et détaillés, l'important ouvrage qu'il a écrit sur les chiffres secrets renferme la description des perfectionnements apportés par lui aux systèmes de substitution simple, et d'un nouveau système dont on lui doit l'invention : la *substitution double*. C'est aussi après ceux d'Alberti et de Sicco Simonetta le premier traité où il soit question de principes de décryptement.

Le système de substitution double[2] conçu par Porta comporte l'emploi de 11 alphabets différents, ayant chacun pour indicatif deux lettres consécutives de l'alphabet. Soit le tableau de correspondance ci-contre.

TABLEAU DE PORTA

	a	b	c	d	e	f	g	h	i	l	m
AB	n	o	p	q	r	s	t	v	x	y	z
CD	z	n	o	p	q	r	s	t	v	x	y
EF	y	z	n	o	p	q	r	s	t	v	x
GH	x	y	z	n	o	p	q	r	s	t	v
IL	v	x	y	z	n	o	p	q	r	s	t
MN	t	v	x	y	z	n	o	p	q	r	s
OP	s	t	v	x	y	z	n	o	p	q	r
QR	r	s	t	v	x	y	z	n	o	p	q
ST	q	r	s	t	v	x	y	z	n	o	p
VX	p	q	r	s	t	v	x	y	z	n	o
YZ	o	p	q	r	s	t	v	x	y	z	n

Nous remarquons que, dans ce tableau, chaque alphabet ne comprend que 22 lettres, le « k » n'existant pas en latin et le « j » et le « u » étant remplacés par « i » et

---

1. *De furtivis literarum notis*, Naples, 1563 et 1602. *De occultis litterarum notis*, Montisbeligardi, 1593 ; Strasbourg, 1603, 1606 et 1616.
Colorni a commenté Porta dans un ouvrage intitulé : *Scotographia overe scienza di scrivere oscuro*, Prague, 1593.
2. *De furtivis*, liv. II, chap. xvi.

« v ». Les alphabets sont disposés sur deux lignes de
11 lettres chacune, les lettres de la première ligne servant
à chiffrer celles de la seconde, et réciproquement.

Le chiffrement d'un texte, au moyen de ce tableau,
s'effectue en faisant choix d'un mot clef, imposant l'usage
d'autant d'alphabets différents du tableau qu'il y a de
lettres dans le mot clef, de telle sorte que chaque lettre
du texte clair soit représentée par celle qui lui fait face
dans le tableau. L'avantage de ce système est de rendre
les décryptements plus difficiles par l'emploi d'un alphabet différent pour presque toutes les lettres, tout en
n'employant pas la totalité des alphabets, et par l'utilisation de ceux-ci dans un ordre différent de celui du
tableau.

Exemple. Soit le mot clef « armée », et la phrase à
chiffrer : « Le régiment attaquera demain ». On construira
le tableau de correspondance ci-après :

L e r é g	i m e n t	a t t a q	u e r a d	e m a i n
A R M É E	A R M É E	A R M É E	A R M É E	A R M É E
y x l p r	x q z c i	n c a y f	h x l y o	r q t t c

et l'on obtiendra le cryptogramme suivant :

y x l p r x q z c i n c a y f h x l y o r q t t c.

Le système de Porta, comme nous l'avons vu, constitue une innovation en cryptographie. Toutefois, il présente deux inconvénients qui l'ont fait abandonner
depuis longtemps : d'une part, la nécessité d'employer
le même alphabet quand deux des lettres du mot clef
font partie du même groupe d'indicatifs : par suite de
cette circonstance, un mot clef de quatre lettres, comme
stop ne permet d'employer, en réalité, que deux alpha-

bets ; d'autre part, le nombre restreint des alphabets. Ces deux faiblesses rendent le décryptement de ce système relativement facile.

TABLEAU CARRÉ DE VIGENÈRE

	A	B	C	D	E	F	G	H	I	J	K	L	M	N	O	P	Q	R	S	T	U	V	W	X	Y	Z
A	a	b	c	d	e	f	g	h	i	j	k	l	m	n	o	p	q	r	s	t	u	v	w	x	y	z
B	b	c	d	e	f	g	h	i	j	k	l	m	n	o	p	q	r	s	t	u	v	w	x	y	z	a
C	c	d	e	f	g	h	i	j	k	l	m	n	o	p	q	r	s	t	u	v	w	x	y	z	a	b
D	d	e	f	g	h	i	j	k	l	m	n	o	p	q	r	s	t	u	v	w	x	y	z	a	b	c
E	e	f	g	h	i	j	k	l	m	n	o	p	q	r	s	t	u	v	w	x	y	z	a	b	c	d
F	f	g	h	i	j	k	l	m	n	o	p	q	r	s	t	u	v	w	x	y	z	a	b	c	d	e
G	g	h	i	j	k	l	m	n	o	p	q	r	s	t	u	v	w	x	y	z	a	b	c	d	e	f
H	h	i	j	k	l	m	n	o	p	q	r	s	t	u	v	w	x	y	z	a	b	c	d	e	f	g
I	i	j	k	l	m	n	o	p	q	r	s	t	u	v	w	x	y	z	a	b	c	d	e	f	g	h
J	j	k	l	m	n	o	p	q	r	s	t	u	v	w	x	y	z	a	b	c	d	e	f	g	h	i
K	k	l	m	n	o	p	q	r	s	t	u	v	w	x	y	z	a	b	c	d	e	f	g	h	i	j
L	l	m	n	o	p	q	r	s	t	u	v	w	x	y	z	a	b	c	d	e	f	g	h	i	j	k
M	m	n	o	p	q	r	s	t	u	v	w	x	y	z	a	b	c	d	e	f	g	h	i	j	k	l
N	n	o	p	q	r	s	t	u	v	w	x	y	z	a	b	c	d	e	f	g	h	i	j	k	l	m
O	o	p	q	r	s	t	u	v	w	x	y	z	a	b	c	d	e	f	g	h	i	j	k	l	m	n
P	p	q	r	s	t	u	v	w	x	y	z	a	b	c	d	e	f	g	h	i	j	k	l	m	n	o
Q	q	r	s	t	u	v	w	x	y	z	a	b	c	d	e	f	g	h	i	j	k	l	m	n	o	p
R	r	s	t	u	v	w	x	y	z	a	b	c	d	e	f	g	h	i	j	k	l	m	n	o	p	q
S	s	t	u	v	w	x	y	z	a	b	c	d	e	f	g	h	i	j	k	l	m	n	o	p	q	r
T	t	u	v	w	x	y	z	a	b	c	d	e	f	g	h	i	j	k	l	m	n	o	p	q	r	s
U	u	v	w	x	y	z	a	b	c	d	e	f	g	h	i	j	k	l	m	n	o	p	q	r	s	t
V	v	w	x	y	z	a	b	c	d	e	f	g	h	i	j	k	l	m	n	o	p	q	r	s	t	u
W	w	x	y	z	a	b	c	d	e	f	g	h	i	j	k	l	m	n	o	p	q	r	s	t	u	v
X	x	y	z	a	b	c	d	e	f	g	h	i	j	k	l	m	n	o	p	q	r	s	t	u	v	w
Y	y	z	a	b	c	d	e	f	g	h	i	j	k	l	m	n	o	p	q	r	s	t	u	v	w	x
Z	z	a	b	c	d	e	f	g	h	i	j	k	l	m	n	o	p	q	r	s	t	u	v	w	x	y

Blaise de Vigenère (1525-1596)[1], diplomate français, connaissait les ouvrages de Porta, et s'était rendu compte des imperfections de son système. Il réussit à combiner un tableau plus complet que celui du physicien italien, qu'il appela *chiffre carré* ou *chiffre indéchiffrable*. L'invention de Vigenère permet de lui décerner, concurremment avec Porta, l'appellation de fondateur de la cryptographie moderne. Le système de Vigenère est le suivant :

1. *Traité des chiffres ou secrètes manières d'écrire.* Paris, 1586, 1587 et 1637.

On construit un tableau comportant autant d'alphabets cryptographiques différents qu'il y a de lettres dans l'alphabet, soit 26, décalés d'une lettre l'un par rapport à l'autre. On place au-dessus du tableau un alphabet horizontal : l'alphabet normal. Un second alphabet placé verticalement à gauche du tableau est l'alphabet indicatif. Les deux alphabets normal et indicatif sont en lettres majuscules ; les 26 alphabets cryptographiques sont en lettres minuscules. Nous donnons page 29 le tableau ainsi obtenu. En descendant de la lettre du clair, prise sur l'alphabet normal, jusqu'à la ligne horizontale de la lettre-clef, prise sur l'alphabet indicatif, on rencontre le chiffre cherché.

Soit à cryptographier *Prenez vos quartiers d'hiver*, avec la clef : *Paris* On construira le tableau de correspondance ci-après :

p r e n e	z v o s q	u a r t i	e r s d h	i v e r
P A R I S	P A R I S	P A R I S	P A R I S	P A R I
e r v v w	o v f a i	j a i b a	t r j l z	x v v z

et l'on obtiendra le cryptogramme suivant :

e r v v w o v f a i j a i b a t r j l z x v v z.

Le système de Vigenère est encore usité de nos jours sous une forme simplifiée que nous examinerons plus loin. Ainsi que nous aurons l'occasion de le constater, son décryptement ne présente pas de très grandes difficultés, sauf si la clef choisie est indéfinie[1].

Sous le règne de Henri IV (1589-1610), on trouve de

---

1. Du Carlet a donné une traduction en italien de l'ouvrage de Vigenère, ntitulée : *Blago di Vigenère, la Cryptografia rachiudente la maniera di scrivere secrementale.* 1644.

nombreuses applications des méthodes de Porta et de Vigenère. Le roi avait un mathématicien, Viète, attaché à sa personne en qualité de Conseiller et Maître des Requêtes, et ne dédaignait pas de se servir lui-même de la correspondance chiffrée dans ses relations avec les princes, témoin ses lettres adressées au Landgrave de Hesse. Nous avons retrouvé également le chiffre dont se servait le premier ministre Sully, pour sa correspondance diplomatique. A la même époque, la République de Venise utilisait les services du plus habile cryptologue de l'époque, Piétro Partenio, et la Curie papale utilisait les services de secrétaires aux Chiffres, dont certains ont laissé des ouvrages qu'on peut lire encore aujourd'hui avec fruit.

Viète (François, 1540-1603)[1] est célèbre par les décryptements qu'il a faits, pour le compte du roi, des dépêches échangées entre les membres de la Ligue et le Gouvernement espagnol et interceptées.

Le chiffre espagnol, qui nous a été conservé, était constitué par un alphabet conventionnel de 99 nombres et 40 signes. Chaque nombre représentait une syllabe et chaque signe un mot ou une lettre. L'alphabet changea plusieurs fois de 1588 à 1594. Le commandant Bazeries a donné un des principaux décryptements faits par Viète en mars 1590, relatant les négociations du duc de Mayenne, par l'intermédiaire du Commandeur Jean de Moreo, avec Philippe II, roi d'Espagne[2].

Henri IV a échangé, avec le Landgrave de Hesse, une

---

1. Les principaux décryptements effectués par Viète sont à la Bibliothèque Nationale (Département des Manuscrits. Les 500 de Colbert). Voyez également Tallement des Réaux, *les Historiettes*, chap. 53 : Viète. Paris, Techener, 1865, p. 328.

2. *Les chiffres secrets dévoilés*, chap. iv : Viète.

32 TRAITÉ DE CRYPTOGRAPHIE

correspondance[1] ayant trait à ses projets en vue de l'abaissement des Maisons d'Autriche et d'Espagne (1602-1606), dont plusieurs passages sont écrits en chiffres. Ces passages ont été traduits pour la première fois par le capitaine Valerio, en 1896, qui a pu reconstituer en partie la table de chiffrement. Voici cette table, telle que la donne M. Valerio[2].

TABLE DE CHIFFREMENT DE HENRI IV

a	b	c	d	e	f	g	h	i	l	m	n	o	p	r	s	t	u	x	y	z
31	26	27	28	32	29	3	33	12	14	44	15	16	17	9	20	21	22	23	24	25
34	35	36	37	38	39	30	41	42	43	67	18	46	47	19	50	51	52	76	54	55
57		59	60	61	62	40	64	65	66	85	45	69	70	49	73	74	75		77	78
80				81				82			68	83		72	84		86			87

Les lettres j, k, q, v, manquent.

Cette table est complétée par un certain nombre de syllabes, de mots, et de noms propres, chiffrés au moyen de signes spéciaux (# = tre), de chiffres ordinaires (39 = mon), de chiffres pointés (69 = faire), ou de chiffres surmontés d'une barre (45 = l'Électeur de Brandebourg).

La présence, dans cette table, de chiffres représentant à la fois une lettre et un mot, a rendu la tâche du décryptement difficile.

Le ministre Sully a employé un système analogue dans ses relations avec ses envoyés dans les cours étrangères. Le chiffre de mai 1599, qui a été reproduit par le commandant Bazeries[3], comporte un tableau de chiffrement

1. La correspondance de Henri IV avec le Landgrave figure aux archives de l'État de Cassel. Elle a été publiée par M. de Rommel, en 1840, sous le titre : *Correspondance inédite de Henri IV avec Maurice le Savant, Landgrave de Hesse*, Paris. Renouard.

2. *De la Cryptographie*, 2ᵉ partie ; Annexe 3, Paris, 1896.

3. *Les chiffres secrets dévoilés*, chap. II, chiffre baillé à M. de Béthune. Paris, 1901.

de chacune des lettres de l'alphabet, par trois signes différents pour les consonnes et quatre pour les voyelles. Cette
table est complétée par une liste de noms propres, cryptographiés par des chiffres pointés (Le pape = 3), des mots,
chiffrés par des lettres suivies d'une virgule (dépêche = s,)
des lettres surmontées d'un tréma, ou d'un point (mois
= ü), (quelle = u̇), ou des chiffres suivis d'une virgule
(vous = 6,).

La République de Venise avait organisé un service du
chiffre, placé sous les ordres directs du Conseil des Dix
et composé de *Secrétaires députés aux Chiffres*, dont
certains étaient d'une habileté extraordinaire. M. Armand
Baschet qui a publié l'*Histoire de la Chancellerie
secrète de Venise*[1], rapporte que le Conseil attachait la
plus grande importance à la sécurité du chiffre : « Le
« Conseil s'occupait surtout du renouvellement de ces
« inventions pour dérouter le mieux possible la curiosité
« des cabinets étrangers et mettre en défaut l'habileté
« de ceux qui s'exerçaient à en découvrir le secret,
« dans l'intérêt des Ministres qu'ils servaient. Lorsque
« le Conseil des Dix avait conçu le moindre soupçon sur
« la pénétration d'un de ses alphabets en chiffres, il en
« déclarait aussitôt la nullité et ordonnait une sorte de
« concours pour que l'alphabet fût promptement rem-
« placé. Trois de ses membres étaient choisis pour juger
« de la meilleure et de la plus sûre invention. Ces juges
« devaient présenter chacun un rapport aux chefs du
« Conseil, sur les qualités, les défauts ou les inconvé-
« nients des compositions que leur avaient présentées les
« secrétaires députés aux chiffres. »

Le plus habile chiffreur de cette époque s'appelait
Pietro Partenio. C'est lui qui fut chargé, en juin 1595, de

1. *Histoire de la Chancellerie secrète : Archives de Venise.* Paris, 1870, Plon.

renouveler tous les chiffres des Ambassadeurs de la République, au moment où les indiscrétions commises par Viète, au cours d'une conversation qu'il eut avec l'Ambassadeur de Venise en France, Giovanni Mocenigo, révélèrent que le mathématicien français interprétait les chiffres de la République.

Un ouvrage, ayant trait à la cryptographie vénitienne, nous a été conservé. C'est un traité d'Agostino Armadi [1], en 10 livres, déposé aux Archives de Venise, et renfermant des renseignements précieux sur le chiffrement et le décryptement des écritures secrètes.

D'autre part, des renseignements très circonstanciés sur les Chiffres des Papes au XVIe siècle sont parvenus jusqu'à nous, sous les espèces de trois traités dus à la plume d'un ancien Secrétaire aux Chiffres des Papes qui occupa ce poste de 1591 à 1605, Matteo Argenti [2]. Son ouvrage capital intitulé : *Trattato familiare di Cifre*, donne la description de vingt systèmes de chiffrements secrets et de plus de soixante alphabets usités de son temps. On y trouve, exposés en détail, la substitution double et le tableau inventés par Porta, qui nous sont une preuve de la prodigieuse science cryptographique des employés de la Curie romaine. Argenti connaissait les ouvrages de l'abbé Trithème auxquels il fait de nombreux emprunts, ainsi que les grilles qu'il appelle « cifre per caselle » et la

---

1. *Cifre.* Venetia, 1588 (Archives de Venise, Busta VI, Nr. 7).

2. *Trattato familiare di Cifre*, Rome, 1610 (Bibliothèque Chigi, M. II, 48, f°s 1 à 135). Ouvrage capital pour la connaissance des chiffres de la Curie papale.

Trattato che insigna di formare cifre, Rome (Bibliothèque Chigi, M. II, 49, f°s 191 à 212). Traité de chiffrement assez incomplet

Discorso e considerationi et coietture aa levar senza contracifra, Rome (Bibliothèque Chigi, M. II, 48, f°s 136 à 142). Traité de décryptement composé principalement avec les notes de Gianbaptista Argenti, oncle de Matteo, qui l'avait précédé dans les fonctions de Secrétaire des Papes. Le traité renferme 62 règles.

notation chiffrée au moyen des signes de la musique écrite.

Argenti nous apprend que les personnes qui détenaient le chiffre, outre les Secrétaires, étaient les suivantes : les légats « *a latere* » auprès des Rois et des Républiques, les nonces en mission ordinaire, placés auprès de l'Empereur d'Allemagne, des Rois de France, d'Angleterre et d'Espagne, de la République de Venise, de la Confédération suisse, du grand-duc de Toscane, du duc de Savoie, du Roi de Naples, des nonces en Flandre, à Graz et à Cologne, ainsi que les nonces en mission extraordinaire tels que le général des troupes pontificales à Avignon, les généraux pontificaux à l'armée, les prélats accompagnant l'armée et d'une manière générale les personnages envoyés en mission particulière. Avaient également le Chiffre les vice-légats à Avignon et à Bologne, cités où il n'y avait pas de légats. Il y avait un chiffre entre les légats et nonces et les Secrétaires aux Chiffres, et un autre chiffre pour les communications des légats et nonces entre eux.

CHAPITRE III

L'APOGÉE : LE XVIIᵉ SIÈCLE

Le XVIIᵉ siècle est la période de l'histoire au cours de laquelle le chiffre est arrivé à son plus haut degré de perfectionnement. Ce n'est pas un siècle d'inventions, puisqu'à cette époque les grands systèmes existaient déjà. L'art de la cryptographie et celui du décryptement ont été néanmoins, à ce moment, l'objet d'un intérêt si vif de la part des rois et des princes, que de bons esprits n'ont pas dédaigné de faire de ces sciences l'objet d'études approfondies et que les chiffres de cette époque ont acquis, par la suite, une réputation de solidité qui n'est pas usurpée, puisque certains d'entre eux ont résisté jusqu'à nos jours à tous les essais des cryptologues.

Dans la première moitié de ce siècle, aux temps d'Élisabeth, de Jacques Iᵉʳ et de Louis XIII, vivaient Bacon, Rossignol et Cospi. L'un, philosophe et savant, en même temps qu'homme politique et orateur, a laissé des ouvrages dans le texte clair desquels est dissimulé un texte chiffré, dont le décryptement est à l'heure actuelle à peine commencé. Des deux autres, le premier, habile déchiffreur, s'il en fut, créa les chiffres diplomatiques encore en usage de nos jours, et jouit de son temps d'une telle renommée de cryptologue, qu'on donna son nom à l'instrument qui qui sert à ouvrir les serrures dont on a perdu la clef, l'autre probablement aussi remarquable mais moins répandu ne nous est connu que par son ouvrage l'*Interprétation des Chiffres*, un des rares livres du XVIIᵉ siècle qui traite de la science des décryptements.

Sir Francis Bacon [1], Baron de Verulam, plus connu sous le nom de Chancelier Bacon ou de Lord Bacon, membre du Conseil sous Élisabeth, puis Lord-Chancelier sous le règne de Jacques Iᵉʳ (1561-1626), est l'inventeur d'un système cryptographique auquel il a donné son nom et à l'aide duquel il a introduit, dans ses œuvres, des textes chiffrés. L'étude de ces textes, entreprise depuis de longues années par des spécialistes et continuée de nos jours sous la direction du colonel Fabyan, de l'armée américaine, a donné des résultats qui ont été révélés récemment par le général Cartier [2] et tendent à éclairer d'un jour nouveau un problème d'histoire qui passionne depuis longtemps l'opinion publique, celui de l'identification possible de Lord Bacon avec William Skakespeare.

Le procédé de Lord Bacon a été mentionné par lui, pour la première fois, dans l'édition de 1605 de son ouvrage *Advancement of Learning* qui ne comprenait que deux livres, et décrit très explicitement dans la grande édi-

---

1. *Advancement of learning*, en 2 liv. Londres, 1605, édité en latin et augmenté sous le nom de « *De dignitate et augmentis scientiarum* ». Londres, 1623 (cura et fide Gul. Rawley) libros IX, première édition contenant la description du chiffre « *bilitère* ». Plusieurs éditions postérieures de cet ouvrage ont employé, comme l'édition de 1624, deux séries de caractères typographiques dans l'impression des exemples de cryptogrammes donnés par Bacon : ce sont les suivantes : les éditions latines de Paris 1624, d'Amsterdam 1640, de Londres 1730, 1740, 1765, 1835, 1857, de Paris 1834-1835, et la traduction française de 1800-1803. Par contre, l'Américain Donnelly, un des commentateurs de Bacon, auteur d'un ouvrage intitulé : « *The Great Cryptogram* » publié en 1888, n'emploie qu'une seule forme de caractère, ce qui supprime par là même le cryptogramme.

2. *Un problème d'histoire et de cryptographie. Mercure de France*, n° 563 et 568 des 1ᵉʳ décembre 1921 et 15 février 1922. *Le Mystère Bacon-Shakespeare. Mercure de France*, n°ˢ 581, 582, 591, 596 et 601 des 1ᵉʳ et 15 septembre 1922, 1ᵉʳ février, 15 avril et 1ᵉʳ juillet 1923. Nous avons emprunté à l'intéressante étude du général Cartier la plupart des renseignements ci-dessus, relatifs au chiffre de Francis Bacon.

tion de 1623 du même ouvrage, publiée en latin sous le titre : *De dignitate et augmentis scientiarum* et comprenant neuf livres. Le général Cartier suppose qu'au moment de sa première publication, Bacon, dans la crainte que la découverte de son chiffre ne lui coûtât la tête, — les tribunaux anglais, à cette époque, considérant le simple fait d'avoir correspondu en caractères secrets, comme une circonstance aggravante, — préféra ne faire mention de son système qu'en termes vagues et sans en préciser les caractéristiques. Dix-huit années plus tard, l'expérience lui ayant montré que personne n'avait paru se douter de l'application qu'il avait faite de son chiffre, et dans le désir que l'histoire qu'il avait dissimulée avec tant de soin et qu'on reconnut être l'histoire secrète de sa vie et de son époque, ne restât pas à jamais ignorée, il donna une description détaillée d'un chiffre appelé par lui chiffre *bilitère*, accompagné d'exemples très explicites, de façon à ce qu'aucun doute ne pût subsister sur la manière dont il devait être employé. Voici la description de ce chiffre, analogue à celui dont il se servit pour cryptographier ses révélations :

TABLEAU DE CORRESPONDANCE DE LORD BACON (1603)

A — aaaaa	G — aabba	N — abbaa	T — baaba
B — aaaab	H — aabbb	O — abbab	U ou V — baabb
C — aaaba	I ou J — abaaa	P — abbba	W — babaa
D — aaabb	K — abaab	Q — abbbb	X — babab
E — aabaa	L — ababa	R — baaaa	Y — babba
F — aabab	M — ababb	S — baaab	Z — babbb

Le système comporte deux opérations successives :

1° *Chiffrement du texte clair à rendre invisible*, en remplaçant chaque lettre de ce texte par un groupe de cinq lettres, prises dans le tableau de correspondance établi en combinant entre elles de vingt-quatre façons

différentes (autant de fois qu'il y a de lettres dans l'alphabet anglais) deux lettres quelconques de l'alphabet,
par exemple « a » et « b ».

ALPHABETS TYPOGRAPHIQUES « A » ET « B » DE LORD BACON[1]

MAJUSCULES		MINUSCULES	
alphabet « a »	alphabet « b »	alphabet « a »	alphabet « b »
A	A	a	a
B	B	b	b
C	C	c	c
D	D	d	d
E	E	e	e
F	F	f	f
G	G	g	g
H	H	h	h
I	I	i	i
K	K	k	k
L	L	l	l
M	M	m	m
N	N	n	n
O	O	o	o
P	P	p	p
Q	Q	q	q
R	R	r	r
S	S	s	s
T	T	t	t
U	U	u	u
V	V	v	v
W	W	w	w
X	X	x	x
Y	Y	y	y
Z	Z	z	z

*2° Insertion du texte chiffré ainsi obtenu dans le texte
clair visible*, en remplaçant chacune des lettres « a » et
« b » composant les groupes de cinq lettres de ce texte
chiffré, par les lettres de deux alphabets typographiques
différents, un pour la lettre « a », un pour la lettre « b »,
établis de telle sorte que la différence entre les carac-

1. Voir *Mercure de France*, n° 581, pp. 296 et 297, pour les vrais alphabets.

tères de l'un et l'autre alphabets ne fût perceptible qu'aux yeux des seuls initiés, le texte offrant au vulgaire une apparence anodine.

Ainsi qu'on peut le constater, les différences entre les lettres de l'alphabet « a » et de l'alphabet « b » sont si minces qu'il est impossible, si l'on n'est pas initié, de soupçonner, dans le texte visible ainsi obtenu, l'existence d'un second texte.

Voici, à titre d'exemple, un texte anglais quelconque :

« In all duty or rather piety towards you i satisfy every body except myself »,

dans lequel nous voulons insérer le texte à cacher suivant :

« All ist lost ».

Construisons le tableau suivant, en convenant, pour la commodité de la lecture, que nous représenterons, dans ce texte visible, les lettres de l'alphabet « a » par des minuscules et celles de l'alphabet « b » par des majuscules :

a	l	l	i	s
a a a a a	a b a b a	a b a b a	a b a a a	b a a a b
i n a l l	d U t Y o	r R a T h	e R p i e	T y t o W

l	o	s	t
a b a b a	a b b a b	b a a a b	b a a b a
a R d S y	o U I s A	T i s f Y	E v e R y

En rétablissant les alphabets typographiques réels, nous obtiendrons le texte visible suivant :

« in all duty or rather piety towards you I satisfy every »

dans lequel, à première vue, et si les nécessités typographiques ne nous avaient obligés à souligner d'un point les lettres de l'alphabet « b », il serait impossible de soupçonner l'existence d'un cryptogramme[1].

Le procédé de Lord Bacon a été mentionné par Kluber[2], Vesin[3] et Fleissner von Wostrowitz[4]. Cent ans plus tard (1685), un auteur allemand, Frederici[5] décrit un système analogue, dont d'ailleurs il reconnaît n'être pas l'inventeur et dont l'origine, d'après lui, remonterait même à une époque antérieure à celle de Bacon. En réalité, ce système est celui de Bacon, légèrement modifié, et dans lequel, par suite de l'emploi de trois formes de caractères « a », « c » et « t », groupés par trois, les textes clairs visibles nécessaires pour dissimuler les textes invisibles sont beaucoup moins longs[6].

Voici, à titre de renseignement, le tableau de correspondance de Frederici :

TABLEAU DE CONCORDANCE DE FREDERICI (1685)

A — aac		G — atc	N — cat		T — tat
B — aat		H — att	O — ctc	U ou V	— taa
C — aca	I ou J	— cca	P — cat		W — tac
D — acc		K — cct	Q — ctt		X — tct
E — act		L — cac	R — tta		Y — tca
F — ata		M — caa	S — ttc		Z — tcc

Les alphabets typographiques de Frederici sont, par suite, au nombre de trois : nous jugeons inutile de les reproduire, en raison de la difficulté que présenterait

1. Le texte de l'exemple ci-dessus est emprunté à l'édition latine de 1857, de l'ouvrage de Bacon « *De dignitate et augmentis scientiarum* », publiée à Londres. Il a été reproduit dans l'article du général Cartier, cité plus haut.

2. *Kryptographik*, Tubingue, 1809 (J. B. Cotte).

3. *Cryptographie dévoilée*. Paris, 1857.

4. *Handbuch der Kryptographie*. Wien, 1881.

5. *Cryptographia oder Geheime Correspondenz*. Hambourg, 1685.

6. Cardan (1557), Vigenère (1587), Selenus (1624), et John Wilkins (1641) ont décrit des systèmes analogues.

leur exécution typographique, nécessitant trois signes différents par lettre.

Le système de Bacon, d'après les renseignements qui ont été communiqués par le général Cartier, a été utilisé par lui-même, dans son *Novum Organum*[1] et dans les œuvres de ses contemporains, Bright, Burton, Peele, Spenser, Ben Jonson[2] et Shakespeare[3]. Selon des informations récentes, les décryptements effectués sur les textes ci-dessus par Mmes Gallup et Wells auraient mis au jour une « *Vie de Bacon* », par lui-même, renfermant des indications du plus haut intérêt sur l'histoire de l'Angleterre au temps d'Elisabeth et sur la véritable personnalité de Shakespeare.

Le système de Frederici, d'autre part, aurait servi à cryptographier l'inscription de 1616, figurant sur la pierre tombale originale de Shakespeare, dans l'église de Stratford-sur-Avon.

Nous donnons, en appendice, la traduction de ce dernier cryptogramme et des extraits de la « *Vie de Bacon* » (voir annexe III).

Les systèmes de Bacon et de Frederici sont des substitutions doubles dont la seule difficulté, une fois la clef connue, est l'identification des caractères typographiques employés. Les opérations de chiffrement et de déchiffrement, théoriquement simples, sont pratiquement extrêmement compliquées et longues, ce qui explique les difficultés que les cryptologues ont eu à vaincre et le temps

---

1. *Instauratio magna*, ouvrage inachevé, dont la partie principale est le *Novum Organum* sive indicia vera de interpretatione naturæ. Londres, 1620. Voyez la page 192 de l'édition originale.

2. *The dramatics works*. Londres, 1616-31. Voyez le « *Carmen protepticon* ».

3. *Mr. William Shakespeare Comedies, Histories and Tragedies*. Londres, 1623, accompagné d'un portrait de l'auteur, sur le titre, par Martin Droeshout, et d'un feuillet où se lisent dix vers anglais relatifs à ce portrait, adressés « to the Reader » et signés B. I. (Ben Jonson.)

qu'il leur a fallu pour mener leur tâche à bien. Le simple examen des décryptements effectués (annexe III) montre l'intérêt qu'il y aurait à poursuivre les études entreprises soit pour terminer le décryptement des textes pour lesquels le travail est déjà commencé, soit pour reconstituer, le cas échéant, de nouveaux alphabets. Ajoutons que les recherches ne devraient pas se limiter aux seules œuvres imprimées en Angleterre au temps de Bacon et de Shakespeare, mais se poursuivre également sur les éditions du XVIIe siècle, révélant à un examen minutieux les formes typographiques différentes formant la base des procédés cryptographiques susvisés.

Déjà, au XVIIIe siècle, Horace Walpole dans ses *Doutes historiques*[1] se demandait si W. Shakespeare était véritablement l'auteur des ouvrages parus sous son nom. Jos.-C.-Hart, en 1848, alla plus loin, et attribua à Bacon la paternité de ces œuvres. Les derniers décryptements semblent confirmer cette hypothèse.

A l'époque où Bacon, en Angleterre, inventait son nouveau procédé, en France, l'art de déchiffrer les écritures secrètes s'élevait à la hauteur d'une science d'État ; Richelieu le faisait enseigner dans une Académie[2].

Rossignol (1590-1673) servit l'État pendant cinquante-six années. Ce fut en l'an 1626, au siège de Réalmont, en Languedoc, alors au pouvoir des huguenots, qu'il donna pour la première fois la mesure de son savoir en la matière des chiffres. Malheureusement pour la postérité, les précautions de Rossignol étaient si bien prises qu'on n'a pas retrouvé trace de ses traductions et on ne connaîtrait rien de lui si Charles Perrault n'en avait donné

---

1. *Hieroglyphic tales*. Kirgate. Strawbery Hill, 1785. In-8°, tiré à 7 exemplaires.

2. Voy. *Commentaires sur la défense des places du maréchal de camp de Beausobre*. Amsterdam, 1757.

une biographie[1] et si Tallement des Réaux n'en avait pas parlé dans ses Historiettes[2]. Perrault raconte que Réalmont était assiégé par le prince de Condé et faisait une telle résistance que le prince était sur le point de lever le siège, lorsqu'on surprit une lettre des assiégés, écrite en chiffres, à laquelle les hommes les plus habiles en l'art de décrypter ne purent rien comprendre. Elle fut donnée à Rossignol qui la traduisit sur le champ et indiqua que les assiégés mandaient aux huguenots de Montauban qu'ils manquaient de poudre et que s'ils n'en recevaient pas incessamment, ils se rendraient aux ennemis. Le prince de Condé envoya aux assiégés leur lettre déchiffrée ce qui les obligea à se rendre le jour même. La chose ayant été rapportée au cardinal de Richelieu, il fit venir Rossignol à la cour et reçut de lui des preuves si étonnantes de son habileté, qu'il se l'attacha et se servit de lui à maintes reprises, notamment pendant le siège de la Rochelle, pour déchiffrer les lettres interceptées sur les ennemis. L'influence de Rossignol ne cessa dès lors de grandir. Il créa un véritable service du chiffre qui fonctionna à la perfection èt dont nous retrouverons les traces après lui. Il introduisit l'usage des tables à chiffrer et des tables à déchiffrer. Le roi Louis XIII, qui le connaissait, le nomma maître des comptes à la fin de sa vie et l'alla voir à sa maison de campagne de Juvisy.

Il le recommanda en mourant à la reine comme un des hommes les plus nécessaires au bien de l'État, et Mazarin s'en servit.

Les rares ouvrages qui nous soient parvenus sur la science des chiffres, à cette époque, sont la *Stegano-*

---

1. *Les hommes illustres du XVII* siècle : Antoine Rossignol*, Dezallier, 1701.
2. *Les Historiettes*, chap. 69. *Le Cardinal de Richelieu*, Techener, 1865, p. 411.

logia et steganographia de Hanedi[1], ouvrage allemand, et l'*Interprétation des chiffres* de Cospi, tiré de l'italien par le Père Niceron. Ce dernier livre, opuscule de 90 pages, est consacré entièrement à la question du décryptement et présente à ce point de vue spécial, un réel intérêt.

Ant. Maria Cospi[2], Italien, secrétaire du grand-duc de Toscane, a été appelé, de par la situation qu'il occupait auprès de ce prince, à étudier de près la science des chiffres. Il a eu l'idée de réunir en chapitres les préceptes qui lui étaient apparus les plus importants dans l'art du décryptement. Le Père Niceron, du couvent des Minimes, traduisit ces préceptes, en les adaptant aux langues française et espagnole, sous le titre de l'*Interprétation des chiffres ou règle pour bien entendre et expliquer facilement toutes sortes de chiffres simples*. L'ouvrage, ainsi que son sous-titre l'indique, laisse de côté, de propos délibéré, tout ce qui a trait au décryptement des transpositions et des substitutions doubles, pour ne s'occuper que des substitutions à simple clef. « Comme il y « a deux sortes de chiffres, écrit-il, page 3, les uns « simples et les autres composés, laissant à part ces « derniers comme presque impossibles à rencontrer et « déchiffrer, nous ne parlerons que des premiers qui « sont les simples. » Étant donné le talent de Cospi, il paraît cependant improbable qu'il n'ait pas connu les principes de décryptement des substitutions doubles. Ceci d'ailleurs n'est pas une simple hypothèse puisque nous relevons à la page 89 de l'*Interprétation des*

---

1. Nuremberg, 1620, Resene Gibronte Runeclus *Hanedi* est l'anagramme de Daniel Schwenter Noribergense. Cet auteur est encore connu sous le nom de Janus Hercules de Sunde.

2. *L'interprétation des Chiffres*. Paris, 1641, chez Augustin Courbé, libraire et imprimeur de Monsieur, Frère du Roy.

chiffres la phrase suivante : « La présente méthode ne
« sera point tout à fait inutile pour l'interprétation des
« chiffres simples plus difficiles, tels que ceux écrits
« sans discontinuation, ni séparation aucune de mots,
« ou bien de ceux dans les intervalles desquels il a
« été ajouté des nulles, non plus que pour *celle des*
« *chiffres doubles et composés*, particulièrement à
« ceux qui s'y seront un peu exercés. » Il est donc
beaucoup plus probable que, comme tous les cryptologues de son temps, Cospi a préféré ne pas révéler
ses secrets. La méthode de décryptement des systèmes
à simple clef exposée par cet auteur, ne porte que sur
des textes chiffrés où la séparation des mots a été conservée. Cette méthode est basée, comme celle indiquée
par Porta, sur la recherche des fréquences. Voici, à titre
de renseignement, le tableau des voyelles et des consonnes les plus usitées, d'après Cospi, dans les langues
latine, française, espagnole et italienne :

TABLEAU DES FRÉQUENCES DE COSPI (1641)

LANGUES	VOYELLES	CONSONNES
Latin . .	E. I. O. A. U.	S. T. R. L. M. N. C. D. P. G. H. D. B. X.
Français.	E. I. A. O. U.	S. N. R. T. L. C. D. M. P. B. F. G. Q. H. X. Z.
Espanol .	E. A. O. I. U.	S. R. D. N. L. C. M. P. T. Q. G. F. B. X. Z.
Italien. .	E. I. O. A. U.	R. L. S. T. C. D. P. G. H. D. B. Z.

Nous aurons l'occasion de signaler, plus loin, l'insuffisance de ce tableau, qui n'a plus guère aujourd'hui qu'un
intérêt rétrospectif.

Dans la seconde moitié du siècle, sous Louis XIV, on
se préoccupa de consolider les institutions de Rossignol
à la cour de France, pendant que les auteurs cryptologues,
tels que du Carlet, le Père Kircher, Schott et Hiller,

s'évertuaient à commenter Porta et Vigenère. C'est à
cette époque que le système de Gronsfeld fit son apparition. C'est alors aussi que fut établi le Grand Chiffre de
Louis XIV qui servit à chiffrer la fameuse dépêche du
Masque de Fer et que Louvois créa au Ministère de la
Guerre le premier service du chiffre qui soit connu. Nous
aurons souvent à évoquer, dans le cours de cet ouvrage,
les chiffres de cette période établis avec un soin et une
perfection qu'on ne retrouvera plus jusqu'à nos jours.

Du Carlet (Jean-Robert)[1], un des maîtres en l'art des
chiffres, a écrit un ouvrage sur les méthodes de chiffrement inspiré de Vigenère et qu'on peut consulter
encore aujourd'hui avec fruit. Il a formulé un principe
qui devrait être toujours présent à l'esprit de tous ceux
qui s'occupent de cette matière, à savoir : « qu'un chiffre
n'est bon qu'autant qu'il reste indéchiffrable pour le
maître lui-même qui l'a inventé. »

Le Père Kircher[2] a donné son nom à un système cryptographique, qui n'est qu'une transformation de celui
de Vigenère. Il a remplacé les alphabets cryptographiques du tableau de Vigenère par des nombres, d'où
le nom d'*Abacus numeralis* donné à son système. Kircher est également l'inventeur d'un cryptographe qu'il a
appelé *Arca glottotactica*, sorte de catalogue mobile où
les mots sont classés dans un ordre correspondant aux
lettres de l'alphabet. Le système du Père Kircher est
aujourd'hui abandonné.

Schott[3], de la Société de Jésus, à qui on a souvent

---

1. *La Cryptographie, contenant une très subtile manière d'escrire secrètement*,
Tolose, 1644.

2. *Polygraphia nova et universalis ex combinatoria arte detecta*, Rome, 1663.

3. *Schotti Schola steganographica in classes octo distributa*. Norimb, 1665.
Magia universalis naturæ et artis. Nuremberg, 1677 (sauf la 1ᵉʳ partie qui
est de 1659).

attribué la paternité du système inventé par le Père Kircher, n'a fait que commenter celui-ci.

Le comte de Gronsfeld[1] a donné son nom à un système cryptographique, simple perfectionnement des systèmes de Porta et de Vigenère, permettant le chiffrement et le déchiffrement des substitutions doubles sans le secours d'un tableau ou d'un appareil.

Voici en quoi consiste ce système. Il est fait choix, pour clef, d'un nombre quelconque ; on écrit ce nombre sous le texte à chiffrer, de telle façon que chaque chiffre corresponde à une lettre. On obtient le chiffré en remplaçant chaque lettre du clair par la lettre de l'alphabet obtenue en décalant l'alphabet clair d'autant de lettres qu'il y a de fois l'unité dans le chiffre de la clef.

Soit à chiffrer la phrase : *Les ressources sont épuisées*, avec la clef *2.340*. Chaque lettre du texte clair sera respectivement représentée par une autre lettre avancée de 2, 3, 4 ou zéro rangs, par rapport à la première. On construira le tableau ci-après :

SYSTÈME DE GRONSFELD (1659)

L e s r	e s s o	u r c e	s s o n	t é p u	i s é e	s
2 3 4 0	2 3 4 0	2 3 4 0	2 3 4 0	2 3 4 0	2 3 4 0	2
n h w r	g v w o	w u g e	u v s n	v h t u	k v i e	u

et on obtiendra le cryptogramme suivant :

n h w r g v w o w u g e u v s n v h t u k v i e u

Le système de Gronsfeld est encore usité de nos jours, en raison de la facilité qu'il offre d'effectuer mentalement

----

1. Cité par Schott, dans sa *Magia universalis*, Nuremberg, 1659, p. 33. Schott raconte tenir ce système du comte de Gronsfeld, avec qui il aurait voyagé de Mayence à Francfort.

tous les calculs. Il ne présente, toutefois, ainsi que nous aurons l'occasion de le constater, pas grande résistance aux décryptements, le nombre de chiffres de la clef étant forcément limité et la disposition de ceux-ci, quand la clef est courte, offrant certains défauts dont les cryptologues peuvent profiter.

Hiller [1] a exposé, dans un ouvrage important, l'état des connaissances de son temps sur la question.

Divers passages de la correspondance de Saint-Simon permettent d'affirmer que Rossignol, le cryptologue de Richelieu, fit des élèves. Son fils aurait été employé par Louvois comme déchiffreur. Le dépôt de la guerre, d'autre part, a révélé les noms de deux déchiffreurs officiels, Vimbois et la Tixeraudière qui faisaient partie d'un service spécial chargé de décrypter les dépêches chiffrées tombées aux mains du ministre. La correspondance de Louvois renferme à ce sujet deux dépêches de Louvois à Carpatry, en date des 2 et 6 juillet 1673, enjoignant de donner 200 écus à Vimbois et 600 livres (3.000 francs) à la Tixeraudière, à titre de gratification, pour avoir trouvé le chiffre de conspirateurs [2]. L'organisation du service du chiffre paraît, d'ailleurs, avoir été bien comprise à cette époque. Une lettre de Louvois à M. de Bonnais, de janvier 1677, donne des détails intéressants à cet égard. Elle annonce au destinataire l'envoi d'un nouveau chiffre et lui prescrit de l'utiliser pour le chiffrement de toutes les nouvelles à adresser soit au roi, soit aux commandants d'armées, gouverneurs ou intendants voisins, relatives à l'État et aux besoins de la place qu'il commandait. Cette lettre, reproduite par Valerio [3],

---

1. *Mysterium artis steganographicæ novissimum modum epistulas, aliaque scripta incognita, characteribus furtivis exarta, expedite solvendi.* Ulmæ, 1682.

2. *Dépôt de la guerre.* vol. 305, pp. 27 et 69, mentionné par Valerio et Bazeries.

3. *De la Cryptographie.* 11e partie, avant-propos, p. XI.

est d'une certaine valeur, en raison des prescriptions de
détail sur l'emploi du chiffre qu'elle contient, en particulier sur la nécessité d'avoir toujours en réserve un nouveau chiffre, destiné à remplacer l'ancien, au cas où celui-
ci viendrait à être brûlé.

M. Bazeries a signalé, d'autre part, certains documents
existant aux Archives Nationales[1] ou chez des particuliers, de l'étude desquels il ressort, que, pendant toute la
durée du règne de Louis XIV, il existait, près du roi, des
gens habiles dans l'art de décrypter les chiffres. La
dépêche chiffrée du Masque de Fer est un des documents
les plus importants à cet égard. Voici quelques détails
sur cette dépêche. Le 8 juillet 1691, Louvois adressait
à Catinat, lieutenant-général, commandant en chef
l'armée du Piémont, une dépêche chiffrée. Cette dépêche qui n'a pas été enregistrée au dépôt de la guerre,
et qui, par conséquent, ne figure pas aux Archives,
nous a été conservée par les héritiers du maréchal de
Catinat, avec tous les papiers de celui-ci concernant la
campagne de 1686. Son texte a été publié en 1819, par
l'arrière-petit-neveu du maréchal, Bernard Le Bouyer
de Saint-Gervais, dans un ouvrage intitulé *Mémoires
et Correspondances du Maréchal de Catinat*,
édité par la librairie universelle de P. Mongie aîné
(tome II). Jusqu'en 1891, cette dépêche ne put être
déchiffrée. A cette date, le commandant Gendron, de
l'État-Major de l'armée, faisait une étude sur les campagnes de Catinat. S'étant trouvé arrêté, dans ses
recherches, par cette dépêche en chiffres, il commu-
niqua ses perplexités au commandant Bazeries, du Train
des Equipages, qui s'était spécialisé dans le chiffre.
Le commandant Bazeries parvint à décrypter la dé-

---

1. *Archives Nationales*, O¹, vol. 35, fᵒˢ 202, 203, lettre du 14 juillet 1691.

pêche et prouva qu'elle était chiffrée avec le *Grand Chiffre de Louis XIV*, chiffre réservé à la correspondance du souverain et des ministres avec les commandants en chef des armées. Cette découverte fut publiée en 1893 par M. Emile Burgaud et le commandant Bazeries[1] et mit sur la voie de la découverte du *petit chiffre*, employé concurremment avec le grand et spécialement affecté à la correspondance avec les gouverneurs, intendants et commandants de places. Elle permit de traduire toute la série des dépêches de Louvois des 9 juillet, 19, 24, 29 août, 6 et 14 septembre 1691, relatives à la même affaire et d'élucider ainsi une question qui avait passionné les historiens et le grand public pendant tous les XVIIIᵉ et XIXᵉ siècles.

La dépêche du 8 juillet a révélé que l'homme au masque de fer était le lieutenant-général de Bulonde, commandant le détachement des troupes de l'armée d'Italie, devant Coni.

En voici le texte et la traduction, que nous empruntons à l'ouvrage déjà cité de M. Burgaud et du commandant Bazeries :

TEXTE DE LA DÉPÊCHE DITE *du Masque de Fer*, CRYPTOGRAPHIÉE A L'AIDE DU GRAND CHIFFRE DE LOUIS XIV.

Versailles, le 8 juillet 1691.

A Monsieur le Lieutenant-Général de Catinat, Commandant en Chef l'Armée du Piémont.

Monsieur,

L'ordinaire m'a rendu les lettres que vous avez pris la peine de m'écrire le 1ᵉʳ de ce mois.

---

1. *Le Masque de Fer, révélation de la correspondance chiffrée de Louis XIV,* Paris, 1893, Firmin-Didot.

TEXTE —   **TRADUCTION** —

434.88.289.260 326.52.164.198.449.119.553
47.548.526.501.337.251.149.579.70.31.
453.585.405.68.42.25.172.580.93.553.77.
242.496.521.565.461.9.273.320.404.91.
493.34.282.255.97.508.405.24.484.97.
68.285.172.24.477.34.194.455.517.52.70 22
222 509.269.131.551.159.38.47.354.154.
124.194.200.60.414.22.448.222.488.475.
348.115.314.302.289.193.24.422.9.215.
461.547.99.52.255.466.117.34.216.150.
260.405 471.181.170.145.127.74.238.434.
84.187.73.117.116.120.252.313.579 97.
79.246.9.233.171.167.92.200.64.159.
548.363.407.565.480.151.276.83.374.52.
26.84.284.149.500.573.347.172 93.469.
96.300.91.493.42.282.255.34.273.24.84.
574.305.522.206.194.88.192.55.9.385.
337.402.116.73.276.34.566.390.70.520.
544.311.417.214.154.22.419.13.122.570.
129.64.159.145 339.89.248.437.146.17.
136.230.298.167.34.145.461.229 181.402.
116.580.276.436.68.75.141.145.327.204.
565.96.97.79.501.174.450.125.579.81.
124.9.514.292.561.345.553.186.200.330.
309.359.68.23.412.565.34.566.289.152.
467.121.300.323.93.574.198.382.403.
522.93.318.469.434.26.585.337.55.115.
191.324.574.503.24.487.8.290.415.42.
145.416.255.181.34.70.209.

Il n'est pas nécessaire que je vous explique avec quel déplaisir Sa Majesté a appris le désordre avec lequel contre vostre ordre et sans nécessité Monsieur de Bulonde a pris le parti de lever le siège de Coni puisque Sa Majesté en connaissant mieux que personne les conséquences connoist aussi combien est grand le préjudice que l'on recevra de n'avoir pas pris cette place dont il faudra tascher de se rendre maistre pendant l'hyver.

Elle désire que vous fassiez arrêter M. de Bulonde et le fassiez conduire à la citadelle de Pignerol où Sa Majesté veut qu'il soit gardé enfermé pendant la nuit dans une chambre de ladite citadelle et le jour ayant la liberté de se promener sur les remparts avec un masque.

Comme le Gouverneur de Pignerol est à vos ordres vous lui envoierez s'il vous plaît ceux-ci pour l'exécution de la volonté de Sa Majesté.

Je suis, Monsieur, votre très humble et très affectionné serviteur.

LOUVOIS.

Nous croyons intéressant de donner en appendice le détail des opérations relatives au décryptement du cryptogramme ci-dessus (Voir Annexe IV).

Ce décryptement confirme, de façon péremptoire,

l'emploi du chiffre dans la correspondance du Grand Roi et l'excellence des procédés employés : représentation des lettres et mots les plus usités par plusieurs chiffres ; emploi de séries non alphabétiques ; absence de mots en clair dans le corps de la lettre. Le Grand et le Petit Chiffre ne différaient entre eux que par le nombre de groupes qui les composaient. Le Grand Chiffre en comportait 587, et le Petit 367. Chacun des chiffres de Louis XIV comprenait deux tables, l'une chiffrante, l'autre déchiffrante. Ces tables étaient renouvelées fréquemment.

CHAPITRE IV

LE DÉCLIN
LE XVIII° ET LE XIX° SIÈCLE

Toutes les recherches effectuées en vue de retrouver les traces de l'emploi de la correspondance chiffrée pendant le XVIII° siècle n'ont, jusqu'à présent, donné aucun résultat. Nous ne partageons pas cependant l'avis de la majorité des auteurs qui concluent, peut-être un peu facilement, à l'absence totale de l'utilisation du chiffre en France après la disparition du Grand Roi. Entre autres, le témoignage de Voltaire[1] prouve l'existence de déchiffreurs, quand il dit : « ceux qui se vantent de déchiffrer une lettre sans être instruits des affaires qu'on y traite, et sans avoir de secours préliminaires, sont de plus grands charlatans que ceux qui se vanteraient d'entendre une langue qu'ils n'ont point apprise. » Nous croyons simplement que si les archives n'ont révélé jusqu'à présent aucun document susceptible de nous renseigner sur cette matière, cela ne prouve pas que les ministres de Louis XV et de Louis XVI àient abandonné complètement la pratique de cet art, mais qu'ils ont pris un soin particulier de dissimuler les traces de leurs travaux.

Il existe, d'ailleurs, nombre d'auteurs qui se sont

---

1. *Dictionnaire philosophique*, article Poste.

intéressés, à cette époque, à la question du décryptement, tels que Breithaupt[1], Conrad[2], Ramsay[3], Kortum[4] et de Prasse[5], en Allemagne, Gravezande[6] et Dlandol[7], en France, Davys[8] et Thickenesse[9] en Angleterre.

D'autre part, la cryptographie était utilisée dans les correspondances particulières. Signalons, à ce sujet, toute une correspondance chiffrée, datant de la fin du règne de Louis XVI, qui est parvenue jusqu'à nous : les lettres de Mirabeau, le grand orateur de la Constituante, adressées à la marquise Sophie de Monnier. Cette correspondance n'ayant pas été publiée jusqu'à ce jour, en raison de son caractère intime, nous ne donnerons pas ici les moyens de la déchiffrer.

Pendant la Convention, les émigrés ne se firent pas faute, en vue d'échapper aux investigations de la police, d'employer le chiffre dans la correspondance qu'ils entretenaient avec les royalistes restés en France. Voici, à titre d'exemple, le chiffre qui leur servit en 1793[10].

---

1. *Disquisitio historica critica, curiosa, de variis modis occulte scribendi.* Helmstadt, 1727. — *Ars décifratoria sive occultas scripturas solvendi et legendi scientia.* Helmstadt, 1737.

2. *Cryptographia denudata, sive ars deciferandi.* Leyde, 1739.

3. *Tachéographie.* Leipzig, 1743.

4. *Anfangsgrunde der Entzifferungskunst deutscher Zifferschriften.* Duisbourg, 1782.

5. *De recticulis cryptographicis.* Leipzig, 1799.

6. *Introduction à la philosophie.* Leyde, 1739, chap. xxxv. Ce chapitre a été reproduit par Diderot dans son Dictionnaire encyclopédique.

7. *Le Contr'espion ou les clefs de toutes les correspondances secrettes.* Paris, 1794.

8. *An essay on the art of decyphering.* Londres, 1737.

9. *A treatise on the art of decyphering.* Londres, 1772.

10. Voy. Bazeries. *Les chiffres secrets dévoilés,* chap. ii. Voyez également Dlandol. *Le Contr'espion ou les clefs de toutes les correspondances secrettes.* Paris, 1794.

CHIFFRE DES ÉMIGRÉS (1793)

| A B C D E F G H I J K L M N O P Q R S T U V X Y Z |
| d e f g h i j k l m n o p q r s t u v x y z a b c |

22	26	30	34	38
23	27	31	35	39
24	28	32	36	40
25	29	33	37	41

ANJOU	aa	MARIGNY (Bernard de)	au
ARGENT	ab	MARINE	aw
ARRAS (Evêque d')	ac		
ARTOIS (Comte d')	ad	NORMANDIE	ax
BERLIN	ae	PARIS	ay
BRETAGNE	af	PITT	az
		POITOU	ba
CASTRIES (Maréchal de)	ag		
CONDÉ (Prince de)	ah	RÉGENT (Monsieur le)	bb
		REINE (La)	bc
ÉMIGRÉS	ai	ROI (Le feu)	bd
		ROMANZOFF	be
FLACHSLANDEN (Baron de)	ak	RUSSIE	bf
GASTON	al	SAINTONGE (La)	bg
GRENVILLE (Lord)	am	SERENT (Duc de)	bh
		SERENT (Vicomte de)	bi
HARCOURT (Duc d')	an		
HECTOR (Comte d')	ao	TOURS (Archevêque de)	bk
HERMANN	ap		
HERVILLY (Comte d')	aq	VAUGIRARD (de)	bl
		VIENNE	bm
JAUCOURT (Marquis de)	ar		
		WORONZOFF	bn
LONDRES (Cour de)	as		
LOUIS XVII	at		

Il est aisé de reconnaître à première vue l'extrême faiblesse de ce chiffre. C'est un simple Jules César, avec décalage de 3 rangs des alphabets, compliqué par l'adjonction de séquences de chiffres pour les voyelles et de bigrammes pour les noms propres. Un tel chiffre ne pouvait présenter évidemment aucune espèce de sécurité.

Sous le Directoire, nous relevons des traces de l'emploi

du chiffre dans l'armée autrichienne. La trahison de
Pichegru fut découverte, rapporte-t-on[1], à la suite du
décryptement, en janvier 1796, de la correspondance
saisie à Offenburg dans les fourgons du général autrichien Klinglin, par un officier de l'État-Major du général Moreau, Commandant en chef de l'armée du Rhin.
Cette correspondance, actuellement à la Bibliothèque
Nationale, est chiffrée au moyen du système de Jules
César. Chaque lettre de l'alphabet en clair est représentée
par un groupe de deux chiffres, la séparation des mots
étant indiquée par un zéro. Les textes chiffrés comprennent des phrases en clair intercalées.

Le XIXᵉ siècle, comme le siècle précédent, tout en
comptant un grand nombre d'auteurs qui se sont
occupés avec un réel talent de cryptographie, révèle une
décadence profonde dans l'usage des chiffres. Si l'on
constate un grand progrès dans l'étude des méthodes,
décrites, développées et perfectionnées par des auteurs
tels que Kluber, Rees, Vesin, Kasiski, Cecchetti,
Pasini et Gabrielli, il faut reconnaître toutefois que les
chiffres militaires et diplomatiques de l'époque napo-
léonienne, ceux des sociétés secrètes de 1815 et 1832,
et de la guerre de 1870-1871, sont excessivement faibles.
Et pourtant, c'est vers 1840 que des littérateurs, comme
Edgar Poë et Balzac, intéressaient le grand public aux
problèmes cryptographiques, et en 1863, que Kasiski
publiait ses premiers essais de décryptement des systèmes à double clef.

Kluber[2], qui vivait au début du siècle, est encore intéressant à consulter au point de vue historique. Son

1. Voy. Valerio. *De la Cryptographie*, 2ᵉ partie, p. XII.
Voy. également Kerckhoffs. *La Cryptographie militaire*, Paris, 1883, p. 17.
2. *Kryptographik*, I. G. Cotte, Tubingue, 1809.

ouvrage renferme la description de quantité de systèmes connus, et prouve, de la part de cet auteur, une connaissance approfondie de la science de la cryptographie.

Rees[1], l'auteur de la meilleure et la plus étendue des anciennes Encyclopédies anglaises, donne à l'article *Chiffre* de son ouvrage des renseignements précis sur les principales méthodes usitées vers 1830, auxquels nous renvoyons le lecteur.

Napoléon Ier a employé le chiffre dans l'armée[2]. Mais ses chiffres sont de beaucoup inférieurs à ceux de Louis XIV. Il y a bien encore un Grand Chiffre et un Petit Chiffre, mais les précautions prises autrefois ne sont plus observées, telles que le chiffre en réserve sous pli cacheté, et l'interdiction du mélange dans un même texte de passages en clair et de passages en chiffres. Aussi la reconstitution de ces chiffres n'a-t-elle demandé aucune difficulté, les textes examinés renfermant souvent des accents circonflexes et des apostrophes, qui, joints aux longs passages en clair intercalés dans le corps même de la correspondance dénotent, de la part des expéditeurs, une méconnaissance complète des règles les plus élémentaires du chiffrement. Voici, à titre d'exemple, le texte de deux dépêches chiffrées, dont l'une est la reproduction de l'autre avec des variantes, adressées simultanément par le major général Berthier, au maréchal Augereau, duc de Castiglione, en 1813, quelques jours avant la bataille de Leipzig[3].

<hr>

1. *The New Cyclopaedia*, article Cypher. Londres, 1802 et 1819-21.

2. Bazeries. *Les chiffres de Napoléon Ier pendant la campagne de* 1813 Fontainebleau, 1895. Maurice Bourges.

3. Le texte des dépêches ci-après figurant aux *Archives Nationales* (Dépôt de la guerre) a été emprunté à l'ouvrage de M. Bazeries, *Les chiffres secrets dévoilés*, 3e partie, chap. 1.

TEXTE D'UNE DÉPÊCHE DU MAJOR GÉNÉRAL BERTHIER, CRYPTOGRAPHIÉE A L'AIDE DU PETIT CHIFFRE
DE LA GRANDE ARMÉE (1813)

DÉPÊCHE

Péterswald, ce 17 septembre 1913.

Monsieur le Maréchal,

L'Empereur ordonne que vous vous portiez le plus tôt possible 167 . 138 . 169 . 106 . 171 . 15 . 117 . avec son infanterie, sa cavalerie et son artillerie, en ne laissant 15 . 164 . 138 . 169 . 176 . 166 . 35 . 138 . 169, 81, que ce que Sa Majesté a désigné pour 106 . 78 . Son principal but sera de rester 107 . 87 . 176 . 169 . 53 . 52 . 167 . 52 . 35 . 138 . 6 . 85 . 82 . 52 . 106 . 171 . 15 . 117 . et de chasser 117 . 167 . 156 . 169 . 145 . 171 . 115 . 167 . 68 . qui manœuvrent dans 20 . 176 . 131 . 75 . Vous pouvez vous rendre en droite ligne 156 . 169 . 40 . 35 . 138 . 169 . 81 . 167 . 138 . 169 . 87 . 53 . 91 .

Le Prince Vice-Connétable,
Major Général,
Berthier

DUPLICATA

Péterswald, ce 17 septembre 1813.

Monsieur le Maréchal,

L'Empereur ordonne que 175 . 138 . 167 . 164 . 90 . 138 . 167 . 152 . 169 . 145 . 53 . 166 . 117 . 137 . 103 . 157 . 176 . 152 . 167 . 134 . 37 . 117 . 174 . 169 . 106 . 171 . 15 . 117 . 15 . 132 . 6 . 175 . 176 . 126 . 48 . 164 . 153 . 126 . 32 . 50 . 175 . 176 . 126 . 25 . 68 . 94 . 106 . 122 . 171 . 115 . 176 . 15 . 164 . 138 . 169 . 166 . 35 . 138 . 169 . 81 . 136 . 20 . 173 . 138 . 53 . 171 . 107 . 87 . 82 . 131 . 15 . 52 . 134 . 81 . 94 . 137 . 90 . 138 . 169 . 106 . 51 . 169 . 116 . 168 . 115 . 175 . 176 . 126 . 137 . 148 . 115 . 6 . 119 . 156 . 96 . 3 . 176 . 177 . 146 . 52 . 169 . 82 . 131 . 169 . 107 . 92 . 126 . 52 . 167 . 23 . 53 . 35 . 138 . 6 . 61 . 167 . 52 . 106 . 171 . 39 . 53 . 50 . 52 . 6 . 72 . 167 . 177 . 169 . 117 . 167 . 137 . 22 . 145 . 171 . 115 . 167 . 68 . 154 . 107 . 94 . 138 . 164 . 126 . 115 . 176 . 16 . 115 . 167 . 20 . 176 . 131 . 67 . 126 . 6 . 145 . 175 . 138 . 167 . 152 . 138 . 132 . 166 . 164 . 90 . 138 . 167 . 126 . 115 . 23 . 126 . 68 . 23 . 159 . 92 . 53 . 93 . 81 . 94 . 137 . 22 . 6 . 90 . 35 . 138 . 169 . 81 . 174 . 169 . 119 . 53 . 115 . 15 .

Le Prince Vice-Connétable,
Major Général,
Berthier

TRADUCTION

Péterswald, ce 17 septembre 1813.

Monsieur le Maréchal,

L'Empereur ordonne que vous vous portiez le plus tôt possible sur la Saale, avec son infanterie, sa cavalerie et son artillerie, en ne laissant à Wurtzbourg que ce que sa Majesté a désigné pour la garnison. Son principal but sera de rester maître des débouchés de la Saale et de chasser les partisans ennemis qui manœuvrent dans cette direction. Vous pouvez vous rendre en droite ligne par Cobourg sur Iéna.

Le Prince Vice-Connétable,
Major Général,
Berthier

Il est évident que si les deux dépêches ci-dessus, expédiées simultanément au maréchal par deux émissaires différents, étaient tombées aux mains de l'ennemi, le contenu de la première eût permis de déchiffrer la seconde sans difficulté.

C'est un fait aujourd'hui acquis que les Russes lisaient les chiffres de Napoléon Ier. Le maréchal Macdonald raconte dans ses *Souvenirs*[1] qu'au cours d'un dîner, auquel il assistait, offert par l'empereur de Russie, Alexandre Ier, au Ministre de la Guerre et aux maréchaux de France, en 1814, l'empereur parla des correspondances officielles et particulières qui avaient été interceptées et déchiffrées par ses services au cours de la campagne de Russie. Le maréchal Macdonald lui ayant dit en parlant des correspondances officielles : « *Il n'est pas surprenant que Votre Majesté ait pu les déchiffrer, on lui en avait donné la clef* », l'empereur prit un air solennel, une main sur son cœur et l'autre étendue : « *Non, répondit-il, je vous en donne ma parole d'honneur.* » Il est permis, en conséquence, de supposer que la série de revers subis par Napoléon, à partir de 1813, est due, en partie, à la faiblesse de son chiffre lu par les Russes.

ALPHABET DES FRANCS-MAÇONS (1815)

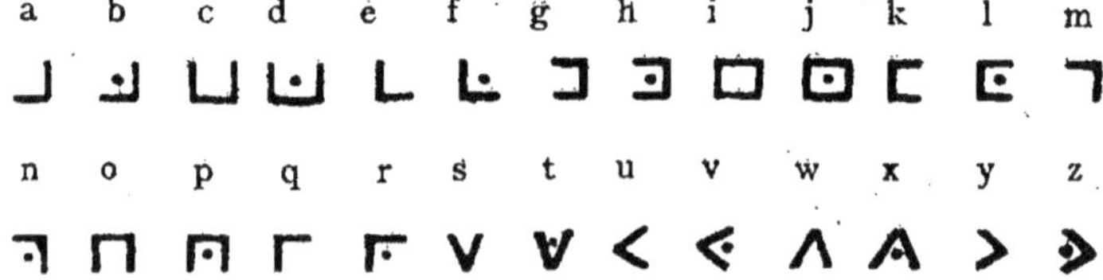

Le chiffre ci-dessus employé par les Francs-Maçons,

---

1. V. Bazeries. *Les Chiffres secrets dévoilés*, 3ᵉ partie, chap. III, p. 214.

en 1815, tel qu'il est reproduit par M. Josse[1], d'après les documents de l'époque, ne présente pas plus de sécurité que celui des émigrés et des Autrichiens.

La clef de cet alphabet réside dans la connaissance des deux figures suivantes :

CLEF

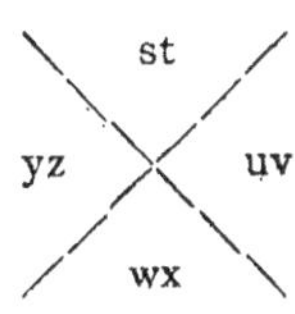

Soit à chiffrer la phrase : *La réunion aura lieu ce soir*.

On obtient le cryptogramme ci-après :

ou en faisant les liaisons :

Le système se déchiffre par la méthode de Jules César. Seules les liaisons constituent une difficulté.

Sous Louis-Philippe, la duchesse de Berry, à ce que raconte Gisquet, ancien Préfet de Police, dans ses Mémoires[2], ayant essayé de soulever la population contre Louis-Philippe, en faveur du retour en France des Bourbons, se servit de la correspondance chiffrée pour communiquer avec ses agents (1831). Nous donnons en appendice (Annexe VIII) l'indication d'un des systèmes employés par les conjurés.

<hr>

1. V. *La Cryptographie et ses applications à l'art militaire*. Paris, 1885.
2. *Mémoires de Gisquet, ancien Préfet de Police*, Paris, 1840.

Vesin de Romanini[1], auteur de deux ouvrages consacrés au décryptement et dont le second n'est que le développement du premier, mérite d'être signalé par le décryptement qu'il a donné du chiffre de P. de Nassaú. Par ailleurs les pages qu'il a consacrées aux procédés de chiffrement des textes dans les langues française, allemande, anglaise, latine et espagnole, ont perdu de nos jours toute espèce d'intérêt.

Edgard Poë (1809-1849), dont le génie original ne pouvait manquer d'être tenté par le côté un peu singulier des études cryptographiques, s'est adonné à la cryptographie avec sa grande puissance d'analyste et a écrit plusieurs chapitres consacrés à ces questions. Il nous raconte, lui-même[2], comment il fut amené à rendre compte dans un journal américain, *le Graham's Magazine*[3] d'un ouvrage de MM. Léa et Blanchard de Philadelphie, intitulé *Esquisses des hommes remarquables de France actuellement vivants*, où il est dit, à propos de Berryer, que cet homme d'État réussit, grâce à la pénétration de son esprit, à découvrir la clef d'une note chiffrée adressée par la duchesse de Berry aux Légitimistes de Paris. Poë, à cette occasion, prétendit pouvoir faire mieux que le grand orateur et lança, par la voie du journal, un défi aux lecteurs, s'engageant à résoudre n'importe quel exercice qu'on lui ferait parvenir, cryptographié en langues française, italienne, espagnole, allemande, latine ou grecque. Il réussit, paraît-il, à décrypter toutes les réponses qui lui furent adressées. Edgar Poë avait lu presque tous les traités parus à cette époque sur

---

1. *Traité d'obscurigraphie*. Paris, 1838 (Mᵐᵉ Goullet). *La Cryptographie dévoilée*. Paris, 1857 (chez l'auteur).

2. *Cryptographie*. 1841. Chapitre des Essais, traduits pour la première fois en français par F. Rabbe. Paris, 1906 (Stock).

3. *Graham's Magazine*, avril 1841. Philadelphie,

la matière, depuis celui d'Æneas Tacticus, jusqu'à ceux de Trithème, Porta, Vigenère et du Père Niceron. Toutefois, il ne semble avoir étudié cette science qu'en amateur et les analyses de chiffres qu'il nous donne, comme l'énigme du Scarabée d'Or [1], que nous reproduisons en annexe (Annexe V), ne sortent jamais du cadre des substitutions à simple clef.

Balzac, dans ses œuvres, a donné deux exemples de cryptogrammes : l'un dans la Physiologie du Mariage [2], l'autre dans l'Histoire des Treize [3]. Le premier, dont nous avons fait une étude spéciale (voir Annexe VI), n'a jamais été déchiffré. Le second est chiffré à l'aide de la grille dont se servait l'ambassadeur de Portugal sous M. de Choiseul, lors du renvoi des Jésuites. Mais l'auteur n'en donnant que la traduction et non le texte, il n'en sera pas fait ici d'autre mention.

Le major allemand F. W. Kasiski [4] est le premier auteur qui ait exposé une méthode de décryptement des systèmes à double clef.

On relève, dans la brochure de quatre-vingt-quinze pages qu'il a publiée, sur lesquelles soixante-trois sont spéciales au décryptement, des indications intéressantes à tous points de vue et dont on fait encore état aujourd'hui. Nous aurons à parler de façon plus détaillée des travaux de Kasiski dans la deuxième partie de cet ouvrage. Il y a lieu de signaler toutefois que sa méthode de décryptement n'est applicable qu'à une classe restreinte de chif-

---

1. *The gold bug* (Le Scarabée d'Or), 1839.

2. *Œuvres complètes*, Furne, 1846. Physiologie du Mariage ; méditation XXV, § 1 : des religions et de la confession, considérées dans leurs rapports avec le mariage. Ce passage a été écrit en 1829.

3. *Histoire des Treize ;* Ferragus, chef des Dévorants. Chapitre rédigé en février 1833.

4. *Die Geheimschriften und die Dechiffrirkunst.* Berlin, 1863.

fres, et que, pour cette raison, elle a dû être perfectionnée pour être appliquée utilement.

Au cours de la guerre franco-allemande de 1870-1871, il ne semble pas que l'État-Major français ait fait grand emploi du chiffre. Les archives du dépôt de la guerre de Berlin pour l'année 1870 pourraient être mises à contribution pour cette étude et fourniraient certainement des renseignements précieux sur cette question. D'après la relation rédigée et publiée par la Section historique du Grand État-Major prussien, citée par Valério [1], les Allemands ont été fréquemment renseignés sur les mouvements des troupes françaises par la lecture de dépêches en clair interceptées, ce qui confirme le manque de précautions prises par les généraux de Napoléon III.

A peu près à la même époque, les études cryptographiques se poursuivent avec activité en Italie. Cecchetti [2] découvre et divulgue, en 1868, le document vénitien le plus ancien que l'on connaisse, rédigé mi-partie en clair, mi-partie en chiffré. Ce document, qui remonte à 1226, a été reproduit par Pasini. En voici un extrait :

CRYPTOGRAMME VÉNITIEN DE 1226

prxxxxsbxxxtxxxxrxxxxxmxacxxxx
bxxxxxmplxxxxbxnxxxxxmsxnctxxxj
xxxxanxxxsdxxxxcxxxllxtxxx

qui peut se traduire comme suit :

presbyterium Iacobum plebanum sancti Ioannis decollati.

<hr>

1. *De la Cryptographie*, 2ᵉ partie. Paris, 1896, p. 13.

2. *Le scritture occulte nella diplomazia veneziana.* Atti del Real Istituto Veneto di scienze, lettere ed arti, ser. III, t. XIV, p. 1192. Venise, 1868-69.

La clef est la suivante :

x	xxx	xxxx	xxxxx
a	o	o	u
i	i	e	

Cinq ans plus tard, en 1873, Pasini[1] donnait d'autres exemples de la cryptographie par croix. L'abbé Gabrielli[2], d'autre part, réunissait à la même époque les matériaux d'une histoire de la cryptographie florentine, à l'époque des Médicis, et reconstituait un très grand nombre de clefs usitées aux XV⁰ et XVI⁰ siècles.

1. *Delle scritture in cifra usata della Republica Veneta.* II R. Archives de Venise, Venise, 1873, p. 291.

2. Il nous est impossible de donner ici la liste complète des ouvrages de Gabrielli ; signalons parmi les plus importants, dix manuels des Secrétaires aux Chiffres des ducs de Toscane, de 1575 à 1715 ; un certain nombre d'études sur la cryptographie florentine du XV⁰ au XVIII⁰ siècle ; d'innombrables travaux relatifs à des reconstitutions de clefs des XV⁰ et XVI⁰ siècles. On trouvera des renseignements intéressants, à ce sujet, dans l'ouvrage de Meister, intitulé : *Die Geheimschrift im Dienste der päpstlichen Kurie von ihren Aufängen bis zum Ende des XVI. Jahrhunderts*, Paderborn, 1906.

CHAPITRE V

LE RÉVEIL. — LA FIN DU XIXe SIÈCLE
ET LE COMMENCEMENT DU XXe SIÈCLE

Brusquement, vers 1880, après une période d'atonie qui s'est prolongée pendant près de deux siècles, le goût des études cryptographiques semble se réveiller en Europe. D'une part, on constate l'adoption de la correspondance chiffrée dans les armées des grandes puissances. D'autre part, les études théoriques reprennent avec une intensité nouvelle, les méthodes se classent et se perfectionnent et on voit se dégager insensiblement les grands principes de la science cryptographique.

Parmi les auteurs militaires dont les ouvrages méritent une mention spéciale, citons : en Allemagne et en Autriche, Bartels et Fleissner von Wostrowitz, en Angleterre, Beaufort et Woodward, en France, Josse, Valerio, de Viaris, Bazeries. Parmi les auteurs français, non militaires, Kerckhoffs, Hermann et Ruelle ont apporté à la cryptographie le concours de leur science et de leur talent.

Pour la commodité de nos explications, nous avons divisé ce chapitre en trois parties :

la période de réveil ;

la grande guerre ;

la période actuelle.

A. — *La période de réveil (1880-1914)*.

A partir de 1880, la cryptographie est enseignée officiellement dans toutes les écoles militaires.

En Allemagne, Bartels[1] signale l'emploi dans l'armée de systèmes de chiffrement dérivés du procédé de Vigenère.

En Autriche, le colonel Fleissner von Wostrowitz[2] fait paraître, vers 1881, une brochure de cent quatre-vingt-neuf pages dans laquelle il passe en revue les principales méthodes de chiffrement et où cinquante-trois pages sont consacrées au décryptement. Ce dernier chapitre, d'ailleurs, n'ajoute rien de nouveau à ce qui est déjà connu, et, en particulier, en ce qui concerne le décryptement des systèmes à double clef, l'auteur adopte, sans y apporter de modifications, la méthode préconisée par le major Kasiski. La brochure du colonel Fleissner, renfermant certaines inexactitudes, demande à être lue avec circonspection.

En Angleterre, l'amiral Sir Francis Beaufort[3] est l'auteur d'un système de chiffrement qui est une simple variante du chiffre carré.

Le tableau de Beaufort comporte autant d'alphabets cryptographiques différents qu'il y a de lettres dans l'alphabet, soit 26, décalés d'une lettre l'un par rapport à l'autre. On place au-dessous du tableau un alphabet horizontal normal. Un second alphabet est placé verti-

---

1. *Leitfaden für den Unterricht in der Dienstkenntniss auf den Kgl. Kriegsschulen.* Berlin, 1881 (1° et 2° édit.), 1882 (3° édit.). Une quatrième édition parut en 1883 sous le titre *Leitfaden für den Unterricht im militärischen Geschäftsstyl und in der Geschäftskenntniss auf den Kgl. Kriegsschulen.* En 1884, fut éditée par le même auteur : *Unterricht in der Heersorganisation auf den Kgl. Kriegsschulen.*

2. *Handbuch der Kryptographie.* Vienne, 1881.

3. Cité par Morris Beaufort dans son ouvrage : *Cryptography, a system of secret writing.* Londres, 1883. *Id.*, 1893.

calement à la droite du tableau. Voici le tableau ainsi
obtenu :

TABLEAU DE BEAUFORT (1857)

a b c	d e f	g h i	j k l	m n o	p q r	s t u	v w x	y z a
b c d	e f g	h i j	k l m	n o p	q r s	t u v	w x y	z a b
c d e	f g h	i j k	l m n	o p q	r s t	u v w	x y z	a b c
d e f	g h i	j k l	m n o	p q r	s t u	v w x	y z a	b c d
e f g	h i j	k l m	n o p	q r s	t u v	w x y	z a b	c d e
f g h	i j k	l m n	o p q	r s t	u v w	x y z	a b c	d e f
g h i	j k l	m n o	p q r	s t u	v w x	y z a	b c d	e f g
h i j	k l m	n o p	q r s	t u v	w x y	z a b	c d e	f g h
i j k	l m n	o p q	r s t	u v w	x y z	a b c	d e f	g h i
j k l	m n o	p q r	s t u	v w x	y z a	b c d	e f g	h i j
k l m	n o p	q r s	t u v	w x y	z a b	c d e	f g h	i j k
l m n	o p q	r s t	u v w	x y z	a b c	d e f	g h i	j k l
m n o	p q r	s t u	v w x	y z a	b c d	e f g	h i j	k l m
n o p	q r s	t u v	w x y	z a b	c d e	f g h	i j k	l m n
o p q	r s t	u v w	x y z	a b c	d e f	g h i	j k l	m n o
p q r	s t u	v w x	y z a	b c d	e f g	h i j	k l m	n o p
q r s	t u v	w x y	z a b	c d e	f g h	i j k	l m n	o p q
r s t	u v w	x y z	a b c	d e f	g h i	j k l	m n o	p q r
s t u	v w x	y z a	b c d	e f g	h i j	k l m	n o p	q r s
t u v	w x y	z a b	c d e	f g h	i j k	l m n	o p q	r s t
u v w	x y z	a b c	d e f	g h i	j k l	m n o	p q r	s t u
v w x	y z a	b c d	e f g	h i j	k l m	n o p	q r s	t u v
w x y	z a b	c d e	f g h	i j k	l m n	o p q	r s t	u v w
x y z	a b c	d e f	g h i	j k l	m n o	p q r	s t u	v w x
y z a	b c d	e f g	h i j	k l m	n o p	q r s	t u v	w x y
z a b	c d e	f g h	i j k	l m n	o p q	r s t	u v w	x y z
a b c	d e f	g h i	j k l	m n o	p q r	s t u	v w x	y z a

Le chiffrement d'un texte, au moyen de ce tableau,
s'effectue en faisant choix, comme dans les systèmes de
Porta et de Vigenère, d'un mot clef imposant l'usage
d'autant d'alphabets différents du tableau, qu'il y a de
lettres dans le mot clef. Mais, à la différence des systèmes
de Porta et de Vigenère, chaque lettre du clair prise
dans le premier alphabet horizontal est représentée par
celle qui se trouve à l'extrémité gauche ou droite de la
ligne horizontale rencontrée en descendant verticalement
de la lettre du clair à la lettre correspondante du mot
clef. Soit à cryptographier : *Prenez vos quartiers*

d'hiver, avec la clef *Paris*. On constituera le tableau de concordance ci-après :

p r e n e	z v o s q	u a r t i	e r s d h	i v e r
P A R I S	P A R I S	P A R I S	P A R I S	P A R I
a j n v o	q f d q c	v a a p k	l j z f l	h f n r

et on obtiendra le cryptogramme suivant :

ajnvoqfdqcvaapkljzflhfnr

Il n'est pas difficile de se rendre compte que le même résultat aurait été obtenu en prenant le tableau de Vigenère et en intervertissant simplement l'ordre des lettres de l'alphabet normal placé au-dessus du tableau, comme suit :

AZYXWVUTSRQPONMLKJIHGFEDCB,

au lieu de :

ABCDEFGHIJKLMNOPQRSTUVWXYZ.

En France, on enseignait vers 1880, dans les grandes écoles militaires, le système dit *de Saint-Cyr* qui n'est autre chose qu'une simplification ingénieuse du système de Vigenère. Ce système a été décrit dans le cours autographié d'Art militaire de l'année 1880-1881, et reproduit par la suite dans Bartels, Kerckhoffs et les cours d'École de guerre.

En voici la description.

On construit deux alphabets, l'un simple, l'alphabet fixe, l'autre double et mobile. On emploie, à cet effet, du papier quadrillé, afin d'assurer la correspondance de chacune des lettres des deux alphabets. L'alphabet fixe est le clair; la réglette mobile est, à la fois, la clef et le chiffre. Voici l'aspect de ces deux alphabets :

SYSTÈME DE SAINT-CYR (1880)

Clair	A	B	C	D	E	F	G	H	I	J	K	L	M	N	O	P	Q	R	S	T	U	V	W	X	Y	Z						
Clef et chiffré	a	b	c	d	e	f	g	h	i	j	k	l	m	n	o	p	q	r	s	t	u	v	w	x	y	z	a	b	c	d	e	f etc.

Le mode d'emploi de ces alphabets est le suivant.

Il est fait choix d'un mot clef imposant l'usage d'autant d'alphabets différents que le mot clef comporte de lettres. On écrit le mot clef sous le texte clair et on obtient le texte chiffré en écrivant, sous chaque lettre du mot clef, la lettre qui se place sous la lettre du clair en faisant glisser la réglette le long de l'alphabet fixe de façon à faire coïncider la lettre de la clef dans l'alphabet mobile, avec la lettre A de l'alphabet fixe.

Soit à cryptographier : *L'attaque a échoué hier*, avec la clef *France*. On construira le tableau de concordance ci-après :

l a t t a q	e a é c h o	u é h i e r
F R A N C E	F R A N C E	F R A N C E
q r t q c u	j r e l j s	z v h v g v

et on obtiendra le cryptogramme suivant :

qrtqcujreljszvhvgv.

Ce système, en raison de sa simplicité, est la forme sous laquelle le procédé de Vigenère est usité aujourd'hui. Il a l'avantage de ne nécessiter l'emploi d'aucun tableau. Toutefois, il n'acquiert une valeur quelconque,

au point de vue cryptographique, qu'à condition que
l'ordre des lettres dans l'alphabet mobile soit interverti.
Nous aurons l'occasion d'étudier cette question plus en
détail au chapitre des décryptements.

Kerckhoffs [1] a résumé, dans une brochure synthétique
et extrèmement bien faite, l'ensemble des connaissances
de son époque, relatives à la cryptographie. Le premier,
il a su grouper les systèmes cryptographiques suivant
leurs affinités et poser des règles précises pour le
décryptement des substitutions à simple et à double clef.
Il est impossible d'analyser sa brochure où tout ou
presque tout est à retenir. Le principal intérêt de cet
ouvrage réside dans le nouveau procédé de décryptement
indiqué par l'auteur, applicable aux systèmes de substitution à base variable. Nous aurons à faire, ultérieure-
ment, la critique de ce procédé, dans le chapitre spécial
consacré à la question du décryptement.

Le capitaine d'artillerie breveté Josse [2], dans une série
d'articles parus en 1885 dans la « Revue maritime et coloniale » et réunis ensuite en brochure, passe en revue un
certain nombre de systèmes cryptographiques et donne
quelques cas de chiffres intéressants au point de vue
historique. L'étude du capitaine Josse, fort attrayante,
n'apporte rien de nouveau au point de vue des systèmes ;
la critique en a d'ailleurs était faite avec esprit par
M. Bazeries [3], mais les exemples historiques sont curieux
et nous avons cru devoir pour l'instruction de nos lecteurs, donner en appendice trois de ces exemples : l'Ave
Maria de l'abbé Trithème (Annexe II), le cryptogramme
du chevalier de Rohan (Annexe VII), et celui du Prince

1. *La Cryptographie militaire.* Paris, 1883.
2. *La Cryptographie et ses applications à l'art militaire.* Paris, 1885.
3. *Les Chiffres secrets dévoilés.* Paris, 1901, p. 62.

Louis-Napoléon à l'occasion du complot de 1831 (Annexe VIII).

Jules Verne, dans les *Voyages extraordinaires*, a donné trois exemples de cryptogrammes, l'un chiffré par le moyen de la grille [1], le second à l'aide d'une substitution à double clef d'après le système de Gronsfeld [2], le troisième au moyen d'une transposition [3]. Nous avons pensé que ces exemples pourraient servir avantageusement d'application à l'étude des systèmes que nous donnons dans notre seconde partie et nous les avons reproduits en appendice (Annexe IX).

Le général Boulanger, Ministre de la Guerre dans les Cabinets Freycinet (1886) et Goblet (1887) utilisait de préférence le chiffre carré. Voici un cryptogramme établi à l'aide du chiffre spécial dont le général se servait pour correspondre avec le Ministère, au cours de ses tournées d'inspection dans la région de Nice. Ce cryptogramme a été publié, en 1901, par M. Bazeries [4].

CRYPTOGRAMME DU GÉNÉRAL BOULANGER (1887)

```
AWAQG  KQZKG  STNVN  MWFKH  WTQRO  WQCMP
WAIFN  WZGVJ  UIQJP  AWAJG  DBBFU  JQFMW
GKSUC  KMZZC  ANTZF  KCZGU  WTGKG  JKSJU  WT
```

L'examen superficiel de ce cryptogramme, dans lequel les groupes AWA et UWT sont répétés chacun deux fois, à des intervalles de 45 et 10 lettres, a révélé que la méthode employée était le chiffre carré et que la clef comportait 5 lettres.

Le cryptogramme a été écrit, alors, en colonnes verti-

---

1. *Mathias Sandorf*. Paris, Hetzel, 1885.
2. *La Jangada*. Paris, Hetzel.
3. *Voyage au Centre de la terre*. Paris, Hetzel.
4. *Les Chiffres secrets dévoilés*. Paris, 1901, p. 110.

cales de 5 lettres et il a pu être établi que les lettres les plus fréquentes des colonnes 1 et 5, soit W et G représentaient la lettre « b ». Après quelques tâtonnements le tableau suivant a pu être construit, dans lequel la valeur des lettres était augmentée de 8, 12 et 9 pour les colonnes 1, 3 et 4, et diminuée de 8 et 2 pour les colonnes 2 et 5.

A W A Q G	W A I F N	G K S U C
i o m z e	e s u o v	o c e d a
K Q Z K G	W Z G V J	K M Z Z C
s i l t e	e j s e h	s e l i c
S T N V N	U I Q J P	A N T Z F
a l z e v	c a c s n	i f f i d
M W F K H	A W A J G	K C Z G U
u o r t f	i o m s e	s u l p s
W T Q R O	D B B F U	W T G K G
e l c a m	l t n o s	e l s t e
W Q C M P	J Q F M W	J K S J U
e i o v n	r i r v u	r c e s s
		W T
		e l

En lisant le clair, de droite à gauche, en commençant par la fin, on obtient la traduction suivante :

« Les secrets les plus difficiles à découvrir sont les moins cachés. Je vous envoie ma clef, trouvez-la et lisez moi. »

La clef employée est le mot *Crois* renversé, soit *Siorc*.

Hermann[1], ancien élève de l'École Normale supérieure, a inventé un système de chiffrement à clef indéfinie qui, en supprimant la périodicité de la clef, enlève par là-même aux cryptologues la possibilité de deviner facilement cette clef. Hermann imagine, à cet effet, de prendre pour clef une page convenue d'un livre convenu, dont l'expéditeur et le destinataire possèdent chacun un exemplaire.

Il établit, d'autre part, deux réglettes, l'une fixe, l'autre mobile, comme dans le système de Saint-Cyr, mais dont la plus courte, à l'inverse du système de Saint-Cyr, constitue la réglette mobile et commence par les deux lettres RP (repère). Ceci fait, il écrit au-dessous de chaque lettre du texte à chiffrer les lettres de la page clef, en commençant par la première phrase. Le chiffrement s'opère de la façon suivante : pour trouver la lettre secrète qui correspond à la lettre du texte clair, on fait glisser la réglette mobile de façon à ce que le repère RP coïncide avec la lettre de la page clef correspondante, prise sur l'alphabet fixe ; on lit ensuite la lettre du clair sur l'alphabet mobile et en regard de cette lettre, on trouve sur l'alphabet fixe la lettre secrète cherchée.

Soit à chiffrer la phrase suivante : *Nous manquons absolument de vivres*, au moyen de l'oraison funèbre de la reine d'Angleterre, de Bossuet, qui commence par ces mots : *Celui qui règne dans les cieux et de qui*, etc...

---

1. *Méthode pour chiffrer et déchiffrer les dépêches secrètes*, Paris, 1892.
Il ne faut pas confondre ce système avec celui qui a été exposé dans un mémoire de M. Béguelin *sur la découverte des lois d'un chiffre de M. le Professeur Herrmann, considéré comme indéchiffrable* (*Mémoire de l'Académie royale des Sciences et des Belles-Lettres de Berlin, XIV*. Berlin, 1765. Le chiffre de 1765 est compliqué et inutilisable pratiquement.

En utilisant la réglette ci-après :

SYSTÈME DE HERMANN (1892)

Rp	A	B	C	D	E	F	G	H	I	J	K	L	M	N	O	P	Q	R	S	T	U	V	W	X	Y	Z

d	e	f	g	h	i	j	k	l	m	n	o	p	q	r	s	t	u	v	w	x	y	z	a	b	c	d	e	f	g	etc.

nous obtiendrons le tableau suivant :

n	o	u	s	m	a	n	q	u	o	n	s	a	b	s	o	l	u	m	e	n	t	d	e	v	i	v	r	e	s
C	E	L	U	I	Q	U	I	R	E	G	N	E	D	A	N	S	L	E	S	C	I	E	U	X	E	T	D	E	Q
q	t	g	n	v	r	i	z	m	t	u	g	f	f	t	c	e	g	r	x	q	c	i	z	t	n	p	v	j	j

et le texte chiffré se lira comme suit :

qtgnvrizmtugfftcegrxqciztnpvjj

Ce système est un perfectionnement du système de Saint-Cyr et, par conséquent, de Vigenère, et présente d'assez grandes difficultés au décryptement, en raison du nombre indéfini d'alphabets employés.

Les *anarchistes* français, en 1892, faisaient usage d'un chiffre qui a été dévoilé au cours du procès de Ravachol, en juillet 1892, à Saint-Étienne, à la suite des attentats commis contre l'hôtel de Sagan, le conseiller Benoit et le substitut Bulot. Ce chiffre, appelé également chiffre du comte de Paris, sans qu'il soit d'ailleurs prouvé que le comte de Paris l'ait utilisé, est une variété du système de Gronsfeld, dont nous avons donné plus haut la description. La seule différence qu'il présente avec ce système, consiste en l'emploi d'un tableau de dix alphabets, au lieu de vingt-cinq. Par précaution, les chiffreurs plaçaient en tête et en queue du cryptogramme un certain nombre de lettres nulles et intercalaient d'autres lettres nulles entre chaque mot du texte. Malgré ces précautions, les cryptogrammes ont été lus[1], en raison de ce que les anarchistes avaient commis la faute de placer en tête et en queue du texte un nombre de nulles égal à la longueur de la clef choisie.

Le chiffre secret adopté par les *nihilistes* russes, en 1892, a été révélé par les journaux russes à l'occasion des procès qui leur ont été intentés à l'époque.

M. Kerckhoffs[2] en a donné la description. Le procédé consistait dans l'emploi d'un mot-clef, transformé en formule numérique et servant à transposer les lettres du texte clair, une fois par colonnes verticales, et une seconde fois par lignes horizontales. Soit à chiffrer : *Trouvez-vous dimanche prochain à cinq heures au lieu qui a été convenu entre nous la dernière fois* avec le mot-clef *nihiliste*.

La clef se transforme en clef numérique de la façon suivante :

$$\begin{array}{ccccccccc} e & h & i & i & i & l & n & s & t \\ 1 & 2 & 3 & 4 & 5 & 6 & 7 & 8 & 9 \end{array} \quad = \quad \begin{array}{l} \text{nihiliste} \\ 732465891 \end{array}$$

On construit, ensuite, les deux tableaux de transposition suivants :

	1	2	3	4	5	6	7	8	9
1	t	r	o	u	v	e	z	v	o
2	u	s	d	i	m	a	n	c	h
3	e	p	r	o	c	h	a	i	n
4	a	c	i	n	q	h	e	u	r
5	e	s	a	u	l	i	e	u	q
6	u	i	a	e	t	e	c	o	n
7	v	e	n	u	e	n	t	r	e
8	n	o	u	s	l	a	d	e	r
9	n	i	è	r	e	f	o	i	s

1. Bazeries. *Les Chiffres secrets dévoilés.* Paris, 1901, p. 111.
2. *La Cryptographie militaire.* Paris, 1883, p. 12.

```
    7 3 2 4 6 5 8 9 1
  ┌───────────────────┐
7 │ t n e u n e r e v │
3 │ a r p o h c i n e │
2 │ n d s i a m c h u │
4 │ e i c n h q u r a │
6 │ c a i e e t o n u │
5 │ e a s u i l u q e │
8 │ d u o s a l e r n │
9 │ o e i r f e i s n │
1 │ z o r u e v v o t │
  └───────────────────┘
```

et on obtient le cryptogramme ci-après :

tneunerevarpohcinendsiamchu etc.....

Cette méthode est une transposition double un peu
compliquée, mais certainement plus facile à décrypter
que le système des anarchistes. Elle présente d'ailleurs
une faiblesse, en ce que le même mot clef a servi pour
les deux transpositions. C'est cette faute qui a permis de
découvrir le chiffre.

Paul Féval, dans un roman intitulé *Les Compagnons
du Silence*[1], donne une série de cryptogrammes chiffrés
avec un système de substitution. Il a paru intéressant
de reproduire en appendice, un de ces cryptogrammes,
en y ajoutant, à titre de commentaire, un essai de décryptement (Annexe X).

Le capitaine d'artillerie P. Valerio a écrit un ouvrage
fort intéressant, en deux parties, intitulé : *De la Cryptographie*[2] dans lequel il a tenté d'établir les principes
rationnels du décryptement, en les basant sur les lois
phonétiques du langage. L'auteur s'est livré à tout un
travail de recherche des bigrammes et des trigrammes

1. Paris, 1895.

2. *De la Cryptographie.* Paris, 1ʳᵉ partie, 1893 ; 2ᵉ partie, 1896, chez Baudoin.

les plus fréquents dans les langues française, allemande, anglaise, italienne et espagnole, et de classification des sons et articulations dans ces cinq langues. En particulier, il a cherché à limiter les recherches, dans le décryptement des transpositions, par l'utilisation des principales particularités de ces langues. Toutefois, il faut reconnaître que l'usage des tableaux qu'il a établis est d'une telle complication qu'il est pour ainsi dire impossible, et que nous ne croyons pas qu'aucun cryptologue ait jamais eu l'idée d'utiliser ces tableaux, dont le développement représente environ 150 pages du volume. A notre avis, on peut arriver aux mêmes résultats par des méthodes plus simples. Le reste de l'ouvrage peut d'ailleurs être lu avec fruit : les substitutions doubles sont déchiffrées d'après les méthodes de Kasiski et de Kerckhoffs; les transpositions sont déchiffrées d'après la méthode du colonel Roche décrite par Josse, et en s'aidant des remarques de l'auteur sur les particularités de la langue. La seconde partie de l'ouvrage contient des chapitres nouveaux relatifs au décryptement des dictionnaires et comporte, en annexe, la reproduction des dépêches chiffrées avec le Grand chiffre de 1691, et de la correspondance de Henri IV et du Landgrave de Hesse. Une quinzaine de pages sont consacrées aux chiffres historiques.

Le marquis de Viaris[1], ancien officier de marine, a publié deux études cryptographiques, l'une en 1888, l'autre en 1893, dans lesquelles il expose une méthode de déchiffrement du chiffre carré qui n'est qu'un commentaire de celles de Vigenère et Kerckhoffs et un procédé pour le décryptement du cryptographe de Bazeries;

---

1. *Cryptographie*. Paris, 1888 (publication du Génie Civil). *L'art de chiffrer et déchiffrer les dépêches secrètes.* Paris, 1893, Gauthier-Villars.

le texte de 1893 contient un chapitre intéressant sur la recherche du mot clef, connaissant la clef numérique ou littérale : nous donnerons un aperçu de cette méthode au chapitre des décryptements.

Le duc d'Orléans et le parti royaliste correspondaient en groupes de 4 chiffres, en 1899, en se servant d'un système de substitution. A la suite des débats de la Haute Cour de Justice, en 1899, et de la publication par les journaux de cinq des dépêches échangées entre les intéressés[1], le commandant Bazeries a pu établir que le système employé était celui de Beaufort et que le chiffrement en était effectué avec la clef Samedi pour la dépêche du 7 janvier, la clef Jeudi pour celle du 2 février, et les 23°, 24° et 25° vers de la « Nuit de décembre » d'Alfred de Musset, en comptant à partir du dernier vers, pour les dépêches des 23, 24 et 25 février.

Chaque groupe de deux chiffres représentait une lettre d'après le tableau de correspondance suivant :

TABLEAU DE CONCORDANCE DU DUC D'ORLÉANS (1899)

11	12	13	14	15	16	17	18	19	20	21	22	23	24	25
A	B	C	D	E	F	G	H	I	J	K	L	M	N	O

26	27	28	29	30	31	32	33	34	35	36	37
P	Q	R	S	T	U	V	W	X	Y	Z	A

L'alphabet de concordance est l'alphabet horizontal du tableau de Beaufort. Le décryptement a été obtenu par la supposition du mot *Déroulède* dans la dépêche du 25 février, l'essai de terminaison *ement* dans celle

1. *Libre Parole* du 5 novembre 1899.

du 24, et le mot *inutile* dans celle du 23. Le mot supposé était *secret* pour la dépêche du 7 janvier, et l'essai des trois systèmes de Vigenère, Beaufort clef en dessous et Beaufort clef en dessus avait donné pour la dépêche du 2 février, le mot *Ramel*.

Le colonel Panizzardi, Attaché militaire italien à Paris, au moment de l'affaire Dreyfus (1899), utilisait pour sa correspondance avec le Chef d'État-Major de l'Armée italienne un chiffre qui n'a pas été révélé au cours des débats du procès de Rennes. Toutefois, en utilisant les indications parues dans les journaux de l'époque et dans le compte rendu de l'enquête de la Chambre criminelle de la Cour de Cassation, de 1904, sur la dépêche expédiée le 2 novembre 1894, par l'Attaché militaire, au général Marselli à Rome, le commandant Bazeries[1] a pu conclure que le colonel Panizzardi se servait du dictionnaire chiffré de *Baravelli*. Le texte de la dépêche du 2 novembre n'a jamais été publié, mais les débats ont révélé qu'il comprenait 20 groupes de quatre chiffres[2]. Voici, d'après les débats de Rennes, la première version fournie au Ministère de la Guerre par le Ministère des Affaires étrangères:

CRYPTOGRAMME DU COLONEL PANIZZARDI (1894)

Commando stato maggiore. Roma.

Arrestato capitano Dreyfus Ministro, delli guerra ha avuto provi (ou relazione) secrete offerte Germania. Cosa instrutta conogni segreto (ou riserva) Rimana prevenuto emissario (ou commentare stampa). Signé B.

---

1. *Les Chiffres secrets dévoilés*. Paris, 1901, pp. 146 et suivantes.
2. *Compte rendu sténographié du Conseil de guerre dé Rennes*. Paris, 1900, Stock, p. 228. Pièce communiquée par le général Chamouin.

Les mots entre parenthèses constituent une seconde version possible qui fut adoptée par la suite par le Cour de Cassation.

Or, en ouvrant le Baravelli, on trouve « relazione » à la ligne 88 de la page 75 et « provi » à la ligne 88 de la page 71. D'autre part « prevenuto emissario » figurent aux pages 69 et 30, lignes 91 et 65, et « commentare stampa » aux lignes 91 et 65 des pages 17 et 88. Il n'en faut pas tant pour affirmer que le chiffre utilisé était le dictionnaire de Baravelli.

Le commandant Bazeries [1], auteur de plusieurs études historiques sur les chiffres et de nombreux travaux de décryptement, est un des spécialistes de l'époque actuelle à qui la cryptographie doit le plus. Servi par un solide bon sens, un raisonnement sain et un esprit intuitif, il est arrivé à jeter une lumière nouvelle sur certains points restés obscurs de notre histoire, tels que la légende du Masque de Fer, par le décryptement de documents sur lesquels avaient travaillé sans succès plusieurs générations de cryptologues. Très érudit, connaissant à peu près tout ce qui a été écrit sur la cryptographie et le décryptement, le commandant Bazeries a toujours préconisé dans ses travaux de déchiffrement l'emploi des méthodes simples. Venant après Kasiski et Kerckhoffs, il a su imposer un nouveau procédé de reconstitution du chiffre carré, en prenant, pour point de départ de cette reconstitution la recherche d'un mot supposé. Ce procédé, tout aussi rapide que ceux indiqués par ses prédécesseurs, a l'avantage d'être plus simple. C'est d'ailleurs celui qui a servi pour la reconstitution du Grand chiffre

---

1. *Les Chiffres secrets dévoilés.* Paris, 1901,
Le Masque de Fer, en collaboration avec Emile Burgaud. Paris, 1893.
Les Chiffres de Napoléon Ier pendant la campagne de 1813. Fontainebleau, 1896.
Tables chiffrantes et déchiffrantes. Paris, 1893.

Cryptographie.   6

de 1691 ; nous en donnons le détail en appendice (Annexe IV).

Meister[1] est l'auteur d'un ouvrage nourri, rempli de renseignements intéressants, sur la *Cryptographie à la Curie papale, des origines au XVIIᵉ siècle*, ainsi que d'un opuscule de 65 pages sur la cryptographie italienne du XVᵉ siècle, et les origines de la cryptographie diplomatique moderne. Il est indispensable d'avoir lu ces deux ouvrages pour l'intelligence de la cryptographie italienne.

Beaudoire[2] a étudié avec érudition les monuments, les monnaies, les armoiries, les marques typographiques, au point de vue cryptographique, et a édifié une théorie de la cryptographie apostolique, faisant dériver des sigles[3] et symboles, employés pour figurer le nom et la personne de Dieu, de Jésus-Christ et du Saint-Esprit, toutes les abréviations et signes qui figurent sur ces monuments, monnaies, marques typographiques et armoiries. Nous aurons à revenir en détail, dans notre troisième partie, sur cet ouvrage trop peu connu, qui ouvre des horizons nouveaux sur l'archéologie et l'histoire de l'art.

Ayant ainsi passé en revue les travaux les plus importants relatifs à la cryptographie et au décryptement, s'étant fait jour entre 1880 et 1906, il y a lieu de mentionner rapidement quelques ouvrages de moindre développement parus de 1895 à 1914, ceux de Boetzel et

1. *Die Anfänge der modernen diplomatischen Geheimschrift.* Paderborn, 1902. *Die Geheimschrift im Dienste der päpstlichen Kurie von ihren Anfängen bis zum Ende des XVI. Jahrhunderts.* Paderborn, 1906.

2. *Genèse de la Cryptographie apostolique et de l'architecture rituelle du Iᵉʳ au XVIᵉ siècle.* Paris, 1903.

3. Sigles (du grec σιγλαι chiffres, notes), lettres isolées destinées à exprimer des mots par abréviation.

O'Keenan, du commandant Deltheil, de Türckheim, de Collon et du lieutenant-colonel Myszkowski.

Boetzel et O'Keenan [1] ont imaginé un système original, mais compliqué, de cryptographie par liaison des lettres entre elles, soit au moyen de traits, soit par des crochets plus ou moins longs ou aigus. Ce système a pour inconvénient de se trahir à première vue par l'allure de l'écriture, et d'exiger une attention soutenue, la moindre omission changeant complètement la valeur de la lettre représentée. Pour ces raisons, il est considéré comme tout à fait impraticable.

Le commandant Deltheil [2] a inventé un cryptographe syllabique d'un certain intérêt dont il sera parlé plus loin. Il a exposé également dans une brochure de 16 pages parue en 1896, un système de chiffrement par transposition, dont la critique a été faite en 1899 par le commandant Angammare [3].

L'Italien Türckheim (Gioppidi) [4] a considéré la cryptographie surtout comme un divertissement et la lecture de son ouvrage n'offre qu'un intérêt de curiosité : le chapitre qu'il consacre au décryptement donne un tableau des fréquences dans toutes les langues et intéresse à ce point de vue particulier.

Collon [5] a fait une étude spéciale des particularités de la langue française, mais son exposé, présenté sous une

---

1. *Écriture secrète*. Paris, 1895. Boetzel est, en outre, l'auteur d'un ouvrage intitulé « *Eléments de cryptographie* » Paris, 1898, édité en allemand à Leipzig en 1900.

2. *La cryptographie sans instruments*. Paris, 1896. Le commandant Deltheil a décrit, dans la *Revue Universelle* du 1ᵉʳ octobre 1892, un modèle de cryptographe universel, de son invention, dont il sera fait mention à la 2ᵉ partie.

3. *Déchiffrement de la cryptographie sans instruments du Commandant Deltheil*. Paris, 1899.

4. *Crittographia*. Milan, 1897.

5. *La cryptographie à la guerre*. Bruxelles, 1899.

forme un peu confuse, n'apporte rien de nouveau à la science de la cryptographie.

Le lieutenant-colonel Myszkowski[1] et le commandant Schneider[2] ont donné, tous deux, la description de systèmes cryptographiques à l'usage de l'armée, dont l'emploi ne s'est pas généralisé jusqu'à présent.

Mentionnons encore l'ouvrage de Woodward[3] sur le problème des Tudor et celui de Ruelle[4], qui, tous deux, présentent de l'intérêt. Woodward s'attache à démontrer que Francis Bacon est le fils de la reine Élisabeth et de lord Robert Dudley, plus tard duc de Léicester et que ce personnage, qui a publié dans sa vie un grand nombre d'ouvrages, sous divers pseudonymes, pourrait bien être l'auteur des comédies de Shakespeare. L'ouvrage de Ruelle est plutôt un ouvrage de paléographie que de cryptographie.

B. — La guerre de 1914-1918.

Ainsi que nous avons eu l'occasion de le dire précédemment, on avait fort peu employé le chiffre au cours de la guerre de 1870-1871. Lorsqu'éclata la guerre de 1914-1918, personne n'eût pu soupçonner le développement qu'allait prendre la cryptographie, dans une campagne qu'on aurait cru devoir être courte.

L'État-Major français avait prévu, avant la guerre, le chiffrement des télégrammes d'opérations, à échanger par les grands États-Majors entre eux et celui des dépêches d'ordre général, à échanger entre le Ministre de la Guerre et le général commandant en chef. Tout au

1. *Cryptographie indéchiffrable*. Paris, 1902.
2. *Description d'un système cryptographique*. Paris, 1912.
3. *Tudor problems*, Londres, 1912.
4. *Cryptographie grecque*. Paris, 1913.

plus avait-il envisagé, à la rigueur, l'emploi du chiffre par les États-Majors divisionnaires.

Toutefois, dès l'engagement des premières opérations, les correspondances télégraphiques se développèrent avec une telle intensité, en raison de l'étendue et de la multiplicité des différents fronts, qu'il fut nécessaire de procéder très rapidement à une organisation nouvelle. Cette organisation s'imposa d'autant plus, que les dépêches échangées entre les Grands Quartiers Généraux Alliés devaient, bien souvent, transiter par des pays neutres, où l'ennemi avait établi des centres d'espionnage.

La bataille de la Marne ayant immobilisé les armées belligérantes du front occidental, de part et d'autre d'une ligne de tranchées qui devait rester longtemps immuable, un trafic considérable des divers moyens de liaison connus s'établit de chaque côté du front, entre les grandes et les petites unités de combat, et entre ces unités et les services de l'arrière. Les divers moyens de communications, lignes télégraphiques et téléphoniques, communications optiques, télégraphie sans fil, télégraphie par le sol, employés suivant les besoins et selon les cas, furent étendus dans les plus petites unités et jusqu'aux postes extrêmes. Comme il fut reconnu très vite qu'aucun des procédés employés n'offrait une sécurité absolue, il fut nécessaire, pour sauvegarder le secret des renseignements transmis, d'intensifier les procédés de chiffrement. Leur emploi, réservé au début des hostilités aux grandes unités, s'étendit ainsi peu à peu jusqu'aux commandants de compagnie.

Parallèlement au développement des moyens de communication et de chiffrement dans chacune des armées en présence, on s'efforça de réaliser des procédés de plus en plus parfaits d'interception et d'investigation de ces moyens. Rien ne saurait être, en effet, plus intéressant pour le commandant d'une armée, que la connaissance des messages chiffrés et non chiffrés transmis par l'ennemi. Même dans les messages chiffrés dont on ne réussit pas à obtenir la traduction, le nombre, l'origine et la destination de ces messages trahissent, le plus souvent, les mouvements et les intentions de l'adversaire. Bien plus, la transmission par T. S. F. de simples télégrammes d'exercice, ou d'avis insignifiants, permet de localiser, par la goniométrie, l'emplacement des postes émetteurs de l'adversaire ; la direction des ondes reçues est déterminée au poste récepteur par la simple orientation d'un cadre et il suffit que cette direction soit établie en deux points placés à une certaine distance l'un de l'autre, pour que le report, sur la carte, des lignes obtenues, donne l'emplacement exact du poste émetteur de signaux. Sans doute, les postes émetteurs changent fréquemment leurs indicatifs dans le but d'égarer les recherches de l'adversaire, mais par l'emploi combiné du chiffre et de la goniométrie, on arrive à les identifier. C'est ainsi que, sans autres renseignements que ceux fournis par la collaboration de deux services, on arrive à reconnaître l'emplacement des différentes divisions, à suivre leurs déplacements, à vérifier chaque jour l'ordre de bataille du front ennemi devant une armée et à évaluer la densité des troupes dans les divers secteurs. Les maladresses de l'adversaire facilitent d'ailleurs ces identifications : les gens qui s'écoutent constamment finissent par se connaître, et il arrive souvent qu'un poste divisionnaire ennemi qui vient de changer son indicatif soit identifié ou reconnu par suite de la maladresse d'un opérateur qui se signale dans ce poste d'une manière quelconque.

D'autre part, la captation des conversations tenues

à proximité du front fournit également d'utiles indications. Malgré les consignes les plus sévères, quantité de renseignements plus ou moins importants sont passés en clair, soit par négligence, soit parce que les officiers, sous-officiers ou hommes de troupe qui téléphonent, se sachant éloignés du front de plus d'un kilomètre, se croient assurés de ne pouvoir être entendus de l'adversaire. Citons à ce sujet le cas suivant dont nous avons été témoins. La veille d'une importante attaque française, un radiotélégramme allemand, capté et traduit sur notre front, donna connaissance que l'État-Major ennemi était informé du jour et de l'heure fixés pour cette attaque, renseignement retenu d'une conversation téléphonique entre officiers français, surprise par lui. Notre attaque fut avancée d'une heure, et eut des résultats satisfaisants au prix de quelques pertes ; sans doute eut-elle été moins coûteuse sans l'imprudence du maladroit qui avait téléphoné en n'utilisant pas le chiffre.

Tout, dans le voisinage immédiat de l'ennemi, doit être pesé ou camouflé, car rien n'est perdu pour un adversaire qui observe, écoute et tire parti de tout ce qu'il entend. Plus que partout ailleurs, les transmissions sur le front doivent être chiffrées et chiffrées intelligemment, car il ne suffit pas de chiffrer comme le faisaient parfois certains officiers qui croyaient avoir fait ce qu'il fallait en remplaçant par des groupes de chiffres quelques-uns des mots du texte clair, pris au hasard ou mal choisis ; écrire par exemple : *Colonel 125ᵉ grièvement 6524 ce matin* est un mauvais chiffrement, car dans cette phrase, le mot à cacher est le numéro du régiment et le groupe 6524 ne masque nullement le mot *blessé* ; rien n'est plus dangereux d'ailleurs que les chiffrements partiels : ils sont illusoires et compromet-

tent la sécurité du chiffre. Pour bien chiffrer, il faut
bien connaître la méthode dont on se sert et être averti
des côtés faibles de cette méthode pour éviter de com-
mettre des fautes qui facilitent au cryptologue de l'adversaire la lecture du texte ou la découverte de la clef.
Aucun chiffre n'est mathématiquement indéchiffrable,
mais il suffit de prendre certaines précautions pour
réduire considérablement le danger du décryptement en
cas d'interception. Ce qui importe, c'est d'accumuler les
difficultés pour l'adversaire : quand un texte est transmis en une seule fois, entièrement chiffré, ne comportant ni répétition de groupes, ou de signes, ni redoublements, il y a grande probabilité que la traduction en
sera suffisamment retardée pour que l'ennemi ne puisse
l'utiliser à temps.

Voici, à titre de renseignement, la traduction d'un
document allemand, pris sur un prisonnier au cours des
hostilités, contenant quelques observations faites par
nos adversaires sur le même sujet.

« La T. S. F., la T. P. S. et le téléphone appartien-
« nent aux moyens de liaisons susceptibles d'être inter-
« ceptés par l'ennemi. Ce danger est en général *sous-*
« *estimé*. On admet couramment qu'il suffit de chiffrer
« les messages pour empêcher l'ennemi de tirer parti
« des textes qu'il intercepte. C'est là une erreur.

« Même si l'ennemi ne réussit pas à déchiffrer nos
« messages chiffrés et à se procurer des renseignements
« sur leur contenu, la surveillance méthodique du tra-
« fic des liaisons lui permet, à elle seule, de tirer des
« conclusions sur notre ordre de bataille, nos effectifs
« et nos intentions. De nombreuses déclarations de pri-
« sonniers témoignent de l'écoute systématique effec-
« tuée par l'ennemi, par laquelle celui-ci a pu recueillir

« en temps utile des renseignements sur les entreprises
« allemandes, et y parer avec succès ; on peut en con-
« clure le grand danger qu'il y a à employer, sans pru-
« dence, les moyens de liaisons susceptibles d'intercep-
« tion.

« L'un des principaux inconvénients de la T. S. F.
« réside dans le fait que les messages transmis par
« cette voie sont en quelque sorte transmis pour l'en-
« nemi. De plus, au cours de grandes actions de com-
« bat, on tend à sous-estimer la valeur d'un bon chiffre-
« ment et de l'observation stricte des règles de service.
« L'ennemi peut exploiter utilement notre trafic de
« T. S. F. de deux façons : 1° par la goniométrie des
« postes ; 2° par l'écoute méthodique.

« Le moyen de liaison par T. P. S. est plus dangereux
« que celui par T. S. F., du fait que l'unité tactique
« qu'il dessert peut être déterminée ou située avec une
« plus grande précision, étant donnée la portée réduite
« des postes.

« Les autorités expédiant des messages manquent
« fréquemment de prudence dans la rédaction des textes
« à transmettre, fait qui ressort des messages de T. P. S.
« allemands interceptés. La transmission de télégrammes
« en clair ne peut être justifiée que dans le cas où le
« danger d'interception par l'ennemi est subordonné à
« la rapidité et à l'urgence de la transmission. Des
« noms, même d'hommes de troupe, ne devraient jamais
« être mentionnés dans les messages de T. P. S.

« Le plus grand mal causé sur le front allemand est
« provenu jusqu'ici de conversations téléphoniques me-
« nées sans aucune prudence. Au milieu du mois de
« novembre dernier, les Français avaient traité par télé-
« phone, sur un point de notre front, tous les détails

« d'une attaque par gaz. Les conversations captées mot
« à mot par nos opérateurs furent transmises à leur P. C.
« par téléphone, *sans chiffrement*, quoique les messages
« captés un instant avant, auraient dû les inviter à la
« plus grande prudence. L'ennemi avait entendu les
« résultats de nos écoutes et savait à présent que nous
« étions au courant des projets de son attaque par les
« gaz. L'attaque eut lieu à un autre moment, et sur un
« point où nous ne l'attendions pas, et fut couronnée de
« succès.

« De nombreuses personnes croient que des conversa-
« tions tenues à voix basse et en langage très rapide
« peuvent écarter le danger d'interception ; c'est une
« erreur pleine de graves conséquences.

« Le fait que les communications de T. S. F., T. P. S.
« et téléphoniques sont susceptibles d'interception,
« nous oblige à chiffrer ces messages.

« Il y a lieu de mettre en garde contre la tendance
« générale à attribuer aux procédés de chiffrement une
« sécurité trop grande. Les procédés de chiffrement doi-
« vent répondre à deux exigences :

« 1° Ils doivent être aussi sûrs que possible ;

« 2° Ils doivent être d'un maniement aussi simple
« que possible.

« Ces deux points dépendent l'un de l'autre. Ou bien
« un procédé est très sûr, mais alors il est moins ma-
« niable, et dans ce cas, on ne peut en exiger une sécu-
« rité parfaite.

« Nos procédés constituent une moyenne pour chacun
« des cas.

« La meilleure protection contre le déchiffrement par
« l'ennemi consiste dans un changement fréquent des
« clefs, et l'emploi de clefs différentes, pour des unités

« tactiques aussi réduites que possible. Mais il ne faut
« pas perdre de vue que même les meilleurs procédés
« de chiffrement peuvent être *grillés* par un maniement
« malhabile.

« Si certains postes manient ces systèmes avec beau-
« coup de circonspection, des infractions légères de la
« part d'opérateurs isolés peuvent suffire pour permettre
« le déchiffrement de tout ce qui a été chiffré d'après la
« même clef.

« Il arrive fréquemment que des procédés de chiffre-
« ment soient compromis par la transmission, en période
« calme, et pour plus de commodité, de messages insi-
« gnifiants, par des moyens de liaison susceptibles d'in-
« terception.

« Comme les possibilités de déchiffrement sont, en
« général, proportionnelles au nombre des messages
« transmis, il ne faut, dans ce cas, pas s'étonner si l'en-
« nemi découvre la clef avant même qu'elle n'ait servi à
« transmettre des messages vraiment utiles.

« Les règles prescrites pour l'emploi des moyens de
« chiffrement sont *nécessaires ;* elles sont fréquemment
« négligées par des gens qui n'en comprennent pas l'uti-
« lité. On se heurte encore souvent à la croyance que
« du texte clair et du texte chiffré peuvent être mélan-
« gés sans inconvénient. On arrive simplement par ce
« moyen à permettre à l'ennemi d'amorcer le déchiffre-
« ment ; le travail le plus pénible est accompli dès que
« le déchiffrement est commencé. Il faut, par conséquent,
« éviter à tout prix de transmettre des messages d'ordre
« particulièrement secret, par des moyens de liaisons
« susceptibles d'interception. »

C. — *La période actuelle*.

La période d'après guerre, de 1918 à 1925, est trop rapprochée de nous pour que nous puissions en parler utilement. Constatons qu'un certain nombre de travaux importants ont paru depuis l'armistice sur les questions cryptographiques, entre autres les articles du colonel Givierge dans la *Revue Militaire Française*, les études du colonel Fabyan sur les travaux de l'Institut de River Bank, les articles du général Cartier dans le *Mercure de France*, de 1921 à 1923, relatifs au décryptement du chiffre de Francis Bacon, un opuscule de 84 pages de Dröscher [1], qui présente un certain intérêt par sa bibliographie, et le livre de Langie [2], qui n'est pas un ouvrage théorique.

Si, comme on le conçoit, il n'est possible de donner aucun renseignement sur ce qui se passe dans les milieux diplomatiques et militaires, on remarque, par contre, un développement sérieux de la correspondance commerciale chiffrée. On note, d'autre part, une activité considérable, à l'étranger, particulièrement en Allemagne et en Suède en ce qui concerne la construction de machines à cryptographier. Nous aurons d'ailleurs à revenir, à la Section III, de la II° Partie, sur cette question.

1. *Die Methoden der Geheimschriften*. Leipzig, in-8°, 1921.
2. *De la Cryptographie*, Paris, 1918.

DEUXIÈME PARTIE

LA CRYPTOGRAPHIE PAR LETTRES ET CHIFFRES

———

Après avoir exposé les principaux travaux historiques relatifs à la cryptographie et au décryptement à travers les âges, nous allons procéder maintenant à l'examen des méthodes cryptographiques actuelles et des principes généraux de chiffrement et de décryptement des divers systèmes connus.

L'exposé ci-après sera divisé en trois sections, comme suit :

SECTION I. — *Classification des méthodes cryptographiques.*

SECTION II. — *Principes généraux de chiffrement et de décryptement.*

SECTION III. — *Étude des divers systèmes de chiffrement et de décryptement usités.*

SECTION I

CLASSIFICATION DES MÉTHODES
CRYPTOGRAPHIQUES

Les méthodes de chiffrement et de déchiffrement sont nombreuses, mais ne sont toutes que des variantes se rattachant à l'un des deux grands systèmes cryptographiques qui sont la *substitution* et la *transposition*, ou à une combinaison de ces systèmes entre eux.

La *substitution* consiste dans le remplacement de l'alphabet normal par un ou plusieurs alphabets de convention. Ainsi les lettres, bigrammes, trigrammes ou mot entiers du texte clair sont remplacés, dans le texte chiffré, par d'autres signes ou groupes de signes.

On entend par *alphabet normal*, ou normalement ordonné, celui dans lequel les lettres se succèdent dans l'ordre A. B. C. D... Z. Quand l'alphabet normal commence par une autre lettre que la lettre A, il prend le nom d'*alphabet régulièrement ordonné* comme par exemple C. D. E. F. G... Z. A. B.

Par opposition, on entend par *alphabets de convention* tous autres alphabets que les alphabets normalement ou régulièrement ordonnés, tels que les alphabets incohérents ou intervertis, réciproques, inverses, complémentaires, parallèles.

On appelle *alphabet incohérent ou interverti* celui dans lequel les lettres sont placées dans un ordre quelconque, différent de l'alphabet normal. L'alphabet XH VBIGOKZDFSOMWRCEQLYTANUJ est incohérent.

Les deux moitiés d'un alphabet complet, disposées l'une au-dessus de l'autre, sur deux lignes, de telle sorte que les lettres de la première ligne servent à chiffrer celles de la seconde et réciproquement sont dites *alphabets réciproques*. Exemple :

A B C D E F G H I J K L M
N O P Q R S T U V W X Y Z

Dans cet exemple :

$$A = N \text{ et } N = A.$$

Quand les alphabets réciproques sont disposés de telle sorte que la première lettre de l'un corresponde à la dernière lettre de l'autre, on dit qu'ils sont *inverses*. Exemple :

A B C D E F G H I J K L M
Z Y X W V U T S R Q P O N

Les alphabets réciproques et inverses peuvent être normalement ordonnés ou incohérents.

Les alphabets dans lesquels la somme des rangs alphabétiques des lettres correspondantes des deux lignes est constante, sont dits *alphabets complémentaires* Exemple :

L I A D G B K M H E C F J
O R Z W T Y P N S V X U Q

Dans cet exemple :

$$L + O = 12 + 15 = 27$$
$$I + R = 9 + 18 = 27 \text{ etc.}$$

Les alphabets inverses sont toujours complémentaires.

Les alphabets dans lesquels les deux lettres correspondantes sont, dans chacun des alphabets, séparées l'une de l'autre par un nombre de lettres constant, sont dits *alphabets parallèles*. Exemple.

HKUX T B IOALWR J C EGQYDMP F NVZ S
I OALWR JCEG Q YDMPFNV Z SHKUXTB

Dans cet exemple, les deux lettres correspondantes HI, sont, dans chacun des deux alphabets, séparées par 5 lettres (KUXTB). De même K et O sont séparés par 5 lettres, et ainsi de suite pour toutes les autres lettres.

La *transposition* consiste dans une interversion des lettres de l'alphabet normal de façon que les lettres du texte clair se retrouvent dans un ordre différent de l'ordre primitif. Il est difficilement possible, dans ce système, de reconstituer les syllabes et les mots du texte clair sans le secours de la clef.

Les méthodes de substitution et de transposition peuvent se compliquer ou se combiner entre elles pour augmenter la sécurité des transmissions. Il est facile, en effet, de soumettre les textes à un *double chiffrement* comprenant deux substitutions s'enchevêtrant ou deux transpositions successives, ou encore une substitution et une transposition combinées.

En dehors de ces deux méthodes générales, il est de pratique courante de faire une place à part aux *dictionnaires chiffrés* et aux *cryptographes et machines à chiffrer*.

Les dictionnaires ne sont, à la vérité, que des systèmes de substitution, mais entendus de façon si large qu'ils ne correspondent plus à la définition qui a été donnée de ces systèmes. On comprend, en effet, sous cette dénomination, des documents dans lesquels des syllabes,

des mots ou même des phrases entières du texte clair
sont représentés par des groupes de lettres ou des nombres.

Les cryptographes et machines sont des appareils destinés à faciliter l'établissement rapide de cryptogrammes
sûrs.

Il va de soi que chacune des méthodes énumérées ci-
dessus ne peut convenir qu'à la correspondance en vue
de laquelle elle a été choisie. En effet, un système de
chiffrement, établi pour une correspondance entre parti-
liers, ne répond pas, le plus souvent, aux exigences d'une
correspondance générale.

La classification susdite a été adoptée, sous des noms
divers, par les différents auteurs cryptologues : les
systèmes de substitution s'appellent selon les auteurs,
systèmes *par interversion* (Kerckhoffs et Valerio),
à alphabets (de Viaris), ou *de substitution* (Bazeries).
Les systèmes de transposition peuvent indifféremment
porter le nom de systèmes *à anagrammes* (de Viaris)
ou *de transposition* (Bazeries).

SECTION II

PRINCIPES GÉNÉRAUX DE CHIFFREMENT ET DE DÉCRYPTEMENT

Avant de passer à l'examen des méthodes énumérées ci-dessus, il y a lieu de rechercher les règles générales qui président au chiffrement et au décryptement des dépêches. Car ce ne sera pas une des moindres curiosités de cette étude que de révéler l'existence d'une science cryptographique, insuffisante certes, dans bien des cas, à faire parler les chiffres, mais qu'il est indispensable de connaître, soit pour apprécier la valeur d'une méthode, soit pour limiter les recherches, quand on est en présence d'un texte cryptographique dont on ne connaît pas la clef.

Ce sont les principes de cette science que nous allons essayer de dégager dans les chapitres qui vont suivre et qui seront consacrés, l'un à l'exposé des *principes de chiffrement*, l'autre à la *théorie* si intéressante *du décryptement*. Ces chapitres sont les suivants :

CHAPITRE I. — *Principes de chiffrement.*
CHAPITRE II. — *Principes de décryptement.*

CHAPITRE PREMIER

PRINCIPES DE CHIFFREMENT

Toutes les fois qu'on se trouve en présence d'un texte à chiffrer, il importe de se poser les deux questions suivantes :

1° Quelle est la meilleure méthode de chiffrement à employer?

2° Ayant choisi la méthode, comment l'utiliser pour qu'elle présente toutes garanties au point de vue de la sécurité du texte cryptographié?

A la première de ces questions, il faut répondre, sans hésitation, que la valeur d'une méthode se mesure à la difficulté que présentent au décryptement les cryptogrammes chiffrés au moyen de cette méthode. En règle générale, si un déchiffreur habile, à qui vous avez remis votre cryptogramme, accompagné de l'indication de la méthode suivie, d'un mot de sept ou huit lettres, contenu une fois dans le texte chiffré, et de l'appareil, si la méthode en comporte, arrive à en faire la traduction en peu de temps — une journée au plus — la méthode ne vaut rien. Si, au contraire, le cryptologue n'arrive à arracher au texte son secret qu'au bout de plusieurs jours ou de plusieurs semaines, à la suite d'un travail acharné, la méthode est bonne et peut être employée en toute sécurité. Bien entendu, nous mettons à part les

chiffres reposant sur la sécurité de l'appareil qui les
donne, tels que dictionnaires, codes, tables, livres convenus, qui par des travaux spéciaux, souvent assez longs,
finissent par être reconstitués au bout d'un certain temps
et dont les intéressés arrivent toujours par s'emparer,
auquel cas l'appareil doit être abandonné. Nous ne pouvons conseiller l'emploi de ces appareils qu'à la condition de les changer fréquemment.

Voici, à titre de renseignements, quelques indications
sur la valeur des principales méthodes connues. D'une
manière générale, les systèmes de transposition simple
à tableaux complets sont détestables. Quant aux systèmes de substitution, ceux à simple clef, sauf quand ils
comportent des variantes et les substitutions doubles à
alphabets régulièrement ordonnés, tout en étant plus
difficiles à décrypter que les transpositions simples, en
raison de ce que la valeur des lettres n'est pas connue,
se déchiffrent tous avec assez de facilité. Seuls les systèmes de transposition simple à tableaux incomplets et
les transpositions doubles, d'une part, les systèmes de
substitution double à alphabets incohérents d'autre part
et enfin les systèmes de transposition et substitution combinés, présentent de très grandes difficultés et peuvent
être considérés comme offrant des garanties de sécurité.

Une fois la méthode choisie, comment l'utiliser pour
qu'elle présente toutes garanties au point de vue de la
sécurité du texte? Dans les cas de transposition, il est
indispensable d'observer les conditions suivantes :

1° Connaître suffisamment les particularités de la
langue, pour éviter l'emploi de mots dans lesquels
entrent des lettres susceptibles de faciliter la tâche du
cryptologue. En français, par exemple, la présence des
lettres q et x dans un texte transposé mettra immédiate-

ment sur la voie du texte clair, la lettre « *q* » étant toujours suivie et la lettre « *x* » étant toujours précédée de la lettre « *u* ».

2° Constituer, de préférence, des tableaux de chiffrement incomplets. Le nombre de lettres d'un tableau complet étant un multiple du chiffre total des lettres composant la clef, fournirait une indication sur cette dernière.

Dans les cas de substitution, il est recommandé de :

1° Représenter la lettre « *e* » et les lettres les plus fréquentes du texte à chiffrer, par plusieurs lettres ou groupes de lettres, en vue d'égarer les recherches du cryptologue dans le calcul des fréquences.

2° Éviter les répétitions de mots dans le texte clair. Leur emploi se traduirait par la présence dans le cryptogramme de passages identiques, avec quelques lettres différentes, qui révéleraient la double ou triple représentation de la lettre « *e* ».

3° Supprimer les redoublements de lettres dans les mots. Le redoublement caractérise un mot et facilite la recherche des autres lettres qui le composent.

Indiquons enfin quelques règles communes aux deux systèmes de chiffrement susdits et qui sont les suivantes :

1° Ne jamais faire de chiffrement partiel ;

2° Éviter de commencer plusieurs télégrammes par le même mot ;

3° Ne pas transmettre de signatures qui se répéteraient à la fin de plusieurs télégrammes envoyés par le même expéditeur ;

4° Ne pas répéter sous un nouveau chiffrement un télégramme déjà transmis sous une autre forme ;

5° Libeller chaque fois différemment les télégrammes identiques contenant des rapports, et devant être transmis à jour et heure fixes, et en modifier la longueur ;

6° Ne jamais transmettre sous forme chiffrée une clef ou un renseignement relatif aux modes de chiffrements.

Les différentes règles énumérées ci-dessus seront développées et expliquées à la Section III, ci-après.

Les indications données, relatives au choix du système de chiffrement, s'appliquent d'une manière générale aux échanges de correspondances entre particuliers, ou même entre chancelleries. Elles ne s'appliquent pas à la cryptographie militaire, qui exige des systèmes remplissant certaines conditions exceptionnelles, motivées par le mode de transmission, l'obligation de présenter une sécurité absolue tout en étant d'un emploi simple et rapide, et la possibilité d'être captés par l'ennemi sans qu'il puisse en résulter d'inconvénient. Ces conditions sont les suivantes :

1° Le système doit être applicable à la correspondance télégraphique.

2° Il doit être aussi difficile que possible à décrypter.

3° Son emploi doit être simple et rapide.

4° Il ne doit pas exiger le secret.

En ce qui concerne la première condition, la Convention télégraphique internationale de Londres de 1903 a posé en principe que *seuls des chiffres ou des lettres*, à l'exclusion de tous autres caractères, *peuvent être transmis par le télégraphe.* Ces chiffres ou lettres doivent être réunis en groupes de cinq et le mélange, dans un même groupe, de chiffres ou de lettres est interdit.

Pour la seconde condition, nous considérons comme essentiel *que le système choisi soit aussi difficile à décrypter que possible.* L'expérience de la dernière guerre a prouvé que les instructions transmises en période d'hostilités conservent, presque toujours, leur importance au delà de la journée où elles ont été transmises et exigent le secret bien au delà des dix ou douze heures qui suivent le moment où elles ont été données. D'autre part, tout cryptogramme déchiffré permettra la lecture immédiate de toute nouvelle dépêche, cryptographiée par les mêmes moyens. Le décryptement de dépêches de ce genre est ainsi, en quelque sorte, fait d'avance si le système choisi est facile. Il importe donc au plus haut point d'utiliser des méthodes combinées de telle façon que la traduction des cryptogrammes captés exige plusieurs jours de travail.

La *simplicité* et la *rapidité d'emploi* du système sont certainement une des conditions essentielles de tout système de cryptographie destiné à l'armée. Simplicité et rapidité sont inséparables, car jamais un chiffre compliqué n'a été d'un emploi rapide. Vu les nécessités militaires, il faut d'ailleurs que le système soit portatif et n'exige pas, dans son application, le concours de plusieurs personnes.

Quant à la *non-nécessité du secret*, elle nous paraît s'imposer en présence des difficultés qu'il y a de nos jours à conserver longtemps secret un système qui doit être utilisé par un grand nombre de personnes. Bien plus, il n'y aurait que des avantages à pouvoir enseigner au grand jour, dans nos écoles militaires, un procédé de correspondance chiffrée bien combiné et éviter, par ce moyen, les nombreuses bévues commises par des personnes n'ayant pas été admises à prendre part aux exercices cryptographiques du temps de paix, et qui, ayant à s'en servir en temps de guerre, compromettent par leur inexpérience, la clef des meilleurs chiffres.

CHAPITRE II

PRINCIPES DE DÉCRYPTEMENT

Le décryptement d'un document chiffré est un travail généralement très difficile et qui suppose, chez celui qui s'y livre, tout à la fois la connaissance approfondie et une très longue pratique des méthodes de décryptement, certaines qualités de patience, de ténacité et d'observation, enfin du flair et de l'intuition.

Pas plus qu'il ne suffit, pour être bon cryptologue, d'avoir lu un traité de décryptement, d'être bon calculateur et même d'avoir du flair, pas davantage ces qualités acquises ou innées ne sauraient s'exercer avec succès, si elles n'étaient secondées par une pratique répétée des procédés en usage, et un esprit intuitif.

L'intuition, comme un éclair, ne dure qu'une seconde. Elle se produit généralement quand on est obsédé par un déchiffrement laborieux et qu'on repasse en pensée les essais infructueux déjà tentés. Brusquement la lumière se fait et on trouve en quelques minutes ce que des journées de travail n'avaient pu vous révéler.

Quant à la pratique des procédés, elle ne s'acquiert que peu à peu. Nous espérons que les nombreux exemples que le lecteur trouvera dans le cours de cet ouvrage, et que nous l'engageons à étudier de très près, lui permettront de devenir rapidement un cryptologue passable.

Pour faciliter l'acquisition de notions si nécessaires il

a paru utile, avant d'entrer dans le détail des divers systèmes, d'exposer les principes d'une méthode générale de décryptement.

Ces principes, développés au cours des explications qui vont suivre, porteront d'abord sur la *recherche de la langue du cryptogramme*, puis sur celle *du système de chiffrement employé*, enfin sur la *reconstitution du texte clair et de la clé*.

A. — Recherche de la langue du cryptogramme.

Cette question doit être élucidée avant toutes les autres, car la nature de l'idiome détermine le genre d'opérations à effectuer pour arriver à la découverte du système.

Le cryptologue recherche d'abord ces indications nécessaires dans le document lui-même qu'il soumet à un examen attentif, portant, en particulier, sur les noms probables de l'expéditeur, du destinataire, et des localités possibles, la date, le sujet de la missive et éventuellement la formule de politesse employée.

S'il en a la possibilité, il procède également à une enquête sur les conditions dans lesquelles le cryptogramme a été capté et au rapprochement de son texte avec d'autres textes analogues captés à la même époque, dans les mêmes lieux.

Sans entrer dans des détails susceptibles de varier avec chaque cas particulier, on peut dire, d'une façon générale, que les indications qui se présentent d'ordinaire à part sur les dépêches, telles que la date ou la signature, fournissent une source de renseignements tellement féconde, qu'une seule de ces indications une fois trouvée, amène presque toujours la découverte de la langue du cryptogramme et même du système de chiffrement employé.

B. — *Recherche du système de chiffrement.*

Que les moyens précédents aient ou non réussi à faire reconnaître la langue employée, on essaiera de déterminer le système de chiffrement du cryptogramme.

Deux cas peuvent se présenter :

le cryptogramme est en lettres ou en signes quelconques autres que des chiffres.

il est en chiffres.

I. — Si le cryptogramme est composé de lettres ou de signes quelconques autres que des chiffres, trois opérations successives s'imposent :

l'enregistrement des caractères employés ;

l'établissement de la fréquence de leur emploi ;

la notation des répétitions et des redoublements, s'il y a lieu.

Ce travail une fois effectué, la détermination du système employé est souvent relativement facile.

1° L'enregistrement des caractères est une opération préliminaire fastidieuse, mais indispensable pour pouvoir arriver à l'établissement des fréquences. Elle consiste à relever combien de fois chaque caractère est employé dans le texte cryptographié.

2° Le calcul des fréquences dévoile les caractéristiques du système utilisé.

Il existe en effet une particularité propre à toutes les langues, relative à la fréquence plus grande des répétitions de certaines lettres de l'alphabet par rapport aux autres. Le rapport de ces répétitions est exprimé par une moyenne assez constante pour les dix principales lettres de l'alphabet. Ainsi, dans les langues française, anglaise, allemande et espagnole, c'est la lettre E qui est la plus fréquemment répétée ; en russe, c'est l'A, en italien l'E et l'I. On compte, en français, une moyenne de un E sur six lettres.

Voici, à titre de renseignement, les fréquences des principales lettres dans les langues les plus usitées, telles que le français, l'allemand, l'anglais, l'italien, l'espagnol, le hollandais et le latin.

Tableau des fréquences dans la langue française.

Le rang de fréquence des lettres de l'alphabet a été établi et donné pour la langue française par Vesin, Kasiski, Kerckhoffs, Valerio, de Viaris et Bazeries. Aucun de ces auteurs n'a trouvé tout à fait le même ordre de fréquence, mais les différences ne sont pas grandes ; les trois premiers ont opéré respectivement sur 1200, 996 et 1.000 lettres, le quatrième sur 10.000 et le cinquième sur 80.000. Quand à M. Bazeries, il a opéré par induction. Voici l'ordre des fréquences des lettres de l'alphabet selon ces divers auteurs :

ORDRE DES FRÉQUENCES DANS LA LANGUE FRANÇAISE

Vesin . .	E U S R A N I L O T D P M C B V G H X Q F J Y Z K W
Kasiski .	E N S A U T O R I L C D V P M Q F G B H X Y J Z K X
Kerckhoffs.	E S R I A N T O U L D M C P V F Q G X J B H Z Y K W
Valerio .	E N A I R S T U O L D C M P V F B G Q H X J Y Z K W
de Viaris.	E A S I N T R U L O D C P M V Q F G B H J X Y Z K W
Bazeries .	E S A R I N T U L O

Les fréquences moyennes, pour mille, ont été relevées dans le tableau donné ci-après, page 108 :

De l'ensemble de ces relevés, il résulte que, dans la langue française, sur un texte d'une certaine longueur (1000 lettres environ) :

1° la lettre la plus fréquente est la lettre E ;

2° sont plus fréquentes que les autres, les lettres N S A I R T U O L ;

TABLEAU DES FRÉQUENCES MOYENNES

	A	B	C	D	E	F	G	H	I	J	K	L	M	N	O	P	Q	R	S	T	U	V	W	X	Y	Z
Vesin (sur 1.000)	88	15	25	59	190	5	10	7	83	2	0	74	46	84	73	48	7	99	103	70	109	13	0	7	2	1
Kasiski (sur 996)	73	4	40	37	180	8	7	4	60	0	0	59	24	78	63	25	22	61	78	69	71	26	0	4	3	0
Kerckhoffs (sur 1.000)	72	5	34	42	185	14	8	4	74	6	0	46	36	71	57	24	10	78	88	65	52	16	0	7	1	3
Valerio (sur 10.000)	72	9	35	46	170	12	7	5	68	3	0	48	30	73	66	28	7	68	68	67	66	18	0	5	3	2
de Viaris (sur 80.000)	87	8	32	40	169	10	9	7	81	8	0	61	27	72	53	30	12	75	77	69	58	13	0	3	1	1

3° sont peu fréquentes les lettres D C M P V F B G
Q H X;

4° sont considérées comme étant de fréquence nulle
les lettres J Y Z K W.

La lettre E représente 16,66 p. 100 environ du total des
lettres dans un texte de 1 000 lettres. Les lettres N S A I R
représentent chacune 10 p. 100 du total. Les lettres T U O
L représentent chacune 6,66 p. 100 du total. Les lettres
V F B G Q représentent 1 p. 100. Quant aux lettres H X J
elles représentent 0,4 p. 100, les lettres YZ, 0,2 p. 100 et
les lettres K W, 0,1 p. 100.

D'autre part, la proportion des voyelles par rapport
aux consonnes, relativement constante, est de 44 p. 100
en moyenne, contre 56 p. 100 pour les consonnes.

Les proportions ci-dessus sont loin d'être conservées
dans des textes courts, et il arrive même bien souvent
que la lettre la plus fréquente soit un S, un N, un R ou
un I, et que la lettre E n'arrive qu'au deuxième ou
au troisième rang. Dans ce cas on ne peut guère compter

que sur une fréquence des lettres N S A I R T U O L supérieure à celle des autres lettres.

Outre les fréquences des lettres prises isolément, il y a lieu de tenir compte des combinaisons binaires ou ternaires qui peuvent se présenter dans le cours d'un texte. Voici l'ordre de fréquence des *bigrammes* les plus usités, selon quelques-uns des auteurs cités ci-dessus :

ORDRE DE FRÉQUENCE DES BIGRAMMES

Kasiski . . ES - EN - OU - AI - NT - SE - IT - TE-ET-DE-ME-OI-ER-ON-QU
Kerckhoffs. ES - EN - SE - TE - ET - DE - ME - EL-EM-LE
Valerio . . ES - EN - LE - DE - ON - OU - NT - RE-ED-TE-EM-SE

Les fréquences moyennes ont été relevées dans le tableau suivant :

FRÉQUENCES MOYENNES DES BIGRAMMES

	ES	EN	OU	DE	NT	TE	ON	SE	AI	IT	LE	ET	ME	ER	EM	OI	UN	QU
Kasiski (sur 996)	41	27	36	27	31	28	21	28	10	28	12	27	25	21	13	23	20	20
Valerio (sur 1.500)	42	39	27	32	25	21	27	29	36	18	32	17	19	19	20	10	13	11

L'ordre de fréquence des *trigrammes* les plus usités, toujours d'après les mêmes auteurs, est le suivant :

ORDRE DE FRÉQUENCE DES TRIGRAMMES

Kasiski. ENT-QUE-ION-QUI-TIO-ONT-AIT-ANT-OUR-ANS-LES-AIS-OUS
Valerio. ENT-EDE-LES-LLE-QUE-AIT-EME-ION-EUR-ELL-SSE-EST-DAN

dont les fréquences moyennes sont :

FRÉQUENCES MOYENNES DES TRIGRAMMES

	ENT	QUE	ION	LES	AIT	TIO	ANS	ONT	ANT	OUR	AIS	OUS
Kasiski (sur 996)	39	25	22	12	17	18	12	17	14	13	11	10
Valerio (sur 1.500)	49	31	25	38	30	21	20	16	16	10	14	13

D'autre part, certaines particularités d'ordre général méritent, en outre, d'être relevées :

1° la lettre Q est toujours suivie et la lettre X est presque toujours précédée d'un U.

2° la lettre E n'est que rarement précédée ou suivie d'une voyelle. Dans un texte de 1.500 lettres, renfermant 255 E, cette lettre n'était précédée que 35 fois et suivie que 42 fois d'une autre voyelle.

3° la lettre E dans le même texte était précédée 19 fois et suivie 45 fois d'un S.

4° la lettre E était précédée 32 fois et suivie 16 fois d'un L. Sur 78 L, 48 se combinent avec l'E, soit 57 p. 100.

5° sur 73 D, 53 se combinent avec E, soit 75 p. 100.

6° sur 68 M, 52 se combinent avec E, soit 75 p. 100.

7° la lettre O est suivie 37 fois d'une voyelle, 28 fois de la lettre N et 34 fois d'une consonne autre que N.

8° Le trigramme *tio* est toujours suivi d'un N ;

9° le trigramme *ion* est précédé souvent d'un T.

10° Le bigramme *gu* est suivi souvent d'un G ou d'un I.

11° E Z est précédé d'un R ou de C H ou d'un I, parfois d'un Y.

Le calcul des fréquences dans la langue française donne déjà de très intéressantes indications quant à la méthode de chiffrement employée.

On reconnaît qu'on a affaire à un système de transposition, quand la fréquence des lettres du texte chiffré est normale et que la proportion des voyelles est observée, c'est-à-dire, si :

1° la lettre la plus fréquente du texte est répétée un nombre de fois représentant 17 à 19 p. 100 environ du total des lettres (total divisé par 5.5). Ce sera le plus généralement la lettre E.

2° les cinq lettres les plus fréquentes venant ensuite sont répétées un nombre de fois représentant chacune 7 à 9 p. 100, soit ensemble 35 à 45 p. 100 du total des lettres. Ce seront, en général, les lettres N S A I R.

3° les quatre lettres les plus fréquen tes venant ensuite représentent chacune 6,60 p. 100 (total divisé par 15), soit 26,24 p. 100 du total des lettres. Ce seront les lettres T U O L.

4° Les caractères restants représentent ensemble 16 à 17 p. 100 du total (total divisé par 6,2). Ce seront les lettres D C M P V F B G Q H X.

5° La proportion des voyelles par rapport aux consonnes est de 44 p. 100 en moyenne, contre 56 p. 100.

Ajoutons, d'ailleurs, que les proportions susdites n'ont rien d'absolu.

Si, au contraire, les calculs ne se vérifient pas, il est probable que le cryptogramme aura été chiffré au moyen d'un système de substitution ou par une transposition et une substitution combinées. Les difficultés, dans ces conditions, croissent, suivant qu'on se trouve en présence d'une substitution simple ou d'une substitution double et deviennent considérables s'il s'agit d'une transposition et d'une substitution combinées.

On reconnaîtra qu'on a affaire à une substitution simple, si le graphique de fréquence des lettres du cryptogramme présente, à peu de chose près, l'aspect du graphique normal de la langue employée. Tout signe apparaissant, dans le texte chiffré, avec la fréquence d'une lettre du graphique normal, doit nécessairement la remplacer.

Par exception, la substitution simple ne pourra se découvrir d'après ce procédé, si le chiffreur a eu soin :

a) De faire disparaître complètement les fréquences par l'affectation à chaque lettre du clair de 2, 3 ou 4 lettres du chiffre ou par le remplacement de chacune de ces lettres par un ou deux bigrammes prononçables ;

b) De supprimer les redoublements.

Nous verrons, plus loin, les procédés usités pour arriver à décrypter de semblables cryptogrammes.

Si le graphique de fréquence des lettres du cryptogramme ne présente pas l'aspect du graphique normal de la langue employée, on reconnaît qu'on se trouve en présence d'un texte cryptographié avec plusieurs alphabets, c'est-à-dire soit d'une substitution double, soit d'une transposition et d'une substitution combinées. Ce cas se présente, quand :

a) Presque toutes les lettres de l'alphabet sont employées.

b) Le rang de fréquence des caractères du cryptogramme examiné forme une échelle descendante sans écart brusque, comme dans les transpositions.

c) On constate la présence de polygrammes semblables répétés.

Nous indiquerons à la Section III un certain nombre

de cas d'espèce, ne rentrant pas dans l'énumération ci-dessus ainsi que les moyens de les reconnaître.

Tableau des fréquences dans la langue allemande.

L'alphabet allemand comprend 26 lettres, comme l'alphabet français.

Pour la langue allemande, les fréquences changent un peu. Voici ces fréquences d'après les auteurs cités ci-dessus. Kerckhoffs et Bazeries ne mentionnent pas cette langue. Par contre, Fleissner von Wostrowitz a fait un relevé portant sur 1 000 lettres dont nous donnons l'état :

ORDRE DES FRÉQUENCES DANS LA LANGUE ALLEMANDE

Valério . .	E N R I T S D U A H L C G O Z M B W F K V P J Q X Y
Kasiski . .	E N I R S A H R U D L C G M W F B O Z K P J V Q X Y
Fleissner .	E N I R S T U D A H G O L B M F Z C W K V P J Q X Y
Vesin . . .	E N R I S D U T A G H L O B M F Z K C W V J P Q X Y

Les fréquences moyennes ont été relevées dans le tableau suivant :

TABLEAU DES FRÉQUENCES MOYENNES DANS LA LANGUE ALLEMANDE

	A	B	C	D	E	F	G	H	I	J	K	L	M	N	O	P	Q	R	S	T	U	V	W	X	Y	Z
Valerio (p. 1.600)	46	19	31	55	180	15	30	44	72	6	13	37	20	94	25	7	0	76	63	66	51	10	16	0	0	24
Kasiski (p. 1.060)	60	16	36	54	195	18	31	58	75	0	14	46	24	115	15	6	0	73	67	57	57	0	19	0	0	15
Fleissner (p. 1.000)	47	26	15	48	186	16	39	43	78	1	12	29	25	113	32	3	0	72	67	50	54	10	14	0	0	16
Vesin (p. 1.200)	50	36	14	65	242	19	45	41	86	2	16	40	30	147	39	1	0	89	72	62	63	8	13	0	0	16

Nous en tirons la règle suivante :

Dans la langue allemande pour un texte de 1 000 lettres environ :

1° La lettre la plus fréquente est l'E.

2° Sont plus fréquentes que les autres les lettres N R I S T D U A H.

3° Sont peu fréquentes les lettres L C G O M B F Z W K.

4° Sont considérées comme nulles les lettres P J V Q X Y.

La fréquence de l'E varie entre 18 et 24 p. 100.

La proportion des voyelles varie entre 37 et 43 p. 100.

Les *bigrammes* les plus fréquents sont les suivants :

ORDRE DE FRÉQUENCE DES BIGRAMMES

Kasiski . EN — ER — CH — DE — GE — EI — IE — IN.
Valerio . EN — ER — CH — ND — DE — IE — TE — RE — EI — GE
Fleissner. EN — ER — CH — DE — GE — EI — IE — IN.

Les fréquences moyennes ont été relevées dans le tableau suivant :

FRÉQUENCES MOYENNES DES BIGRAMMES

	EN	ER	CH	DE	EI	GE	IE	IN	ND	TE	RE
Kasiski (sur 1.060 lettres).	179	132	104	80	70	71	54	60	—	—	—
Valerio (1.126 sur lettres).	54	38	30	26	21	18	25	—	29	25	24
Fleissner (sur 1.000 lettres).	180	130	100	80	70	70	—	—	—	—	—

L'ordre de fréquence des *trigrammes* les plus usités

d'après Kasiski et les fréquences moyennes sont les suivants :

ORDRE DE FRÉQUENCE ET FRÉQUENCES MOYENNES DES TRIGRAMMES

Kasiski (sur 1.060 lettres).	EIN	ICH	DEN	DER	TEN	CHT	SCH	CHE	DIE	UNG	GEN	UND
	55	55	54	37	35	34	33	28	23	22	21	20

NEN	DES	BEN	RCH
18	13	12	7

D'autre part, certaines particularités d'ordre général méritent d'être relevées :

1° La lettre C est presque toujours suivie d'un H, quelquefois d'un K : Exemple : Dach, Stock.

2° Le bigramme SC est toujours suivi d'un H. Exemple : Schule.

3° La lettre Q est toujours suivie d'un U. Exemple : Quelle.

4° Dans un texte de 1 116 letttres.

sur 106 N, 10 précèdent l'E et 54 le suivent ;
— 86 R, 24 — — 38 —
— 58 D, 26 — — 8 —

Tableau des fréquences dans la langue anglaise.

L'alphabet anglais comprend 26 lettres, comme les alphabets français et allemand.

Dans la langue anglaise, la fréquence des lettres, par 1.000, est la suivante, d'après Valerio :

E	T	O	A	N	I	R	S	H	D	L	C	F	U	M	P	Y
131	90	82	78	73	68	67	65	59	41	36	29	28	28	26	22	15

W	G	B	V	K	X	J	Q	Z
15	14	13	10	4	3	1	1	1

Mais on ne peut guère compter que sur la fréquence de l'E, qui est d'environ 13 p. 100 et celle des voyelles qui est de 38,7 p. 100.

Les *bigrammes* les plus fréquents, d'après le même auteur, sont :

TH, 149 — HE, 119 — AN, 84 — ER, 81 — ON, 81 —
RE, 75 — IN, 63 — ED, 61 — ND, 61 — AT, 58 —
OF, 55 — OR, 53 — HA, 52 — EN, 49 — NT, 49 —
EA, 45 — TO, 45 — TI, 45 — ST, 44 — IT, 40.

L'ordre des fréquences des *trigrammes* les plus usités est le suivant :

THE 67 — AND 21 — THA 18 — HAT 14 — EDT 13 —
ENT 13 — FOR 13 — ION 13 — TIO 12 — NNE 11 —
HAS 10 — MEN 10 — NCE 10 — OFT 10 — STH 10.

Les lettres J et V sont toujours suivies d'une voyelle.

Tableau des fréquences dans la langue italienne.

L'alphabet italien comprend vingt-deux lettres :

A B C D E F G H I J L M N O P Q R S T U V Z,

soit quatre lettres de moins que dans l'alphabet français, K W X Y. La fréquence des lettres, par 1 000, est la suivante, d'après Valério :

```
 E   I   A   O   R   L   N   T   S   C   D   P   U   M
126 116 103 87  67  66  66  61  61  43  38  32  30  26
          G   V   H   B   Z   F   Q   J
         20  15  11   9   9   8   6   0
```

La fréquence moyenne de l'E est donc de 12,5 p. 100 environ et celle des voyelles de 46 p. 100.

Les *bigrammes* les plus fréquents sont les suivants :

ER, 73 — ES, 65 — ON, 65 — RE, 57 — EL, 56 — EN, 54 —
DE, 53 — DI, 53 — TI, 52 — SI, 52 — AL, 47 — AN, 46 —
RA, 46 — NT, 46 — TA, 45 — CO, 45.

L'ordre de fréquence des *trigrammes* les plus usités est le suivant :

CHE, 25 — ERE, 15 — ZIO, 15 — DEL, 14 — ECO, 13 — QUE, 13 —
ARI, 12 — ATO, 12 — EDI, 12 — IDE, 12 — ESI, 11 — IDI, 11 —
ERO, 10 — PAR, 10 — NTE, 10 — STA, 10.

·· Les lettres J et H sont toujours suivies d'une voyelle.
La lettre Q est toujours suivie d'un U.

Tableau des fréquences dans la langue espagnole.

L'alphabet espagnol comprend vingt-huit lettres :

A B C CH D E F G H I J K L LL M N Ñ O P Q R S T U V X Y Z

soit trois de plus qu'en français, CH LL Ñ et une de moins : W.

La fréquence des lettres, d'après Valerio, est la suivante, par mille :

E, 143 — A, 129 — O, 88 — S, 76 — I, 70 — R, 70 — N, 64
L, 55 — D, 46 — T, 44 — C, 42 — U, 40 — P, 33 — M, 25
Q, 15 — B, 10 — Y, 10 — G, 10 — H, 9 — F, 7 — V, 7
Z, 3 — J, 3 — X, 1.

La fréquence de la lettre E est de 14 p. 100 environ et la proportion des voyelles de 48 p. 100.

Les *bigrammes* les plus fréquents sont les suivants :

ES, 84 — EN, 80 — EL, 76 — DE, 73 — LA, 72 — OS, 61 —
AR, 60 — UE, 59 — RA, 55 — RE, 55 — ER, 52 — AS, 50 —
ON, 50 — ST, 46 — AD, 42 — AL, 42 — OR, 42 — TA, 41 —
CO, 40.

Les *trigrammes* les plus fréquents sont :

QUE, 47 — EST, 22 — ARA, 17 — ADO, 14 — AQU, 14 —
DEL, 14 — CIO, 12 — NTE, 12 — OSA, 12 — EDE, 11 —
PER, 11 — IST, 10 — NEI, 10 — RES, 10 — SDE, 10.

Les lettres Z, J, H, V sont toujours suivies d'une voyelle ; Q est toujours suivi d'un U.

Tableau des fréquences dans la langue hollandaise.

L'alphabet hollandais comprend 24 lettres :

A B C D E F G H I J K L M N O P R S T U V W Y Z

La fréquence des lettres, d'après Kluber, est la suivante, par 1 000 :

E, 124 — I, 57 — N, 55 — A, 49 — R, 46 — T, 30 — D, 28
S, 25 — G, 24 — O, 24 — L, 22 — M, 16 — Y, 14 — H, 14
B, 10 — V, 10 — W, 8 — U, 7 — P, 6 — F, 4 — C. 4
Z, 2 — K, 0.

Tableau des fréquences dans la langue latine.

L'alphabet latin comprend 25 lettres :

A, B, C, D, E, F, G, H, I, J, K, L, M, N, O, P, Q, R, S, T, U, V, X, Y, Z.

L'ordre de fréquence des lettres, d'après Kluber, est le suivant par 1 000 :

I, 101 — E, 92 — U, 74 — T, 72 — A, 72 — S, 68 — R, 67
N, 60 — O, 44 — M, 34 — C, 33 — P, 30 — L, 21 — D, 17
G, 14 — Q, 13 — B, 12 — F, 9 — V, 7 — X, 6 — H, 5
Z, 0.

En vue de permettre d'embrasser d'un coup d'œil les particularités susdites, nous avons réuni, dans un tableau comparatif, les fréquences des principales lettres dans les langues énumérées ci-dessus. Voici ce tableau :

TABLEAU COMPARATIF DES FRÉQUENCES

DANS LES PRINCIPALES LANGUES, POUR 1000 LETTRES

	A	B	C	D	E	F	G	H	I	J	K	L	M	N	O	P	Q	R	S	T	U	V	W	X	Y	Z
Français...	72	8	38	40	180	10	7	4	70	4	0	50	30	74	62	26	15	80	78	67	65	20	0	6	2	2
Allemand..	50	20	30	52	188	16	35	50	76	3	14	40	23	110	30	6	0	75	65	56	54	7	17	0	0	20
Anglais...	78	13	29	41	131	28	14	59	68	1	4	36	26	73	82	22	1	67	65	90	28	10	15	3	15	1
Italien...	103	9	43	38	126	8	20	11	116	0	0	66	26	66	87	32	6	67	61	61	30	15	0	0	0	9
Espagnol..	129	10	42	46	143	7	10	9	70	3	0	55	25	64	88	33	15	70	76	44	40	7	0	1	10	3
Hollandais..	49	10	4	28	124	4	24	14	57	0	0	21	16	55	24	6	0	46	25	30	7	10	8	0	14	2
Latin....	72	12	33	17	92	9	14	5	101	0	0	21	34	60	44	30	13	67	68	72	74	7	0	6	0	0

Les considérations ci-dessus, relatives aux fréquences dans les principales langues, permettent de poser les règles suivantes :

Dans les 7 langues énumérées ci-dessus, pour un texte de 1 000 lettres environ :

a. La lettre la plus fréquente est la lettre E, sauf pour le latin, où c'est la lettre I, l'E ne venant qu'en second. En italien l'E est talonné par l'I. En espagnol, l'E est talonné par l'A.

b. Sont plus fréquentes que les autres les lettres N R I S T A.

c. La fréquence des autres lettres est essentiellement variable.

Il en résulte que si les lettres du texte chiffré ont une fréquence normale, on se trouve en présence d'une transposition. Si, au contraire, un relevé des fréquences des différentes lettres mises en graphique donne, à peu de chose près, une reproduction du graphique que l'on obtiendrait en relevant les fréquences normales des principales langues, on se trouve en présence d'une substitution simple. Enfin, si les relevés de fréquence ne donnent rien, on se trouvera probablement en présence d'une substitution à alphabets multiples ou d'une substitution et d'une transposition combinées, pour le décryptement desquelles il n'est pas possible de donner de règles générales.

3° La notation des redoublements de lettres constitue, avec l'établissement des fréquences, un des principaux points de repère dans la détermination du système. Les lettres redoublées facilitent, en effet, la recherche des mots.

Dans la langue française, les caractéristiques de ces redoublements sont les suivantes :

1° Les lettres redoublées sont généralement des consonnes ;

2° Elles sont toujours précédées d'une voyelle ;

3° Elles sont souvent suivies d'une voyelle, parfois d'un L ou d'un R, quelquefois d'un H.

Ainsi : cc est suivi d'une voyelle, d'un L, d'un R ou d'un H ;

ff, gg, pp, sont suivis d'une voyelle, d'un L ou d'un R ;

rr est suivi d'une voyelle ou d'un h.

Dans la langue allemande :

1° Les lettres redoublées sont toujours précédées d'une voyelle ;

2° Ces lettres sont souvent suivies d'une voyelle, mais ce n'est pas une règle absolue, car un mot se termine souvent par deux lettres répétées. Exemple : Nimm, Sinn, Spott.

Dans la langue anglaise le redoublement se produit sur toutes les consonnes, sauf h, j, v, w, x, z. K et q donnent ck et cq.

La langue italienne affectionne les redoublements, qui ont lieu particulièrement sur les lettres m, p, b.

La langue espagnole, par contre, ne comporte aucun redoublement, sauf ceux des lettres R, N et C.

II. — Si le cryptogramme est composé de chiffres, des déductions pourront être tirées, avant toute autre opération, du mode de groupement de ces chiffres. Ensuite on procédera à l'enregistrement :

des groupes de chiffres employés ;

des répétitions.

Examinons ces différents points. Suivant que les chiffres sont transmis en groupes de 2, 3, 4 ou 5 chiffres, le cryptogramme sera plus ou moins facile à déchiffrer.

Dans les trois premiers cas, les recherches seront limitées. En effet, la convention télégraphique internationale de Londres de 1903, qui a posé les règles générales internationales en vigueur relatives au langage secret, autorise l'envoi de chiffres comptant pour autant de mots qu'ils contiennent de fois cinq chiffres. Si, donc, le télégramme chiffré intercepté contient des groupes de moins de cinq chiffres, on se trouve en présence :

a) Soit d'un répertoire chiffré (Sittler, Nilac, Bazeries, Baravelli, etc...) ;

b) Soit d'un répertoire chiffré ne rentrant pas dans la catégorie précédente et ne comportant pas plus de 1 000 groupes; c'est le cas d'un télégramme en groupes de 3 chiffres.

c) Soit d'une substitution; c'est le cas d'un cryptogramme en groupes de 2 chiffres.

Si, par contre, le télégramme ne comprend que des groupes de 5 chiffres, deux cas sont à examiner :

1° Il s'agit d'un télégramme en groupe de 4 chiffres, coupé en tranches de 5 par mesure d'économie. On s'apercevra facilement de cette supercherie en vérifiant si le nombre de chiffres total du cryptogramme est un multiple de 4, auquel cas on se trouve en présence d'un chiffre de 10 000 groupes. Il se peut aussi que chaque groupe de 5 comprenne un chiffre nul.

2° Il s'agit d'un télégramme en groupes de 3 ou de 2 chiffres, coupé en tranches de 5 pour la même raison que ci-dessus. On s'en apercevra en divisant par 3 ou par 2 le nombre total des chiffres du télégramme.

Enfin, si le télégramme présente des groupes irréguliers, variant entre 1 et 5 chiffres, on sera en présence soit d'un chiffre diplomatique, soit d'un code chiffré conventionnel particulier.

Les règles ci-dessus n'ont, d'ailleurs, il ne faut pas l'oublier, rien d'absolu.

Cet examen préliminaire une fois terminé, on enregistrera d'abord les groupes employés, pour obtenir l'ordre de fréquence de ces chiffres. C'est un travail long et monotone, mais indispensable, car il est à supposer que les groupes les plus employés représenteront toujours des mots et des syllabes courantes, tels que : le, la, les, de, des, du, au, il, et, vous, que, pour, en, ne, ra, re, point ou nulle, etc...

Il y aura lieu, ensuite, d'agir de même pour les répétitions, qui font presque toujours partie du même mot ou du même membre de phrase.

C. — *Reconstitution du texte clair et du mot-clef.*

Une fois les enregistrements effectués et le système connu, le décryptement du texte chiffré s'effectue suivant les principes particuliers à chaque méthode qui seront exposés à la Section III, ci-après.

Nous aurons l'occasion de voir, à la Section III, que les systèmes de substitution et de transposition reposent, tous, sur l'emploi de certaines dispositions des caractères du texte clair ou substitué, recopiés dans un ordre convenu, d'après une formule numérique obtenue par la transformation en chiffres d'un mot-clef choisi par les correspondants. Il peut être souvent d'un très grand intérêt, connaissant la clef numérique, de retrouver la clef littérale, principalement en vue de déchiffrer les dépêches ultérieures, cryptographiées à l'aide de la même clef modifiée partiellement.

Cette recherche, en général, ne présente pas de très grandes difficultés ; un peu de sagacité est cependant nécessaire[1].

1. Le marquis de Viaris est le premier qui ait indiqué un procédé pour la

Deux cas peuvent se présenter, suivant que la clef littérale est de 25 lettres ou de moins de 25 lettres :

Si la clef comprend les 25 lettres de l'alphabet, on se trouve en présence d'un mot-clef de moins de 25 lettres, dont on a supprimé les répétitions et dont on a complété à 25 le nombre de lettres manquantes par l'addition des lettres de l'alphabet non encore employées. Dans ce cas l'emplacement des lettres x, y, z, permet, en effectuant les séparations convenables, de faire apparaître le mot-clef. Soit la clef littérale RAMZE CNPDO UESBG TLHVI JXQKY. La présence de la lettre A avec le numéro 2 et de la lettre Z avec le numéro 4, indique que la clef est de 8 lettres et a été établie d'après le tableau suivant :

R E P U B L I Q
A C D E G H J K
M N O S T V X Y
Z

Si la clef a moins de 25 lettres, la reconstitution est d'autant plus difficile que la clef numérique est plus courte et le mot-clef plus long.

Soit la clef numérique suivante :

15, 3, 11, 17, 1, 9, 7, 13, 18, 4, 16, 5, 12, 19, 2, 10, 8, 14, 20, 6.

On s'aperçoit, à première vue, que les groupes 1, 9, 7, 13 sont répétés un peu plus loin sous la forme 2, 10, 8, 14 ; on peut en conclure que le mot-clef n'ayant pas suffi à établir une clef numérique de 20 chiffres, il a été nécessaire de le répéter.

Le chiffre 15, placé en tête de la clef, a en conséquence, dû être répété sous la forme 16 ou 17, certainement 16 puisque 17 se trouve avant 16.

recherche du mot de convention. Voyez à ce sujet son ouvrage intitulé : *L'art de chiffrer et déchiffrer les dépêches secrètes*. Paris, 1893, pp. 15 et suivantes. Nous lui avons emprunté les explications ci-dessus.

On peut en conclure que le mot-clef se termine au chiffre 4, inclus et est représenté par les 10 chiffres suivants :

$$15 - 3 - 11 - 17 - 1 - 9 - 7 - 13 - 18 - 4.$$

qui peuvent se ramener à :

$$8 - 2 - 6 - 9 - 1 - 5 - 4 - 7 - 10 - 3.$$

La longueur de la clef étant ainsi déterminée, reste à la traduire. On remarquera, à ce sujet, que les chiffres 2 et 3 représentent une seule et même lettre, puisqu'ils représentent les chiffres 3, 4, 5 et 6 de la clef numérique originale. De même 9 et 10. Les chiffres 2 et 3 et 9 et 10, en raison de leur fréquence, sont probablement des voyelles, et la voyelle terminale d'un mot sera probablement la voyelle E. Remplaçons 2 et 3 par E, et 9 et 10 par U. Nous en déduisons que 7 = Q, le bigramme « ue » étant toujours précédé d'un « q ».

D'après leur emplacement dans la clef numérique originale, les groupes 6, 7 et 8 représentent des lettres voisines de l'alphabet : 6 et 7 seront probablement p et q et 7 et 8 seront q et r, ce qui nous donne le mot :

$$R E P U . . . Q U E$$

que nous lisons « République ».

C'est effectivement le mot-clef :

$$R E P U B L I Q U E : R E P U B L I Q U E$$
$$15 - 3 - 11 - 17 - 1 - 9 - 7 - 13 - 18 - 4 : 16 - 5 \cdot 12 - 19 - 2 - 10 - 8 - 14 - 20 - 6$$

qui se lit encore :

$$R E P U B L I Q U E.$$
$$8 \quad 2 \quad 6 \quad 9 \quad 1 \quad 5 \quad 4 \quad 7 \quad 10 \quad 3$$

SECTION III

ÉTUDE DES DIVERS SYSTÈMES DE CHIFFREMENT ET DE DÉCHIFFREMENT USITÉS

Ainsi qu'il a été exposé à la Section I, ci-dessus, on peut rapporter les différents systèmes d'écritures secrètes à quatre groupes, dont l'examen fera l'objet des chapitres suivants :

I.   — *Les méthodes de transposition.*
II.   — *Les méthodes de substitution.*
III. — *Les dictionnaires chiffrés.*
IV. — *Les cryptographes et machines à crypto-graphier.*

I

MÉTHODES DE TRANSPOSITION

Les méthodes dans lesquelles les lettres de l'alphabet normal, composant le texte clair, sont interverties de façon à se retrouver dans un ordre différent de l'ordre primitif, sont appelées « méthodes de transposition ». En conséquence, le cryptogramme ainsi obtenu contient toutes les lettres du texte clair et celles-là seulement.

Les méthodes de transposition peuvent être classées en deux groupes, d'après le dispositif adopté pour le chiffrement. Elles feront l'objet des chapitres suivants :

CHAPITRE I. — *Les transpositions à tableaux.*

CHAPITRE II. — *Les transpositions ne comportant pas l'emploi d'un tableau.*

CHAPITRE PREMIER

TRANSPOSITIONS A TABLEAUX

La transposition s'effectue, après avoir disposé le texte à chiffrer en un tableau présentant un certain nombre de lignes horizontales et de colonnes verticales, par le relèvement des colonnes du tableau ainsi obtenu, suivant un ordre convenu.

Les méthodes de transposition peuvent être classées en deux séries, selon le nombre de tableaux qui interviennent dans les opérations du chiffrement :

Transpositions simples. — Quand les transpositions s'effectuent à l'aide d'un tableau unique, on se trouve en présence de transpositions simples.

Transpositions doubles. — Quand, au contraire, on a été amené, en vue d'obtenir une plus grande sécurité dans le chiffre, à construire, avec le cryptogramme obtenu par une opération de transposition simple, un second tableau dont les colonnes sont relevées à leur tour, soit dans le même ordre que celles du premier tableau, soit dans un ordre différent, on se trouve en présence d'une transposition double.

Certains systèmes de transposition simple ne comportent aucune espèce de sécurité ; ce sont les systèmes à tableaux complets, dont nous donnerons plus loin la définition et la description.

Par contre, les systèmes à tableaux incomplets, que

nous aurons également l'occasion d'étudier en détail, présentent de très grandes garanties.

Quant aux systèmes de transpositions doubles, ils sont évidemment beaucoup plus difficiles à décrypter, si on n'en possède pas la clef, mais l'expérience a toutefois démontré qu'ils n'offraient pas une garantie absolue.

A. — TRANSPOSITIONS SIMPLES

Les systèmes de transposition simple, définis ci-dessus, peuvent se ramener à deux :

les transpositions simples à tableaux complets,
les transpositions simples à tableaux incomplets.

La formation des tableaux et le relèvement des colonnes de ces tableaux caractérisent ces systèmes.

Examinons-les successivement :

1. — *Transpositions simples à tableaux complets.*

On appelle ainsi les systèmes dans lesquels le tableau, obtenu par la disposition raisonnée du texte à chiffrer, est complet. Un tableau est dit complet quand les lignes horizontales qui le composent renferment chacune le même nombre de lettres et qu'il en est de même des lignes verticales. Cette disposition s'obtient si le texte est trop court ou trop long, soit en le complétant par des lettres nulles, soit en l'abrégeant, en évitant autant que possible d'en altérer le sens.

TABLEAU COMPLET

1	2	3	4	5	6
7	8	9	10	11	12
13	14	15	16	17	18
19	20	21	22	23	24
25	26	27	28	29	30

Les tableaux complets peuvent être normaux, alternés ou en diagonale.

On appelle « tableau normal » celui que l'on forme en écrivant le texte de gauche à droite, par lignes horizontales. En représentant les six premières lettres d'un mot par des chiffres nous aurons :

Exemple :

$$
\begin{array}{ccc}
1 & 2 & 3 \\
4 & 5 & 6
\end{array}
$$

Le tableau est dit « alterné », lorsqu'après avoir formé la première ligne en écrivant par exemple de gauche à droite, on forme la seconde en écrivant de droite à gauche et ainsi de suite en changeant de sens chaque fois qu'on parvient à l'extrémité d'une ligne.

Exemple :

$$
\begin{array}{ccc}
1 & 2 & 3 \\
6 & 5 & 4
\end{array}
$$

Le tableau est dit « en diagonale simple » lorsqu'on le forme en commençant par un des angles et en continuant suivant l'ordre simple.

Exemple :

$$
\begin{array}{ccc}
1 & 3 & 6 \\
2 & 5 & \\
4 & &
\end{array}
$$

Lorsqu'on continue en suivant l'ordre alterné, le tableau est dit en « en diagonale alternée ».

Exemple :

$$
\begin{array}{ccc}
1 & 2 & 4 \\
3 & 5 & \\
6 & &
\end{array}
$$

Chiffrement. — Une fois le tableau formé, on obtient le cryptogramme en relevant dans un certain ordre les colonnes verticales qui le composent.

L'ordre de relèvement des colonnes peut être régulier ou irrégulier. Le relèvement en commençant par la colonne de gauche, et en continuant par la colonne de droite la plus voisine est dit « régulier ». Par opposition, on appelle relèvement irrégulier celui qui s'effectue dans un ordre quelconque. Dans ce cas l'ordre dans lequel les colonnes doivent être relevées est déterminé par une formule numérique obtenue par la transformation en chiffres d'un mot ou d'une phrase-clef. Le choix du mot ou de la phrase-clef est absolument arbitraire et leur longueur est quelconque ; elle varie, généralement, entre 3 et 25 lettres, mais peut être plus longue. Pour trouver l'ordre de relèvement des colonnes, possédant le mot ou la phrase-clef, on numérote les lettres de la clef suivant leur ordre alphabétique, en commençant par la gauche et on obtient ainsi la clef numérique.

Exemple. — Soit à chiffrer la phrase :

« Une patrouille allemande s'est avancée jusqu'au canal », avec la clef « Paris ».

La clef « Paris », transformée en chiffres, donne la clef numérique 3 1 4 2 5[1].

```
P A R I S
3 1 4 2 5
```

Le texte à chiffrer étant écrit lettre par lettre sous cette clef, nous obtiendrons un tableau complet :

```
3 1 4 2 5
u n e p a
t r o u i
l l e a l
l e m a n
d e s e s
```

<hr>

1. Pour trouver l'ordre de relèvement des colonnes dans les clefs longues on numérote les lettres répétées en commençant par la gauche :

```
A  R  T  I  L  L  E  R  I  E  D  E  C  A  M  P  A  G  N  E
1 18 20 11 13 14  6 19 12  7  5  8  4  2 15 17  3 10 16  9
```

<pre>
t a v a n
c é e j u
s q u a u
c a n a l
</pre>

dont les lettres, relevées de haut en bas, dans l'ordre des numéros des colonnes, donnent le cryptogramme :

NRLEE AEQAP UAAEA JAAUT LLDTC SCEOE
MSVEU NAILN SNUUL

Décryptement. — Les transpositions à tableaux complets normaux ne présentent aucune espèce de sécurité.

Leur décryptement, en effet, est en quelque sorte mathématique, du fait que le nombre de colonnes du tableau étant un diviseur du nombre total des lettres, en essayant tous les diviseurs possibles de ce nombre, on retrouvera forcément le texte. Pour cette raison, cette méthode est généralement délaissée.

Exemple. — Soit le cryptogramme suivant :

NRLEE AEQAP UAAEA JAAUT LLDTC SCEOE
MSVEU NAILN SNUUL

Le nombre des lettres composant ce texte est 45, et les diviseurs de 45 sont, 3, 5, 9 et 15.

Essayons ces différents diviseurs :

Clef 3 lettres.

<pre>
n j m
r a s
l a v
e u e
e t u
a l n
e l a
q d i
a t l
p c n
u s s
a c n
</pre>

Clef 5 lettres.

<pre>
n p u e a
r u t o i
l a l e l
e a l m n
e e d s s
a a t v n
e j c e u
q a s u u
a a c n l
</pre>

Clef 9 lettres.

<pre>
n a u j l s m n s
r e a a l c s a n
l q a a d e v i u
e a e u t o e l u
e p a t c e u n l
</pre>

```
a e u
e o u
a e l
```

Clef 15 lettres.

```
n e e p a j u l c e m e a n u
r e q u e a t d s o s u i s u
l a a a a a l t c e v n l n l
```

Sauf pour le cas des clefs très longues, il est rare que la répartition des voyelles, dans chacune des lignes des tableaux ainsi construits, ne donne pas d'indication quant à la longueur de la clef

Le premier tableau (clef de 3 lettres) peut être écarté d'emblée, aucun mot ne pouvant être formé avec les lettres de la première ligne n, j, m. Par ailleurs, nous notons d'autres impossibilités telles que a e u suivi de e o u.

La première ligne du troisième tableau (clef de 9 lettres) s'oppose, par le nombre de ses consonnes (7 sur 9 lettres), à la reconstitution d'aucun mot.

La troisième ligne du quatrième tableau (clef de 15 lettres) comportant cinq fois la lettre A, quatre fois la lettre L, et une seule fois la lettre E, doit être rejetée comme impraticable.

Reste le deuxième tableau (clef de 5 lettres), dans lequel la répartition des voyelles paraît normale (deux à trois par cinq lettres). Cherchons à faire apparaître des mots. Le mot « UNE » nous paraissant vraisemblable, dans la première ligne, nous rétablissons l'ordre des colonnes en partant de cette possibilité et nous obtenons :

```
u n e . .
t r o . .
l l e . .
l e m . .
d e s . .
t a v . .
c e e . .
s q u . .
c a n . .
```

et nous lisons, dès lors, facilement la phrase complète suivante :

« Une patrouille allemande s'est avancée jusqu'au canal. »

Le décryptement des transpositions simples, à tableaux complets alternés ou en diagonale, ne présente guère plus de difficultés. On utilise, à cet effet, les remarques suivantes :

a) Dans les transpositions simples à tableaux complets alternés, l'ordre des lettres des rangs pairs est inversé.

b) Dans les transpositions simples à tableaux complets en diagonale simple, les premières et les dernières lettres sont réparties inégalement dans chacune des tranches.

c) Dans les transpositions simples à tableaux complets en diagonale alternée, les lettres de la première et de la dernière ligne se suivent deux à deux.

<h3 align="center">2. — Transpositions simples
à tableaux incomplets.</h3>

On appelle ainsi les systèmes dans lesquels le tableau obtenu par la disposition raisonnée du texte à chiffrer est incomplet. Un tableau est dit incomplet, quand sa dernière ligne horizontale ne renferme pas le même nombre de lettres que les autres lignes.

Le principe de la méthode de décryptement de ces systèmes est le même que pour les tableaux complets, mais l'incertitude qui préside à la recherche du nombre et de la longueur des colonnes et le nombre considérable d'hypothèses possibles compliquent beaucoup les recherches.

D'une manière générale, le décryptement de ces textes chiffrés s'effectue en partant d'un mot probable, choisi par le cryptologue, après un sérieux examen du texte intercepté, de sa date, de son origine, de sa destination et de sa longueur, et en le rapprochant de l'événement du jour auquel il paraît susceptible de se rapporter. Toute la difficulté consiste à partir du mot vrai. Certains cryptologues sont doués, pour cette recherche, d'un sens tout particulier : ils font une hypothèse, et cette hypothèse est toujours juste.

Chiffrement. — Exemple : soit le même texte qui nous a servi pour le tableau complet, à chiffrer avec une clef de six lettres, la clef « Louise ». Nous formons le tableau suivant :

```
L O U I S E
3 4 6 2 5 1
u n e p a t
r o u i l l
e a l l e m
a n d e s e
s t a v a n
c é e j u s
q u a u c a
n a l
```

qui, après relèvement, nous donne le cryptogramme suivant :

tlmen sapil evjuu reasc qnnoa nteua alesa uceul daeal

Décryptement. — Admettons que le cryptologue, bien inspiré, soit parti sur l'hypothèse du mot « allemand », très possible dans un court texte intercepté sur le front et contenant cinq fois la lettre « L ».

Le cryptogramme ne contenant qu'une fois la lettre M, formons, après avoir écrit le mot « allemand », une amorce du tableau en écrivant, au-dessus et au-dessous

de cette lettre M, les lettres qui la précèdent et qui la
suivent dans le texte chiffré. Nous obtenons ainsi :

```
. . . . T . . .
. . . . L . . .
A L L E M A N D
. . . . E . . .
. . . . N . . .
. . . . S . . .
. . . . A . . .
```

car les lettres T L M E N S A ont dû être relevées successivement par le chiffreur.

Il convient de rechercher ensuite, parmi les cinq « A »
du texte chiffré, celui d'entre eux qui est précédé de
deux lettres susceptibles de s'accoler aux lettres T et L,
et suivi de quatre lettres pouvant se lier respectivement
aux lettres E N S A. Le tableau ci-dessous n'offre pas
d'impossibilités à cet égard.

```
. . . . T R . .
. . . . L E . .
A L L E M A N D
. . . . E S . .
. . . . N C . .
. . . . S Q . .
. . . . A N . .
```

Effectuons ensuite les mêmes recherches pour « N »,
en ayant soin de remarquer que la lettre Q est toujours
suivie de la lettre « U », si toutefois le chiffreur n'a pas
pris la précaution d'omettre cette lettre après le Q.
Nous obtenons :

```
. . . . T R O .
. . . . L E A .
A L L E M A N D
. . . . E S T .
. . . . N C E .
. . . . S Q U .
. . . . A N A .
```

La lettre « D », qui n'existe qu'une fois dans le texte, est précédée et suivie de lettres qui s'assemblent facilement avec les groupes déjà formés. Ecrivons donc :

```
. . T R O U
. . L E A L
L E M A N D
. . E S T A
. . N C E E
. . S Q U A
. . A N A L
```

On peut considérer, quand on en est arrivé à ce point, que le texte chiffré est décrypté.

Dans les exemples ci-dessus, nous avons envisagé le relèvement, colonne par colonne, de haut en bas. On pourrait également faire un relevé alterné ou même relever les lettres par diagonale. Par relèvement alterné, il faut entendre le relèvement fait de haut en bas pour certaines des colonnes (celles de rang pair par exemple), et de bas en haut pour les autres. Les relèvements par diagonale s'effectuent vers la gauche ou vers la droite. Il est encore possible de faire des relèvements mixtes, comprenant, à la fois, le relèvement par diagonales déterminées et le relèvement par colonnes, des lettres qui n'ont pas été relevées dans les diagonales. Les méthodes de relèvement ne sont déterminées que par la convention adoptée et peuvent varier à l'infini.

B. — Transpositions doubles

En vue de donner une plus grande sécurité aux chiffrements par transposition, nous avons exposé qu'on pouvait les rechiffrer une deuxième fois, soit avec la même clef, soit avec une clef différente : cette opération prend le nom de transposition double, et les cryptogrammes ainsi obtenus sont beaucoup plus difficiles à décrypter que les cryptogrammes chiffrés par des transpositions simples.

Toutefois, il faut toujours compter avec les maladresses des chiffreurs, qui tôt ou tard livrent la méthode ou la clef et pour cette raison les doubles chiffrements par transposition n'offrent pas une garantie absolue.

Chiffrement. — Soit à chiffrer, par transposition double, la phrase : « Le régiment a quitté son cantonnement » avec le mot-clef « Paris », servant pour les deux transpositions.

Transposons une première fois les lettres, par colonnes verticales, à l'aide du tableau suivant :

```
P A R I S
3 1 4 2 5
L E R E G
I M E N T
A Q U I T
T E S O N
C A N T O
N N E M E
N T
```

Nous obtenons par relèvement le premier chiffrement suivant :

EMQEA NTENI OTMLI ATCNN REUSN EGTTN OE

Transposons les lettres du cryptogramme ainsi obtenu, de la même manière que précédemment, à l'aide du tableau ci-après :

```
P A R I S
3 1 4 2 5
e m q e a
n t e n i
o t m l i
a t c n n
r e u s n
e g t t n
o e
```

Nous obtenons ainsi un deuxième chiffrement qui est le texte définitif, ainsi conçu :

MTTTE GEENL NSTEN OAREO QEMCU TAIIN NN.

Décryptement. — Le décryptement des transpositions doubles est affaire de tâtonnements et ne saurait jamais présenter de difficultés insurmontables dans les langues où certaines lettres ne peuvent se rencontrer que dans des combinaisons déterminées, telles que celles indiquées au chapitre II de la section I. Ainsi, en français, la lettre Q est toujours suivie, et la lettre X est presque toujours précédée d'un U. D'autre part, quelles que soient les transpositions, ce seront toujours les mêmes lettres qui s'intervertiront entre elles, sans jamais se mélanger aux autres.

CHAPITRE II

TRANSPOSITIONS NE COMPORTANT PAS L'EMPLOI
D'UN TABLEAU

Les systèmes de transpositions ne comportant pas l'emploi d'un tableau sont en nombre illimité. Les plus usités sont les suivants :

Le système dit de « Richelieu ».

Les grilles.

Les transpositions à figures.

A. SYSTÈME DE RICHELIEU. — On a donné le nom de système de Richelieu à une méthode dans laquelle le texte à chiffrer est relevé par tranches, suivant une clef irrégulière convenue.

Exemple :

Soit à chiffrer la phrase suivante :

« Votre dépêche a été déchiffrée »,

avec la clef numérique 5 4 3 2 1, augmentée, pour la 2ᵉ tranche, du premier chiffre venant dans la clef après le 5 (6), pour la 3ᵉ tranche, des deux premiers chiffres inversés (7 et 6) et ainsi de suite ; nous obtiendrons :

Votre	dépêch	eaétédé	chi frée
5 4 3 2 1	5 4 3 2 1 6	5 4 3 2 1 7 6	5 4 3 2 1 8 7 6
e r t o v	c e p e d h	é t é a c é d	f f i h c e e r

= ertov ceped hetea cedff ihcee r

Un semblable cryptogramme ne présente aucune difficulté au décryptement, la méthode employée sautant
aux yeux dès les premiers groupes. Pour cette raison,
cette méthode est rarement employée, sauf avec des
variantes.

B. LES GRILLES. — Les grilles, malgré leur complication apparente, ne sont pas beaucoup plus difficiles à
décrypter que certaines transpositions à tableaux.

Une grille est une plaque de métal, de carton ou
même une simple feuille de papier, généralement de
forme carrée, quelquefois rectangulaire, divisée en
cases, dont un certain nombre sont percées à jour. La
forme carrée est la seule qui permette de faire tourner
la grille et, pour cette raison, est la plus employée.

Les grilles sont dites simples ou tournantes, suivant la
façon dont elles sont employées. La grille qui, après
avoir été appliquée sur le papier, ne subit plus aucun
déplacement autour de son centre, est appelée *grille
simple*. Les lettres successives du texte à chiffrer sont
écrites une par une dans chaque ouverture. Quand les
cases découpées sont pleines, on enlève la grille et on
remplit de lettres quelconques les cases restées vides du
tableau. On peut d'ailleurs compliquer l'opération de
diverses manières, soit en numérotant les cases, de façon
à les employer dans un ordre quelconque, soit en relevant le texte cryptographique obtenu, suivant un ordre

convenu. Toutefois, la grille simple est peu employée, parce qu'elle nécessite, si le texte est long, le découpage dudit texte en tranches.

Les grilles tournantes évitent l'inconvénient signalé ci-dessus. En choisissant convenablement les découpages de cases à effectuer, on peut faire faire à la grille quatre quarts de tour sur la même surface et découvrir successivement, par cette opération, toutes les cases du tableau chaque case n'étant découverte qu'une seule fois. Outre l'avantage que l'on en retire au point de vue de la durée de l'opération, le texte entier pouvant tenir dans un tableau au lieu de deux ou trois, le mode de chiffrement à l'aide des grilles tournantes est plus économique au point de vue de la transmission, si c'est d'un télégramme qu'il s'agit, en ce que les lettres nulles des cases restées vides sont supprimées.

Voici deux modèles de grilles tournantes carrées, utilisant la totalité des cases pour le chiffrement du texte clair :

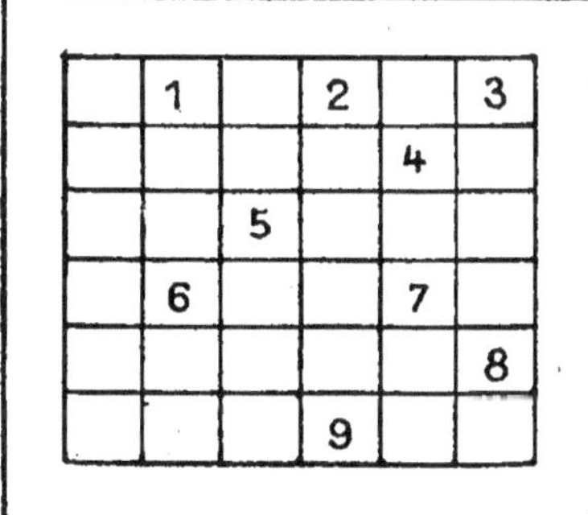

MODÈLE N⁰ I

MODÈLE N⁰ II

Nous donnons en appendice (Annexe n° IX) un exemple de cryptogramme chiffré au moyen de la grille du modèle n° I.

Le décryptement des textes, chiffrés au moyen de grilles simples, repose sur des considérations de relations entre les lettres relevées et de fréquence des groupes, dont le principe a été indiqué à propos des transpositions à tableaux.

Celui des textes cryptographiés au moyen des grilles tournantes fait, de plus, appel à certaines considérations de symétrie de position, variables suivant le texte et qui conduisent rapidement à la détermination de la clef et à la reconstitution du clair.

Toutefois le système des grilles, dont on s'est beaucoup servi autrefois, n'est plus guère employé en cryptographie, pour deux raisons : d'une part, le chiffrement est lent, d'autre part, le renouvellement de la grille ne peut s'effectuer sans la transmission d'un dessin ou d'un objet, ce qui est une complication.

C. Les transpositions a figures. — Certains procédés de chiffrement utilisant, comme aide, un dessin ou une figure géométrique quelconques sont très pratiques dans les cas de correspondance entre particuliers. Nous donnons ci-après, à titre d'exemple, le chiffrement d'un même texte sur plusieurs transpositions différentes. Remarquons, pour ces différents cas, qu'afin d'assurer l'exactitude du déchiffrement, la convention doit fixer à l'avance le nombre de figures à admettre par ligne horizontale. Nous avons choisi le nombre 5.

Exemple.

Soit à chiffrer la phrase suivante : *Le pont de Braux a été coupé hier soir par une patrouille ennemie.*

Les figures ci-après étant suffisamment explicites, nous nous dispenserons de décrire la méthode employée. Voici ces figures :

1re série.

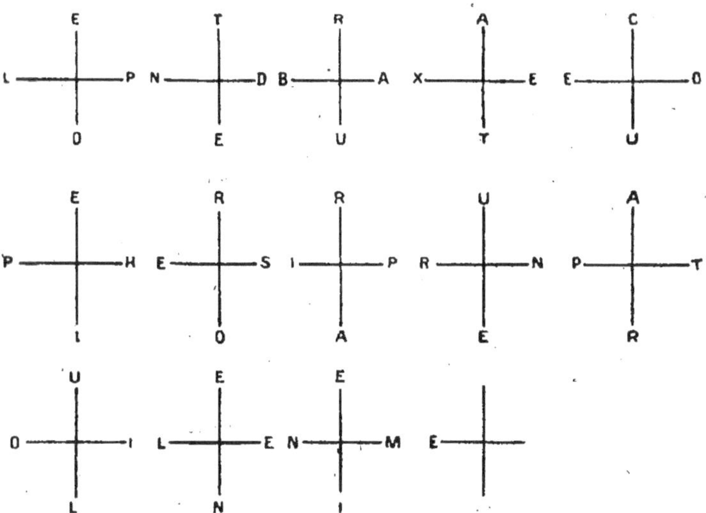

La 1re série donne le cryptogramme suivant :

ETRAC LPNDB AXEEO OEUTU ERRUA PHESI PRNPT
IOAER UEEOI LENME LNI

2e série.

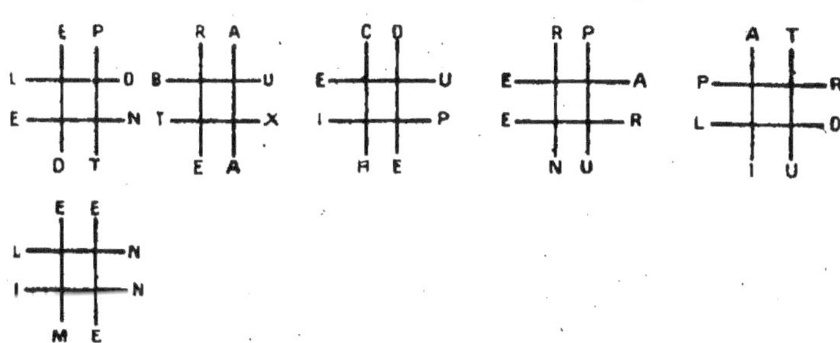

La 2e série donne le cryptogramme suivant :

EPRAC ORPAT LOBUE UEAPR ENTXI
PERLO DTEAH ENUIU EELNI NME

3ᵉ série.

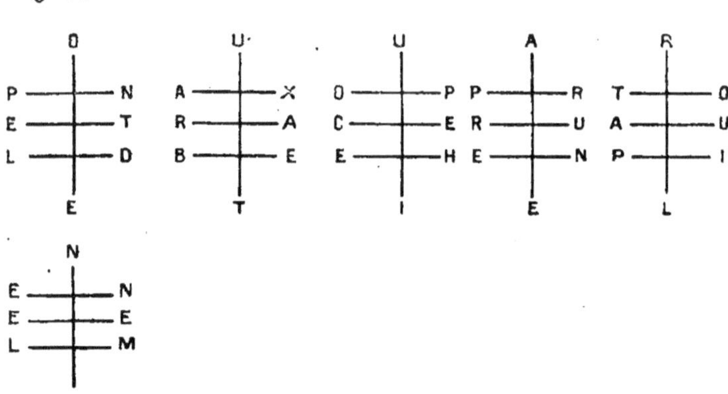

La 3ᵉ série donne comme relèvement :

OUUAR   PNAXO   PPRTO   ETRAC   ERUAU   LDBEE
HENPI   ETIEL   NENEE   LMI

4ᵉ série.

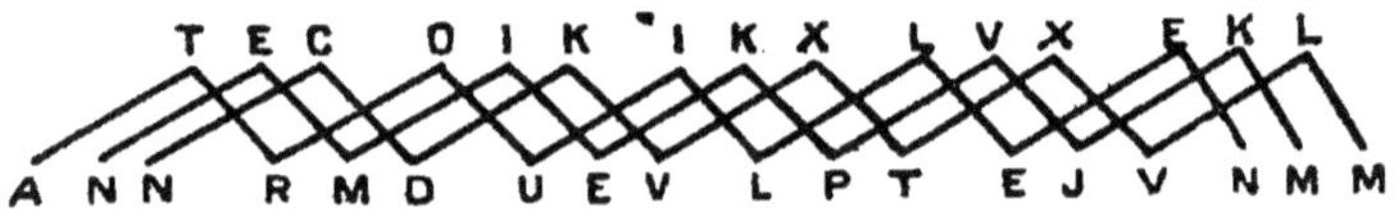

La 4ᵉ série donne le cryptogramme suivant :

EXIOE   RTEAE   OURPE   LUHPA   ENTPD
CRBUN   AEPTE   COIKI   KXLVX   EKLAN
NRMDU   EVLPT   EJVNM   M

D'après les exemples ci-dessus, il est facile de se rendre compte qu'on peut imaginer autant de figures qu'on veut, donnant lieu chacune à autant de transpositions différentes.

Signalons, à ce sujet, que ces systèmes donneraient des chiffrements très sûrs, si, en relevant les lettres dans l'ordre voulu, on appliquait à certaines des lignes de relèvement un décalage pour chacune des lettres de ces lignes. On obtiendrait ainsi une combinaison d'un système de transposition et d'un système de substitution qui présenterait une grande sécurité, tout en étant d'une réalisation facile.

Ajoutons que les procédés à figures, comme les procédés à grilles, très pratiques dans les cas de correspondances particulières, ne sauraient être appliqués à une correspondance générale, en raison des changements de clef fréquents qu'ils nécessitent. Lorsqu'il s'agit, par exemple, d'une correspondance d'armée, il est indispensable de pouvoir changer la clef sur un ordre télégraphique, au cas où, pour une raison quelconque, la clef en service serait suspectée. Or, on ne peut transmettre télégraphiquement ni un dessin ni une grille.

Le décryptement des transpositions à figures s'effectue par le tâtonnement.

II

MÉTHODES DE SUBSTITUTION

Les méthodes de substitution ont pour caractère commun le remplacement des lettres du texte clair par d'autres lettres. Elles ne se différencient entre elles que suivant le mode de remplacement choisi.

Les principales méthodes de substitution peuvent être classées de la façon ci-après, selon la base adoptée :

Substitutions simples. — Dans ces méthodes, la base est toujours la même : l'alphabet chiffré est unique et chaque lettre de cet alphabet chiffré correspond invariablement à une lettre, toujours la même, de l'alphabet clair.

Substitutions doubles. — Dans ces méthodes la base varie : les alphabets chiffrés sont multiples et on en change à chaque lettre de l'alphabet clair.

Dans les deux séries de systèmes ci-dessus, le ou les alphabets chiffrés peuvent se reproduire à tour de rôle, dans l'ordre ordinairement adopté pour énoncer l'alphabet français, ou, au contraire, se succéder, dans leur emploi, dans un ordre quelconque. Dans le premier cas, on les appelle *alphabets normalement ordonnés ;* dans le second cas, ils prennent la dénomination d'*alphabets incohérents*.

Les systèmes de substitution simple, sauf ceux à variantes, ne présentent aucune espèce de sécurité. Les systèmes de substitution double comportent, au contraire, des combinaisons plus ou moins indéchiffrables.

CHAPITRE PREMIER

SUBSTITUTIONS SIMPLES

La méthode dans laquelle l'alphabet chiffré remplaçant l'alphabet clair est normalement ordonné, est appelée communément *Méthode de Jules César*, César, à ce qu'on raconte, ayant composé, pour correspondre secrètement avec ses amis, un alphabet où chaque lettre était avancée de quatre rangs[1].

La méthode dans laquelle l'alphabet chiffré remplaçant l'alphabet clair est incohérent, prend le nom de *Substitution simple proprement dite.*

A. — Méthode dite de « Jules César »

La méthode dite de *Jules César* est ce que l'on peut imaginer de plus simple en cryptographie. Elle consiste à remplacer chaque lettre du texte clair, prise dans un alphabet normal, par la lettre correspondante prise dans un alphabet identique, mais décalé d'un ou de plusieurs rangs, par rapport au premier.

Soit l'alphabet de correspondance suivant :

```
Clair. . .   A B C D E F G H I J K L M N O P Q R S T U V X Y Z
Chiffré. .   V X Y Z A B C D E F G H I J K L M N O P Q R S T U
```

et la phrase à chiffrer :

« L'ennemi se replie ».

1. Kerckhoffs. *Cryptographie.* p. 17 ; Suétone, *César,* chap. LVI ; Aulu-Gelle, *Nuits Attiques*, liv. XVII, chap. IX.

En utilisant l'alphabet de correspondance choisi, nous obtiendrons le texte chiffré suivant :

HAJJAIEOANALHEA

Décryptement. — Un tel cryptogramme ne saurait offrir aucune résistance aux recherches des cryptologues. Pour retrouver le clair, il suffit d'inscrire, au-dessous de chacune des lettres du texte chiffré, la suite des lettres de l'alphabet, ainsi qu'il suit :

```
H A J J A I E O A N A L H E A
I B K K B J F P B O B M I F B
J C L L C K G Q C P C N J G C
K D M M D L H R D Q D O K H D
L E N N E M I S E R E P L I E
```

Si on envisage le cas d'une correspondance particulière et très réduite, un tel mode de chiffrement présente l'avantage de n'exiger ni alphabet écrit, ni convention écrite ou clef d'aucune sorte.

Toutefois, on ne peut se risquer à l'employer, qu'en y apportant des variantes et seulement lorsqu'il est permis de supposer que les textes chiffrés ne seront pas soumis à un spécialiste.

L'adjonction de quelques lettres nulles, au début et à la fin de ce chiffre, en augmente beaucoup la sécurité. Soit à chiffrer la phrase suivante :

RECEVREZ PAR PORTEUR TÉLÉGRAMME TRÈS
IMPORTANT COMMUNIQUÉ PAR AGENCE

Plaçons dix nulles au début, T L D K M S T V G S, cinq nulles à la fin, T K L D X, divisons la phrase donnée ci-dessus en tranches de trois lettres et chiffrons chaque tranche avec des alphabets décalés d'un rang l'un par rapport à l'autre :

la première tranche avec un alphabet : E égale G,

la deuxième tranche avec un alphabet : E égale H,

la troisième tranche avec un alphabet : E égale I,

en chiffrant les trois tranches suivantes de la même façon et ainsi de suite pour le reste du texte.

Nous obtiendrons ainsi le cryptogramme suivant :

TLDKM STVGS TGFHZ UIDTC TRRUX IZVVG NHJUE QQGVT HVLUT STVCQ XFSQQ XPKTY HTEVC IGQFH TKLDX

Il est bien évident qu'il sera facile pour le destinataire de déchiffrer ce télégramme, étant donné qu'il sait que la méthode employée est celle de « Jules César », avec décalage par tranche des alphabets. Toute autre personne non spécialisée dans le décryptement ne parviendra certainement pas à tirer quoi que ce soit de ce cryptogramme.

B. — SUBSTITUTION SIMPLE PROPREMENT DITE

La méthode de *substitution simple proprement dite* consiste à remplacer chaque lettre du texte clair, prise dans un alphabet normal, par la lettre correspondante prise dans un alphabet incohérent.

Etant donné les deux alphabets de correspondance ci-dessous :

```
Clair . . .    A B C D E F G H I J K L M N O P Q R S T U V X Y Z
Chiffré . .    R D Y E Q A G F M B T V C K N J X V H O I L S Z P
```

soit à chiffrer la phrase : « Journée d'hier sans incident ennemi recommence à tirer sur Reims ».

On obtient le texte chiffré suivant :

BNIUKQQ E FMQU HRKH MKYMEQKO QKKQCM UQYNCCQKYQ R OMUQU HIU UQMCH

Il est évident qu'un texte chiffré de ce genre, divisé

en groupes de lettres de la longueur des mots du texte clair, laisse la plus grande facilité aux recherches. Pour rendre les difficultés de décryptement plus grandes, on a pris l'habitude, dans la pratique, de diviser les crypto-grammes en groupes égaux de cinq lettres, chaque groupe étant admis ou décompté pour un mot dans les conventions télégraphiques.

On obtient ainsi le texte suivant :

BNIUK QQEFM QUHRK HMKYM EQKOQ KKQCM UQYNC
CQKYQ ROMUQ UHIUU QMCH

Le tableau de correspondance des deux alphabets indiqués ci-dessus, constitue ce qu'on appelle la « clef » du cryptogramme. Comme il peut être dangereux de conserver par écrit un tableau de correspondance, on a pris l'habitude d'y suppléer par la confection d'un mot-clef facile à retenir de mémoire.

Décryptement. — Le décryptement des substitutions simples comporte les deux opérations successives sui-vantes : un calcul de probabilité et un travail de tâton-nements.

a. Le calcul de probabilité repose sur une particularité propre à toutes les langues, et que nous avons relevée à la Section II ci-dessus, relative à la fréquence plus grande des répétitions de certaines lettres de l'alphabet par rapport aux autres. Le rapport de ces répétitions, avons-nous dit, est exprimé par une moyenne assez cons-tante pour les dix principales lettres de l'alphabet. Ainsi dans les langues française, anglaise, allemande et espa-gnole, c'est la lettre E qui est la plus fréquemment répétée ; en russe c'est l'A, en italien l'E et l'I. On compte en français une moyenne de un E sur six lettres.

D'une manière générale, on peut compter dans la

langue française sur la fréquence maximum de l'E et sur une fréquence des lettres N, S, A, I, R, T, U, O, L, supérieure à celle des autres lettres. La proportion des E est de 14 à 20 environ sur 100 lettres, celle des consonnes les plus fréquentes est impossible à déterminer, celle des voyelles, relativement constante, est de 44,5 p. 100 environ.

Revenons maintenant à notre cryptogramme, et puisque nous connaissons les fréquences normales des principales lettres qui le composent, remplaçons chaque lettre par un signe et nous verrons nécessairement apparaître ces signes avec la fréquence des lettres leur correspondant dans le texte clair.

Établissons un graphique de fréquence :

A B C D E F G H I J K L M N O P Q R S T U V X Y Z

Si nous examinons ce graphique, nous pourrons établir le compte de fréquences suivant :

11 Q, - 7 K, - 7 U, - 6 M, - 4 C, - 4 H, - 3 Y, - 2 E, - 2 I,
2 N, - 2 O, - 2 R, - 1 B, - 1 F, -

La lettre la plus fréquente, dans un texte français, étant « E », nous pouvons supposer que « Q » = « E ».

b. De la connaissance de la lettre E découle celle de toutes les autres lettres. Par un travail de tâtonnements, nous allons, en effet, arriver à découvrir les lettres qui nous manquent.

Remplaçons, en effet, Q par E dans notre texte chiffré. Nous obtenons :

```
B N I U K Q Q E F M Q U H R K H M K Y M E Q K O Q K K Q C M U Q
        e e       e                 e     e     e           e
Y N C C Q K Y Q R O M U Q U H I U U Q M C H
    e   e     e           e
```

Nous relevons ensuite, avec une fréquence égale, les signes « K » et « U » qui l'un ou l'autre pourraient bien représenter la lettre « N ».

Essayons K = N :

```
B N I U K Q Q E F M Q U H R K H M K Y M E Q K O Q K K Q C M U Q
      n e e     e       n     n       en  e n n e           e
Y N C C Q K Y Q R O M U Q U H I U U Q M C H
    en  e     e           e
```

Rien ne paraît s'opposer à ce que K égale N.

Nous voyons apparaître « enne ». Sachant que ce télégramme a été intercepté sur le front, le mot ennemi est probable. Nous devons alors admettre : C égale M, et M égale I. Remplaçons C par M et M par I dans notre cryptogramme et voyons si nous restons dans la bonne voie :

```
B N I U K Q Q E F M Q U H R K H M K Y M E Q K O Q K K Q C M U Q
      n e e     i e       n     i n   i   en  e n n e m i   e
Y N C C Q K Y Q R O M U Q U H I U U Q M C H
  m m en  e     i   e           e i m
```

Il nous faut maintenant identifier « U » qui est un de nos signes fréquents. C'est certainement une consonne : nous la voyons apparaître entre les voyelles « I » et « E ». Sa fréquence d'ailleurs indique « U » égale R ou S.

Essayons « U » égale « R ».

B N I U K Q Q E F M Q U H R K H M K Y M E Q K O Q K K Q C M U Q
    r n e e   i e r   n   i n   i   e n   e n n e m i r e

Y N C C Q K Y Q R O M U Q U H I U U Q M C H
    m m e n   e   i r e r   r r e i m

Le reste saute au yeux. On lit sans difficulté :
« Ennemi recommence » ce qui donne Y égale C et N
égale O. Le premier mot se lit : « Journée », d'où B
égale J et I égale U. La lettre « S » est évidente après
« REIM ».

Comme il est facile de s'en rendre compte par
l'exemple ci-dessus, le cryptologue n'a pas grande
difficulté à réduire les cryptogrammes de substitution simple, comportant un nombre suffisant de caractères pour laisser apparaître la fréquence des différentes lettres.

Autre exemple de substitution simple. — On pourrait imaginer bien d'autres systèmes de substitution
simple. Un de ces systèmes consiste à remplacer chacune
des lettres du clair par un bigramme prononçable, formé
d'une consonne et d'une voyelle extraits d'un tableau de
concordance. On emploie, à cet effet, un tableau carré
divisé en 25 cases, dans lesquelles on écrit les 25 lettres
de l'alphabet. Cinq consonnes sont placées au-dessus du
tableau, en tête des colonnes verticales. Cinq voyelles
sont placées à gauche du tableau, en regard des lignes
horizontales.

Pour représenter une lettre quelconque, on prend la
consonne qui figure en tête de la colonne verticale contenant cette lettre et on la fait suivre de la voyelle placée en regard de la ligne horizontale où figure cette même
lettre.

Voici un modèle de tableau carré :

	M	C	K	V	T
E	a	b	c	d	e
I	f	g	h	i	j
A	k	l	m	n	o
O	p	q	r	s	t
U	u	v	x	y	z

La phrase : « L'ennemi paraît faire des préparatifs de retrait », sera chiffrée comme suit :

CATEVAVATE	KAVIMOMEKO	MEVITOMIME
VIKOTEVETE	VOMOKOTEMO	MEKOMETOVI
MIVOVETEKO	TETOKOMEVI	TO

Le cryptogramme établi à l'aide de cette méthode comporterait un nombre de signes double du nombre de lettres du clair, mais ne coûterait pas plus cher à transmettre par télégraphe, les conventions télégraphiques internationales admettant l'usage de mots convenus artificiels de 10 caractères, à la condition d'être formés de syllabes pouvant se prononcer[1]. De plus le cryptogramme paraîtrait offrir une plus grande facilité pour les transmissions au téléphone.

Substitution simple avec prédominance d'une lettre autre que la lettre E. — Il arrive que, dans les textes courts, la fréquence ne révèle pas la lettre « E »; les recherches deviennent alors plus difficiles. Ainsi la phrase suivante :

---

1. *Convention de Londres de 1903 et Instruction Ministérielle française* T du 28 mars 1914, art. 67.

« La division s'embarquera le huit à partir trois heures matin huit trains par vingt-quatre heures »,
ne contient que huit fois la lettre « E », sur un total de 80 lettres, tandis que la voyelle « I » paraît dix fois.

On ne peut donc pas toujours commencer les recherches en partant de l'identification de la lettre « E ». Le cryptologue s'efforce alors de déterminer les voyelles et de tirer des déductions de la fréquence des combinaisons binaires. Rappelons à ce sujet que les combinaisons binaires les plus fréquentes sont les suivantes :

ES, EN. LE, OU, DE, NT, TE, ON, SE, AI, IT, LE, ET, ME, ER, EM OI, UN, QU.

Un moyen de recherche excellent consiste à établir deux graphiques, un pour l'alphabet normal, un pour l'alphabet chiffré et à les faire glisser l'un sur l'autre jusqu'à ce que les lettres et les groupes de lettres remarquables soient en correspondance.

On pourra utiliser également dans cette recherche les indications contenues dans la Section II, ci-dessus.

C. — VARIANTES DES SUBSTITUTIONS SIMPLES.

Il a été démontré, au cours du chapitre précédent, que la seule détermination de la lettre « E » conduisait à la découverte des autres voyelles, puis des consonnes du texte et que le redoublement des lettres dans le corps des mots constituait un danger pour le secret des documents.

On a, en conséquence, cherché à écarter ce danger par :

La double représentation de la lettre « E ».

La suppression des redoublements.

D'autre part, la constatation des inconvénients auxquels

exposaient les indications fournies par la fréquence, a conduit au renversement des fréquences.

Examinons ces trois variantes des substitutions simples :

1° *Substitution simple avec double représentation de la lettre « E »*. — La fréquence de la lettre « E », par rapport à celle des autres lettres d'un texte, étant d'environ 180 pour mille, tombe, en représentant « E » par deux signes différents, de 180 à 90. La recherche de la lettre « E » devient en conséquence plus difficile, puisque la fréquence de la lettre « N » atteint 73 pour mille et que d'autres lettres, telles que S A I R approchent de la proportion de 70 pour mille.

Nous avons la possibilité de dédoubler la fréquence de la lettre « E », puisque la lettre « K » ne se rencontre que très rarement dans les textes français et qu'à la rigueur on pourrait la remplacer par la lettre « C ».

Établissons, en conséquence, l'alphabet de correspondance suivant :

```
A B C D E E F G H I  J L M N O P Q R S T U V X Y Z
D K L U J N E M A V F B O T C P X Y Q Z G R S H I
```

Nous aurions pu employer le W comme deuxième, ou même comme troisième représentation de la lettre E, mais une remarque s'impose : l'appareil télégraphique Hugues, employé en France, ne comporte pas la lettre « W » ; cette lettre est transmise au moyen de deux V. C'est là une source d'erreurs dans la traduction des textes chiffrés.

Chiffrons le texte suivant au moyen de l'alphabet de correspondance donné ci-dessus :

« Le général Commandant la cinquième Armée se présentera lundi à midi au général Commandant en Chef. »

Nous obtenons le cryptogramme suivant :

```
BJMNT JYDBL COODT UDTZB DLVTX GVJON DYOJN QNPYQ
JTNYD BGTUV DOVUV DGMJT NYDBL COODT UDTZJ TLANE
```

Pour décrypter ce texte de 80 lettres, établissons un relevé de ses fréquences :

```
A B C D E F G H I J K L M N O P Q R S T U V X Y Z
```

Il est bien certain que le cryptologue partira d'abord sur l'hypothèse D=E. Il restera plus ou moins longtemps sur cette fausse piste, puis il tentera des essais sur une autre lettre fréquente qui ne lui donnera pas plus de résultats.

Cependant le cryptogramme tel qu'il se présente ne restera pas indéchiffré, grâce à une répétition qu'il comporte et qui ne saurait passer inaperçue. Le cryptologue, en superposant deux passages du texte, constatera une maladresse du chiffreur, dont il saura tirer parti. Nous remarquons, en effet, au commencement du texte :

```
M N T J Y D B L C OO D T U D T Z P D L
```

et un peu plus loin :

```
M J T N Y D B L C OO D T U D T Z J T L
```

Ces deux passages chiffrés correspondent certainement à deux passages identiques du clair. Les lettres J et N doivent donc représenter une même lettre, et la fréquence est en réalité 7 + 7, soit 14. C'est justement la fréquence que doit avoir la lettre « E » dans un texte de 80 lettres.

En conséquence « E » est représenté, à la fois, par les lettres N et J.

En admettant que cette faute de chiffrement n'ait pas été commise ou même qu'elle ait échappé au cryptologue, ce dernier serait cependant arrivé à son but, non plus par la recherche classique de la lettre « E », mais par la supposition d'un mot probable, indiqué par le groupe si caractéristique : « LCOODTUDTZ « qui figure deux fois dans le cryptogramme. Ce groupe contient, en effet, un redoublement : OO, suivi d'un bigramme DT, qui est répété un peu plus loin, après la lettre U. Le mot commandant eut été lu.

Quoiqu'il en soit, nous voyons que la double représentation de la lettre « E », dans une substitution simple, enlève au cryptologue son principal moyen de décryptement et qu'elle est une des mesures propres à donner aux cryptogrammes une plus grande garantie de secret.

2° *Substitution simple avec double représentation de la lettre « E » et suppression des redoublements.* — Ainsi que nous venons de le voir, le redoublement d'une lettre dans le corps d'un mot se signale toujours dans le texte des cryptogrammes et constitue un danger de plus pour le secret des documents.

Les lettres redoublées sont généralement des consonnes. Elles peuvent être des voyelles, l'une terminant un mot, l'autre commençant le mot qui le suit.

Une statistique, effectuée sur des mots séparés, établit que sur 97 redoublements, on rencontre :

		Report 67	
24	L	9	N
23	S	9	F
10	M	6	P
10	T	6	R
à reporter 67		Total 97	

Les lettres redoublées les plus fréquentes sont donc, généralement, des consonnes. Nous avons vu, d'autre part, à la Section II, que les lettres redoublées sont toujours précédées d'une voyelle et souvent suivies d'une voyelle, parfois d'un L, d'un R ou quelquefois d'un H.

Le redoublement caractérisant généralement un mot et facilitant la recherche des lettres qui le composent, il y a tout intérêt à le supprimer et à écrire, par exemple, *télégrame* pour « télégramme », *chifre* pour « chiffre », *letre* pour « lettre ». Cette précaution, ajoutée à la double représentation de la lettre « E », tout en n'empêchant pas le décryptement d'une susbtitution simple, assurerait une plus grande inviolabilité du texte chiffré.

Soit l'exemple suivant :

« La commune de Sille a été bombardée cette nuit », à chiffrer au moyen du tableau de correspondance suivant :

```
A B C D E F G H I J L M N O P Q R S T U V X Y Z E
C F E P L X B V U G H Q A S I Y M Z J K N R T D O
```

Le chiffrement du texte proposé nous donne la phrase suivante :

HCESQ RKALP OZUHR LCOJL FSQFC MPORE OJRLA KUJ

Pour opérer le décryptement de ce texte, on procède d'abord au relevé des fréquences, qui donne le graphique ci-après :

```
A B C D E F G H I J K L M N O P Q R S T U V X Y Z
—     — —   — —   —     —   — — — —     — — — —   — —     —       — —
—     — — · — —   —     —   — — —     — — — —   — — —     —       —
              —   —     —       —     —     —
              —             —         —         —
```

Aucun indice ne permettant au cryptologue de tirer

parti de ce tableau graphique et en l'absence de tous redoublements, un tel cryptogramme peut être considéré comme pratiquement inviolable, par l'application des méthodes habituelles de recherche.

3° *Substitution simple avec renversement des fréquences*. — Un procédé qui constitue un réel progrès sur les précédents, au point de vue de la sécurité, consiste dans le remplacement de chacune des lettres du texte clair par un ou plusieurs groupes de chiffres, de façon à faire disparaître complètement les indications fournies par la fréquence. Ainsi, du fait qu'une même lettre peut être représentée par des groupes différents, les redoublements disparaissent et la division du cryptogramme en groupes de cinq chiffres rend la détermination de la méthode très difficile, attendu que la plupart des dictionnaires donnent des groupes identiques.

Exemple : Soit à chiffrer le message suivant :

« Un officier de l'État-Major de la cinquième Armée ira prendre
« les ordres du général Commandant le Groupe d'Armées à son
« Quartier général ».

Chiffrement. — Dans ce texte figurent des lettres fréquentes et des lettres rares. Nous avons intérêt à renverser, si possible, complètement les fréquences, en donnant, par exemple, une seule représentation à une lettre très rare, tandis que nous emploierons un nouveau signe à chaque répétition d'une lettre fréquente. Pour ne pas compliquer les choses, choisissons un tableau de concordance avec deux signes pour chacune des lettres, sauf pour la lettre « E », plus fréquente, qui comporte quatre signes. Il est, d'ailleurs, bien évident, que nous aurions pu employer les quatre-vingt-dix-neuf groupes de deux chiffres, à notre disposition, répartis entre les vingt-cinq lettres de l'alphabet. Voici le tableau :

```
A  B  C  D  E  F  G  H  I  J  K  L  M  N  O  P
45 26 35 29 42 21 47 27 49 63 79 73 68 81 83 87
19 15 20 03 12 40 61 28 72 44 22 33 08 99 66 48
         95
         01
Q  R  S  T  U  V  X  Y  Z
85 25 32 37 23 39 65 31 51
97 17 16 82 94 30 96 98 04
```

Nous obtiendrons le chiffrement suivant :

```
23 81 83 21 40 49 35 72 42 25 29 12 73 95 37 45 82 68 19
63 66 25 29 01 73 45 35 49 81 85 23 49 01 68 12 45 25 68
95 12 72 25 19 87 25 95 99 29 25 42 73 42 32 83 25 29 25
95 32 29 23 47 42 99 95 25 45 73 35 29 82 73 12 47 25 66
23 87 01 29 19 17 08 01 95 16 45 32 83 81 85 23 19 25 37
49 12 25 61 12 81 01 17 19 33,
```

dans lequel nous avons cherché à rendre fréquents certains groupes représentant des lettres rares dans les textes ordinaires.

Si nous séparons ce cryptogramme en groupes de cinq chiffres, absolument rien n'indiquera que ces groupes ne sont pas extraits d'un dictionnaire.

Décryptement. — Le cryptologue, en admettant même que la représentation des lettres par des groupes de deux chiffres lui soit connue, n'aura aucune idée lui permettant d'affecter à une lettre quelconque tel groupe plutôt que tel autre. Un relevé des fréquences ne pourra que l'induire en erreur ; de plus, les redoublements n'apparaissent pas dans le cryptogramme : les mots *Armée* et *Général*, répétés deux fois dans le texte clair, ont été, en effet, chiffrés à l'aide de signes différents. C'est ainsi que le mot Armée est représenté par deux groupes : 45. 25. 68. 95. 12 et 19. 17. 08. 01. 95, nettement différents.

De même le mot Général est représenté par : 47. 42. 99. 95. 25. 45. 73, d'une part et par 61. 12. 81. 01. 17. 19. 33. d'autre part.

L'inconvénient de cette méthode est de nécessiter l'emploi d'une double table de correspondance pour le chiffrement et le déchiffrement. De plus, le nombre de signes à transmettre est double du nombre de lettres du texte clair.

Autre exemple. — Si nous reprenons l'exemple de substitution par bigramme, que nous avons donné page 155, nous pourrons facilement affecter aux 25 lettres qui composent le tableau de correspondance, deux séries de bigrammes, en plaçant une consonne en tête de chaque colonne et de chaque ligne et deux séries de voyelles en face des 5 lignes horizontales et des 5 colonnes verticales du tableau. Cette mesure serait de nature à augmenter considérablement la résistance du chiffre en donnant la faculté d'affecter deux signes différents à chacune des lettres.

Voici d'ailleurs le tableau ainsi modifié :

	B	L	M	P	R	
A	a	b	c	d	e	S
E	f	g	h	i	j	N
I	k	l	m	n	o	V
O	p	q	r	s	t	K
U	u	v	x	y	z	J
	E	I	A	U	O	

A titre d'exemple la lettre « I » sera indifféremment

chiffrée par PE ou NU, suivant l'une ou l'autre des deux combinaisons choisies.

En vue de modifier la fréquence des bigrammes du texte chiffré, il est recommandé d'utiliser deux signes pour les lettres fréquentes et un seul signe pour les lettres rares.

Ainsi le texte suivant :

Le quartier général de la III° Armée se portera à Clermont le 5 juillet, se chiffrera par :

```
LIRALOJESE  MOKOPESOKA  LESOVURAMO   BAVIPARAVI
SEROKAVOPE  KUPESOMIRA  BAKAVASORA   KURAKEVOMO
 KORAKABASE  MALISEKAMI  VOPIROLIRA   MANUPILORE
BUNULIVIRA  KOKOKOKOKO
```

CHAPITRE II

SUBSTITUTIONS DOUBLES

Il a été exposé ci-dessus que, dans les substitutions simples, les lettres substituées aux lettres du texte clair étaient prises dans un même alphabet, ordonné ou incohérent. Dans les substitutions dites à *double clef*, à *alphabets multiples* ou à *base variable*, il est fait emploi d'autant d'alphabets que la clef est contenue de fois dans le texte clair.

De nombreuses combinaisons à base variable ont été imaginées en vue de réaliser des chiffrements par substitution double, telles que tableaux, cryptographes, réglettes, etc. Elles peuvent toutes se ramener à l'un des deux types suivants :

Les systèmes à clef finie.

Les systèmes à clef indéfinie.

A. — Systèmes a clef finie

On appelle *systèmes à clef finie*, ceux dans lesquels la clef choisie est composée d'un nombre de lettres limité. La longueur de la clef, tout en étant limitée, peut, d'ailleurs, être *fixe* ou *variable*.

I. — *Clef invariable.*

On appelle *clef invariable* celle qui, à chacune de

ses répétions, comporte les mêmes lettres, en même nombre et dans le même ordre.

Exemple : *France*, *France*, *France*, etc.

Les systèmes à clef finie invariable encore usités de nos jours, sont ceux de Vigenère, Saint-Cyr, Beaufort et Gronsfeld.

L'exposé de ces systèmes ayant été fait au chapitre historique, il n'y aura pas lieu d'y revenir ici. Nous allons simplement développer, ci-après, les principes de décryptement de ces systèmes.

Décryptement des systèmes à clef finie invariable. — A part quelques pages dans les ouvrages de Kasiski (1863), Fleissner (1881), Kerckhoffs (1883), Valério (1893) et Bazeries (1901), il n'a été publié, à notre connaissance, aucun essai pour le décryptement des écritures secrètes à double clef. Tout ce qui est rapporté par Porta, Cospi, Breithaupt, Gravezande, Davys, Conrad, Thickenesse, Kluber, Lacroix, Vesin de Romanini et Joliet ne s'applique qu'aux systèmes à simple clef et encore les raisonnements de ces auteurs n'ont jamais porté que sur des crytogrammes où la séparation des mots était indiquée ostensiblement. Quant aux indications données par Fleissner, elles reproduisent, sans changements, les observations de Kasiski. Valério s'est contenté de commenter Kerckhoffs.

Kasiski ne s'est occupé que des systèmes à alphabets régulièrement ordonnés et a basé son système de décryptement sur la détermination de la longueur du mot-clef, d'après le calcul des intervalles séparant les polygrammes semblables.

Kerckhoffs a indiqué un procédé pour le décryptement des systèmes chiffrés au moyen d'alphabets incohérents. En ce qui concerne les alphabets régulièrement ordonnés, il s'est borné à reproduire Kasiski, en le précisant.

Bazeries a donné un nouveau procédé de décryptement des systèmes à alphabets incohérents, ayant pour point de départ la recherche d'un mot supposé et qui, à notre avis, est supérieur au procédé de Kerckhoffs, puisque c'est grâce à son emploi que la dépêche du Masque de Fer a pu être traduite.

Exposons rapidement les grandes lignes des procédés de décryptement préconisés par ces trois auteurs.

MÉTHODE DE KASISKI. — Kasiski[1] est l'inventeur de la méthode, encore usitée aujourd'hui, pour le décryptement des systèmes à double clef, chiffrés au moyen d'alphabets régulièrement ordonnés.

« Dans tout système à double clef, dit-il, il s'agit de trou-
« ver deux inconnues : en premier lieu le nombre des
« alphabets employés, en deuxième lieu leur ordonnance
« respective ».

a. Rien n'est plus facile que d'établir le nombre des lettres ou alphabets de la clef, si l'on se rend compte que, dans tout texte clair susceptible de chiffrement, il y a des répétitions de mots ou de groupes de deux lettres ou davantage. Quel que soit le nombre des alphabets de la clef, il arrivera toujours que l'une ou l'autre de ces répétitions sera cryptographiée avec les mêmes alphabets et que le texte chiffré présentera, aux endroits correspondants, des groupes de lettres semblables. Cette constatation a été formulée plus tard comme suit, par Kerckhoffs, sous forme de principe :

1° Dans tout texte chiffré deux polygrammes semblables sont le produit de deux groupes de lettres sem-

1. *Die Geheimschriften und die Dechiffrirkunst.* Berlin, 1863, pp. 61 et suivantes.

blables, cryptographiées avec les mêmes alphabets;

2° Le nombre de chiffres, compris dans l'intervalle de deux polygrammes semblables, est un multiple du nombre de lettres de la clef. En conséquence, le facteur commun contenu dans les nombres qui représentent les lettres des intervalles respectifs, correspondra au nombre exact des alphabets de la clef.

Prenons un des exemples donnés par Kerckhoffs, plus courts que ceux de Kasiski. Soit le cryptogramme :

RMUUWQPMQGXHWBGGKKKNITMUXWWTMGGXHEPH

Il comporte quatre répétitions : MU, GXH, GG, TM

$$
\begin{array}{lllll}
\text{de} & \text{MU à M'U'} & \text{il y a 21 chiffres} & = 7 \times 3 \\
— & \text{GXH à G'X'H'} & — \quad 21 \quad — & = 7 \times 3 \\
— & \text{GG à G'G'} & — \quad 15 \quad — & = 5 \times 3 \\
— & \text{TM à T'M'} & — \quad 6 \quad — & = 2 \times 3 \\
\end{array}
$$

Le facteur commun est 3. Le calcul des répétitions indique donc que le cryptogramme a été chiffré avec une clef de trois lettres.

b. Le nombre des alphabets de la clef étant connu, reste à déterminer leur ordonnance respective. On l'obtient par le calcul des fréquences.

Partageons le cryptogramme en tranches d'autant de chiffres qu'il y en a dans la clef. Le texte ci-dessus, dont la clef comporte, ainsi que nous l'avons dit, trois lettres, deviendra :

RMU UWQ PMQ GXH WBG GKK KNI TMU XWW TMG GXH EPH

En mettant en colonne les lettres appartenant aux mêmes alphabets, la lettre la plus fréquente de chacun de ces alphabets sautera immédiatement aux yeux et représentera presque certainement la lettre E. Nous obtiendrons, ainsi, le tableau ci-après, dans lequel nous

avons souligné la lettre la plus fréquente dans chaque
colonne :

<pre>
R   M   U
U   W̅   Q
P   M   Q
G   X̅   H
W̅   B   G̅   1ʳᵒ colonne : G = E
G   K   K
K̅   N   I   2ᵉ colonne : M = E
T   M   U
X   W̅   W   3ᵒ colonne : H = E
T   M   G
G   X̅   H
E̅   P   H̅
</pre>

Si l'on cherche maintenant, dans le tableau carré de
Vigenère, quels sont les alphabets où la lettre E est
figurée par les lettres GMH, on trouvera que ce sont les
alphabets correspondant à la clef CID, ou au nombre 283
du système de Gronsfeld. Voici les trois alphabets de
Vigenère :

	A	B	C	D	E	F	G	H	I	J	K	L	M	N	O	P	Q	R	S	T	U	V	W	X	Y	Z
C	c	d	e	f	g	h	i	j	k	l	m	n	o	p	q	r	s	t	u	v	w	x	y	z	a	b
I	i	j	k	l	m	n	o	p	q	r	s	t	u	v	w	x	y	z	a	b	c	d	e	f	g	h
D	d	e	f	g	h	i	j	k	l	m	n	o	p	q	r	s	t	u	v	w	x	y	z	a	b	c

En traduisant, nous obtenons la phrase suivante :
« Personne ne peut déchiffrer votre dépêche. »
Ce système, fort ingénieux, n'est malheureusement pas
applicable aux alphabets incohérents, et la méthode de
Kasiski demeure incomplète à cet égard.

MÉTHODE DE KERCKHOFFS. — M. Kerckhoffs, tout

en adoptant et précisant la méthode de Kasiski relative au décryptement des systèmes à alphabets régulièrement ordonnés, a complété cette méthode par l'indication d'un procédé nouveau pour le décryptement des systèmes à alphabets incohérents, systèmes qui ont été négligés par Kasiski. Il distingue, à cet égard, deux groupes d'alphabets : les alphabets incohérents, *totalement différents les uns des autres;* les alphabets incohérents *se reproduisant dans le même ordre.*

Dans les deux cas, la méthode de recherche du nombre des alphabets est toujours celle de Kasiski. C'est la méthode par le moyen du calcul des répétitions.

En ce qui concerne, par contre, la détermination de l'ordonnance respective desdits alphabets, la recherche de la lettre E s'effectue encore par le procédé de Kasiski, mais la méthode change pour la découverte des autres lettres, l'emploi des tableaux de Vigenère et Beaufort ne donnant rien. Le cryptologue doit alors chercher à déterminer la disposition d'alphabet incohérent qui a été adoptée par le chiffreur. Il n'aura généralement aucune peine à découvrir cette disposition. Voici le mode de procéder :

a) Si le cryptologue suppose que les alphabets incohérents ne se reproduisent pas dans le même ordre (par exemple, le premier alphabet est *ʒytvwd*, le second *hpqtʒd*, le troisième *piotws*), il devra, après avoir caractérisé la lettre E, prendre en quelque sorte d'assaut les premiers chiffres de la dépêche, par la supposition de mots probables. Dans les cas un peu difficiles, ce sont généralement les deux ou trois premiers mots qui viennent jouer le rôle de traîtres. Rien n'est plus facile, au cryptologue, que de se faire une liste des mots qui peuvent commencer une dépêche et les classer ensuite d'après la place qu'y occupe la lettre E. Si la lettre E n'y figure pas, ils n'en seront que mieux signalés à son attention.

Une fois en possession d'un mot probable, le cryptogramme se déchiffre par le tâtonnement.

Cette méthode qui, au premier abord, paraît simple et facile, est, en réalité, des plus compliquée à appliquer. Si le lecteur se reporte au cryptogramme de quatre-vingt-neuf groupes relatif aux affaires d'Egypte, donné à titre d'exemple de sa méthode par M. Kerckhoffs [1], il se rendra compte de la longueur des explications dans lesquelles l'auteur est obligé d'entrer pour faire comprendre sa méthode et, ajoutons-le, de la faiblesse de son argumentation. Après avoir trouvé la clef de cinq lettres, et la lettre E ,dans chaque colonne, par la méthode de Kasiski, il est obligé de procéder à la recherche des lettres nouvelles, par élimination, et dans beaucoup de cas il devine les lettres plutôt qu'il ne les trouve par l'application d'un procédé exact. Aussi nous ne reproduisons pas, ici, les quatre pages de déductions auxquelles il se livre, et nous préférons de beaucoup, pour notre part, réserver notre faveur à la méthode préconisée par M. Bazeries, que nous expliquerons en détail, ci-après, et qui supprime presque entièrement le tâtonnement.

b) Si le cryptologue suppose que les alphabets incohérents se reproduisent dans le même ordre (par exemple le premier alphabet est *ʒytvwd*, le second *ytvwdf*, le troisième *tvwdfg*) et si l'un des alphabets a pu être découvert par lui ainsi que la signification d'un chiffre commun à cet alphabet et aux autres alphabets, il lui sera possible, au moyen d'une simple addition, de déterminer la place que doit occuper, dans les différents alpha-

---

1. *La cryptographie militaire.* Paris, 1883, p. 41.

172   TRAITÉ DE CRYPTOGRAPHIE

bets, tout chiffre dont la valeur aura pu être établie dans l'alphabet qui lui est connu.

Soit le tableau incohérent suivant dans lequel les lettres se suivent dans le même ordre :

TABLEAU INCOHÉRENT

	A	B	C	D	E	F	G	H	I	J	K	L	M	N	O	P	Q	R	S	T	U	V	W	X	Y	Z
A	z	y	t	v	w	d	f	g	h	j	k	m	q	n	o	x	r	e	s	p	u	b	l	i	c	a
B	y	t	v	w	d	f	g	h	j	k	m	q	n	o	x	r	e	s	p	u	b	l	i	c	a	z
C	t	v	w	d	f	g	h	j	k	m	q	n	o	x	r	e	s	p	u	b	l	i	c	a	z	y
D	v	w	d	f	g	h	j	k	m	q	n	o	x	r	e	s	p	u	b	l	i	c	a	z	y	t
E	w	d	f	g	h	j	k	m	q	n	o	x	r	e	s	p	u	b	l	i	c	a	z	y	t	v
F	d	f	g	h	j	k	m	q	n	o	x	r	e	s	p	u	b	l	i	c	a	z	y	t	v	w
G	f	g	h	j	k	m	q	n	o	x	r	e	s	p	u	b	l	i	c	a	z	y	t	v	w	d
H	g	h	j	k	m	q	n	o	x	r	e	s	p	u	b	l	i	c	a	z	y	t	v	w	d	f
I	h	j	k	m	q	n	o	x	r	e	s	p	u	b	l	i	c	a	z	y	t	v	w	d	f	g
J	j	k	m	q	n	o	x	r	e	s	p	u	b	l	i	c	a	z	y	t	v	w	d	f	g	h
K	k	m	q	n	o	x	r	e	s	p	u	b	l	i	c	a	z	y	t	v	w	d	f	g	h	j
L	m	q	n	o	x	r	e	s	p	u	b	l	i	c	a	z	y	t	v	w	d	f	g	h	j	k
M	q	n	o	x	r	e	s	p	u	b	l	i	c	a	z	y	t	v	w	d	f	g	h	j	k	m
N	n	o	x	r	e	s	p	u	b	l	i	c	a	z	y	t	v	w	d	f	g	h	j	k	m	q
O	o	x	r	e	s	p	u	b	l	i	c	a	z	y	t	v	w	d	f	g	h	j	k	m	q	n
P	x	r	e	s	p	u	b	l	i	c	a	z	y	t	v	w	d	f	g	h	j	k	m	q	n	o
Q	r	e	s	p	u	b	l	i	c	a	z	y	t	v	w	d	f	g	h	j	k	m	q	n	o	x
R	e	s	p	u	b	l	i	c	a	z	y	t	v	w	d	f	g	h	j	k	m	q	n	o	x	r
S	s	p	u	b	l	i	c	a	z	y	t	v	w	d	f	g	h	j	k	m	q	n	o	x	r	e
T	p	u	b	l	i	c	a	z	y	t	v	w	d	f	g	h	j	k	m	q	n	o	x	r	e	s
U	u	b	l	i	c	a	z	y	t	v	w	d	f	g	h	j	k	m	q	n	o	x	r	e	s	p
V	b	l	i	c	a	z	y	t	v	w	d	f	g	h	j	k	m	q	n	o	x	r	e	s	p	u
W	l	i	c	a	z	y	t	v	w	d	f	g	h	j	k	m	q	n	o	x	r	e	s	p	u	b
X	i	c	a	z	y	t	v	w	d	f	g	h	j	k	m	q	n	o	x	r	e	s	p	u	b	l
Y	c	a	z	y	t	v	w	d	f	g	h	j	k	m	q	n	o	x	r	e	s	p	u	b	l	i
Z	a	z	y	t	v	w	d	f	g	h	j	k	m	q	n	o	x	r	e	s	p	u	b	l	i	c

Prenons, d'autre part, une dépêche chiffrée à l'aide de trois alphabets empruntés au tableau ci-dessus. Supposons que nous ayons déjà découvert l'un de ces alphabets en entier, soit :

respublicazytvwdfghjkmqnox

et que nous ne connaissions des deux autres alphabets que les lettres :

epblafn   pour le deuxième, et
uat   pour le troisième.

Les chiffres des trois alphabets ayant une lettre commune *a*, en reportant les lettres du premier alphabet aux deux autres, placées à des distances respectivement égales de la lettre commune, je pourrai déchiffrer instantanément les deux alphabets. Voici le tableau obtenu :

A	B	C	D	E	F	G	H	I	J	K	L	M	N	O	P	Q	R	S	T	U	V	W	X	Y	Z
r	e	s	p	u	b	l	i	c	a	z	y	t	v	w	d	f	g	h	j	k	m	q	n	o	x
.	.	.	.	.	.	n	.	.	.	e	.	p	.	b	l	.	.	a	.	.	.	.	.	.	f
.	.	t	.	.	.	.	.	.	.	.	.	.	.	.	.	.	.	.	.	u	.	t	.	.	a

La particularité ci-dessus, signalée par M. Kerckhoffs et appelée par lui méthode de décryptement par utilisation de la symétrie de position, est des plus intéressante en ce que cette combinaison d'alphabets incohérents est beaucoup plus employée que celle des alphabets incohérents irrégulièrement intervertis et que les cas où le travail de décryptement pourra être abrégé par ce moyen sont des plus fréquents.

MÉTHODE DE BAZERIES. — Le commandant Bazeries est l'inventeur de deux méthodes de décryptement des subtitutions doublès, toutes deux intéressantes, plus simples et d'un emploi plus général que celles de Kasiski et de Kerckhoffs. L'une a pour base la supposition d'un mot probable et préconise la recherche du mot-clef avant le décryptement du texte. L'autre s'attache à la détermination de la longueur de la clef et arrive à la traduction du texte en utilisant les indications fournies par le graphique des fréquences. Examinons-les successivement :

1° *Méthode des mots probables*. — Cette méthode s'applique indifféremment au déchiffrement des alphabets régulièrement ordonnés ou à celui des alphabets incohérents.

a) Etant donné un cryptogramme, chiffré au moyen d'un chiffre carré régulièrement ordonné et renfermant un mot supposé connu, le décryptement de ce texte s'effectuera à l'aide du tableau de Vigenère, en partant des lettres du mot connu et en essayant successivement toutes les lettres du cryptogramme jusqu'à ce que la clef apparaisse.

Soit le cryptogramme :

```
MEOBI   PUIGO   DWTEE   SEVTU   TOOUJ   NVFNV
JOPTE   UULGH   AIFEU   TEPUI   GMDWT   UEDEU
EEPPS   QQETB   TKPNU   BUOPM   GOTFV   NGBTV
BQWFL   CTUTQ   RKTEF   FLGON   GNICV   NGJMR
PRVBN   EFDGD   IUJGV,
```

dans lequel nous avons des raisons de supposer que figure le mot *attaque*.

Ce cryptogramme étant supposé chiffré au moyen du tableau de Vigenère, en partant de l'une des lettres du mot *attaque*, prise sur la colonne verticale de gauche de ce tableau, jusqu'à l'une des lettres du cryptogramme prise sur la ligne horizontale correspondante, on doit, en remontant la colonne de cette dernière lettre jusqu'à la première ligne horizontale du tableau, trouver une des lettres correspondant à la clef.

L'essai du système de Vigenère sur les deux groupes NGBTV et BQWFL, donne, à la troisième tentative, la clef BAC :

Cryptogramme	N G B T V B Q W F L
Mot supposé	A T T A Q U E
Clef d'après Vigenère (1ᵉʳ essai)	N N I T F H M
	A T T A Q U E
2ᵉ essai	G I A V L W S
	A T T A Q U E
3ᵉ essai	B A C B A C B

La clef étant connue, le décryptement du reste du cryp-

togramme s'effectue en se servant du tableau ordinaire
de Vigenère. Nous obtiendrons le résultat suivant :

```
MEO BIP UIG ODW TEE SEV TUT OOU JNV FNV JOP
BAC BAC BAC BAC BAC BAC BAC BAC BAC BAC BAC
LEM AIN TIE NDU SEC RET SUR NOS INT ENT ION

TEU ULG HAI FEU TEP UIG MDW TUE DEU EEP PSQ
BAC BAC BAC BAC BAC BAC BAC BAC BAC BAC BAC
SES TLE GAG EES SEN TIE LDU SUC CES DEN OSO

QET BTK PNU BUO PMG OTF VNG BTV BQW FLC TUT
BAC BAC BAC BAC BAC BAC BAC BAC BAC BAC BAC
PER ATI ONS AUM OME NTD UNE ATT AQU ELA SUR

QRK TEF FLG ONG NIC VNG JMR PRV BNE FDG DIU JVG
BAC BAC BAC BAC BAC BAC BAC BAC BAC BAC BAC BAC
PRI SED ELE NNE MIA UNE IMP ORT ANC EDE CIS IVE
```

qui se lit :

« Le maintien du secret sur nos intentions est le gage
« du succès de nos opérations. Au moment d'une attaque
« la surprise de l'ennemi a une importance décisive. »

Tel est le cas pour un texte normal. Un texte inversé
et une clef inversée ne donneraient pas plus de difficulté.

Soit le cryptogramme du général Boulanger, indiqué
par Bazeries [1],

```
AWAQG   KQZKG   STNVN   MWFKH   WTQRO   WQCMP
WAIFN   WZGVJ   UIQJP   AWAJG   DBBFU   JQFMW
GKSUC   KMZZC   ANTZF   KCZGU   WTGKG   JKSJU
WT
```

dans lequel figure le mot *secrets*.

Les essais effectués sur le texte normal avec les tableaux
de Vigenère et de Beaufort ayant échoué, nous amènent
à supposer que le texte a été inversé. Effectivement
l'essai du tableau de Beaufort appliqué au texte ci-dessus,
inversé, donne, après trois tentatives successives, la clef
crois.

1. *Les Chiffres secrets dévoilés*, p. 109, Paris, 1901.

Cryptogramme inversé.	T W U J S K J G K G		
Mot supposé	S E C R E T S		
Clef d'après Beaufort (1ᵉʳ essai). . . .	B S S S O R R		
	S E C R E T S		
— — 2⁰ —	E Q H B G Q O		
	S E C R E T S		
— — 3ᵉ —	E F Q T F N S		
	S E C R E T S		
— — 4⁰ —	R O I S C R O		

A l'aide de la clef *crois*, nous déchiffrons facilement le reste du cryptogramme, ainsi conçu :

« Les secrets les plus difficiles à découvrir sont les « moins cachés. Je vous envoie ma clef, trouvez-la et lisez- « moi. »

b) Le procédé décrit au paragraphe *a*) ci-dessus, sert également à décrypter les cryptogrammes chiffrés au moyen des chiffres carrés incohérents, régulièrement ou irrégulièrement intervertis. Le procédé est exactement le même, avec cette différence que le cryptogramme ne pourra être facilement déchiffré que si l'on a connaissance du tableau carré incohérent dont se sera servi le chiffreur.

Soit un cryptogramme, chiffré par la méthode de Vigenère avec un chiffre carré régulièrement interverti, dont la première ligne est :

Z Y T V W D F G H J K M Q N O X R E S P U B L I C A

Voici ce cryptogramme :

RBUWZ EAGPK AFMTZ IQBAZ IUMPK EVYWW GEZAK E

dans lequel on a des raisons de supposer que figure le mot *ennemi*.

L'essai du tableau carré incohérent, construit au moyen de la ligne ci-dessus, donne, à la deuxième tentative, le mot-clef F R H R W :

Cryptogramme. . . . . , ...	R B U W Z E A
Mot supposé. . . . . ˙. . . .	E N N E M I
Clef d'après Vigenère (1ᵉʳ essai).	M I H A O J
	E N N E M I
— — 2ᵉ —	R H R W F R

A l'aide de la clef F R H R W, on déchiffre facilement le texte du cryptogramme comme suit :

R B U W Z	E A G P K	A F M T Z	I Q B A Z	I U M P K
F R H R W	F R H R W	F R H R W	F R H R W	F R H R W
L E N N E	M I A C O	U P E L E	S V O I E	S D E C O

E V Y W W	G E Z A K	E
F R H R W	F R H R W	F
M M U N I	C A T I O	N

qui se lit :

L'ennemi a coupé les voies de communication.

Le décryptement des cryptogrammes dont on ne possède pas le tableau de chiffrement est excessivement difficile. Nous ne croyons pas utile de donner ici d'explications détaillées au sujet du décryptement des substitutions doubles à alphabets incohérents, en raison de la rareté des cas où de tels alphabets sont employés, par suite de l'obligation d'avoir recours à des notes écrites pour les conserver, ce qui constitue toujours un danger.

2. *Méthode de l'enregistrement des caractères.* — S'il n'est pas possible de supposer un mot probable, susceptible de faciliter les opérations de décryptement, il y a lieu d'employer une autre méthode que celle de la recherche du mot-clef. On essaiera, dans ce cas, de déterminer la longueur de la clef, en s'aidant du calcul des répétitions et on utilisera ensuite les indications fournies par le graphique des fréquences.

Reprenons le cryptogramme de la page 175 ci-dessus, à alphabet régulièrement ordonné :

A W A Q G K Q Z K G . . . . WT

La longueur de la clef se détermine par la méthode de Kasiski. Nous notons, en effet, les répétitions suivantes :

A WA, U W T, M W, KS.

De AWA à A′W′A′, il y a 45 lettres = 9 × 5
De UWT à U′W′T′, — 10 — = 2 × 5
DE MW à M′W′, — 43 — = néant (répétition due au hasard).
De KS à K′S′ — 25 — = 5 × 5

Le facteur commun est 5. Le cryptogramme a été chiffré avec une clef de cinq lettres.

La longueur de la clef étant connue, cherchons les lettres substituées. A cet effet, partageons le texte chiffré en tranches de cinq lettres et disposons les tranches ainsi obtenues en colonnes verticales, comme suit :

A W A Q G
K Q Z K G
etc....
J K S J U
W T

L'enregistrement des lettres, par colonnes verticales, donne les fréquences suivantes :

	A	B	C	D	E	F	G	H	I	J	K	L	M	N	O	P	Q	R	S	T	U	V	W	X	Y	Z	
Colonne 1	3			1			1			2	3		1					1		1			6				19
— 2	1	1	1						1		2		1	1			3		4				3			1	19
— 3	2	1	1		2	2			1					1			2	2		1						3	18
— 4					2	1				3	3		2				1	1			1	2				2	18
— 5			2		1	4	1		1					2	1	2				3		1					18
	6	2	4	1	0	5	8	1	2	6	8	0	4	4	1	2	6	1	3	5	5	2	10	0	0	6	

D'après le tableau ci-dessus, la lettre E devrait être représentée, dans chacune des cinq colonnes, par les lettres W, G, K, A, J, Q, Z, F, T, U dont la fréquence est plus grande que celle des autres lettres. Toutefois, un examen plus attentif nous révèle que cette hypothèse n'est pas exacte : en effet, la proportion des E qui est de 17 à 19 p. 100 dans un texte français normal (soit ici 4 environ) n'est pas observée dans les colonnes 3 et 4.

Dans ces conditions, le seul moyen d'arriver à identifier l'alphabet de correspondance cherché, est d'établir un graphique de fréquence pour chacune des colonnes et de le faire glisser le long du graphique de fréquence normal, jusqu'à ce que la concordance s'établisse. Cette recherche, un peu longue, peut être évitée si l'on remarque que, dans le graphique normal :

1° deux groupes de quatre lettres, séparés par deux vides, représentent les lettres fréquentes L M N O.. R S T U ; 2° la lettre la plus fréquente, séparée de la dernière des lettres des deux groupes ci-dessus (U), par deux groupes de quatre vides, séparés par une lettre fréquente, est la lettre E.

Reprenons l'exemple ci-dessus et comparons-le au graphique normal de la langue française, ci-après :

GRAPHIQUE NORMAL

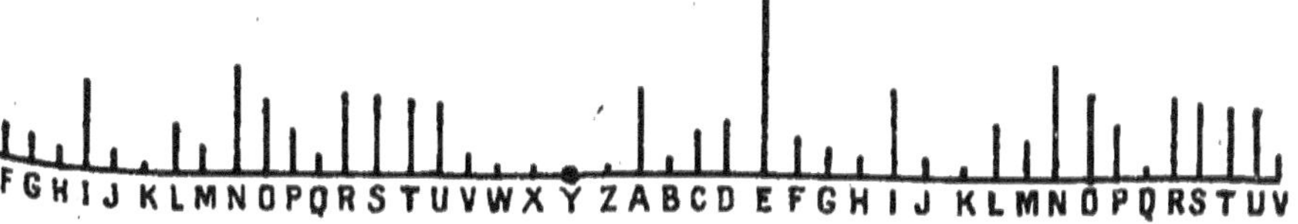

Colonne I. En raison de la fréquence plus grande du W, le doute n'est pas permis : W = E.

Colonne II. Les deux groupes TUVW, ZABC, représentés par 4..3, IIII, nous paraissent signifier LMNO, RSTU. D'où M = E.

Colonne III. Les deux groupes ZABC, FG. I représentent LMNO, RSTU. D'où S = E.

Colonne IV. Les deux groupes DEFG, JK. M représentent LMNO, RSTU. D'où V = E.

Colonne V. En raison de la fréquence plus grande de G, G = E.

La valeur des lettres est donc augmentée de 8, 12, 9, pour les première, troisième et quatrième colonnes et diminuée de 8 et 2 pour les deuxième et cinquième colonnes.

La traduction du texte s'effectue dès lors sans difficulté.

II. — *Clef variable.*

On appelle *clef variable* ou interrompue celle dans laquelle l'ordre de succession des alphabets, tel que l'indique la clef, est arrêté arbitrairement à des intervalles irréguliers pour revenir ensuite à la lettre initiale, sans autre transition qu'une lettre d'arrêt, intercalée à l'endroit où la coupure est effectuée.

Ainsi la clef fixe *armistice* deviendra variable si l'on écrit :

Arm + armisti + armis + armistice, etc...

La lettre d'arrêt, généralement choisie parmi les lettres de la clef, est remplacée dans le texte cryptographique définitif, toutes les fois qu'elle ne joue pas le rôle de lettre d'arrêt, par un chiffre arabe correspondant à la place qu'elle occupe dans le mot clef, ceci en vue d'éviter les confusions.

Exemple. Soit à chiffrer *attaque remise à demain*,

au moyen du chiffre carré, avec la clef ci-dessus, la lettre d'arrêt choisie étant « M ». On trouvera :

A t t	a q u e r e m	i s e a d	e m a i n
A R M	A R M I S T I	A R M I S	A R M I S
a k f	a h g m j x u	i j q i v	e d m q f

akfmahgmjxumijqivmedmqf

ou, en remplaçant la lettre M par un 3 toutes les fois qu'elle n'est pas lettre d'arrêt et en faisant précéder la dépêche de quelques nulles, en ayant soin d'indiquer par la lettre d'arrêt le point où commence le texte réel :

btvmakfmahg3jxumijqivmed3qf

Décryptement des systèmes à clef finie variable : L'invention des systèmes à clef variable, due à un membre de la Commission de Télégraphie militaire, et signalée pour la première fois par Kerckhoffs en 1883, a été imaginée dans le but de dérouter les cryptologues dans le calcul de la longueur de la clef et de rendre le décryptement plus difficile.

La difficulté consiste, en conséquence, à retrouver la lettre d'arrêt. Ce n'est pas facile pour une dépêche très courte. Lorsque la dépêche a quatre ou cinq lignes et que l'ordre alphabétique des lettres a été régulièrement interverti, on constate une certaine régularité dans l'irrégularité des retours de l'une des lettres. Cette même lettre, d'autre part, ne se rencontre jamais deux fois de suite. Quant au chiffre arabe, qui indique la place occupée par la lettre d'arrêt dans la clef, il fournit une indication précieuse pour la reconstitution de la dite clef.

Le décryptement s'effectue, dans le cas ci-dessus, assez

facilement. Il présente des difficultés dans le cas des alphabets incohérents irrégulièrement intervertis.

B. — SYSTÈMES A CLEF INDÉFINIE

On appelle *systèmes à clef indéfinie*, ceux dans lesquels la clef choisie est composée d'un nombre de lettres illimité, ladite clef étant constituée soit par une ou plusieurs pages convenues d'un livre convenu, soit par le texte à chiffrer. Dans ce dernier cas le système prend le nom d'autoclave ; on chiffre le début avec une clef courte et on continue le chiffrement en employant le texte lui-même comme clef.

Le nombre des alphabets employés peut donc être de 25, se suivant dans un ordre incohérent. Pratiquement ce nombre ne sera pas toujours atteint, surtout si le texte à chiffrer est court, en raison des répétitions de lettres que comportent généralement les textes choisis.

A titre d'exemple, les fables de La Fontaine et les poésies d'Alfred de Musset ont été souvent adoptées pour servir de clefs indéfinies.

Décryptement des systèmes à clef indéfinie. — L'invention des systèmes à clef indéfinie paraît devoir être attribuée à Hermann ; tout au moins n'en avons-nous trouvé la description dans aucun autre auteur, avant lui. Dans ces systèmes, la périodicité de la clef étant supprimée, le décryptement rencontre des difficultés. Le mode de décryptement varie, suivant que le cryptogramme a été chiffré avec un chiffre carré régulièrement ordonné ou incohérent.

a. Si le cryptogramme a été chiffré à l'aide d'un tableau carré régulièrement ordonné et qu'on ait des raisons de supposer que son texte renferme un mot connu, on pourra utiliser, pour son décryptement, la méthode des mots probables et retrouver le reste du texte clair par le tâtonnement.

Soit le cryptogramme :

EECEO JOCKC TKLWU CELI

que l'on suppose renfermer le mot *réponse*.

L'essai du tableau de Vigenère donne le fragment de clef *usforte* :

Cryptogramme . . . . L W U C E L I
Mot supposé . . . . R E P O N S E
Clef . . . . U S F O R T E

qui, complété, peut se lire : *Plus forte*, P L donne E Z, terminaison d'un verbe en clair à l'impératif. On suppose *écrivez*, *télégraphiez*, *envoyez*. La leçon *télégraphiez*, reconnue exacte, nous livre la clef : *la raison du plus fort* et le cryptogramme peut, dès lors, être considéré comme décrypté, puisqu'on a reconnu le premier vers de la fable de La Fontaine : *Le Loup et l'Agneau*.

b. Si le cryptogramme a été chiffré à l'aide d'un tableau carré incohérent, la difficulté croît. Elle varie d'ailleurs suivant que l'on est en possession d'un ou de plusieurs textes, chiffrés avec la même clef.

Si l'on est en possession d'un assez grand nombre de cryptogrammes, écrits avec la même clef, si courts soient-ils, il est possible, en les ordonnant les uns au-dessous des autres, d'effectuer, sur les lettres des colonnes ainsi obtenues, un calcul des fréquences analogue à celui qui est préconisé par Kasiski pour la recherche de l'ordonnance des alphabets. Ce calcul donnera la lettre E.

Soient les cryptogrammes suivants :

```
1   2   3   4   5 6 7 8 9 10 11 12 13 14 15 16 17 18 19 20 21 22 23 24 25
1 W W T W O J O T K T  P  K  M  L  U  T  W  M  H
2 O W F M H U S Q O C  W  A  Q  M  J
```

3 U W H W U L G D O U H W U H U S
4 L W K H A L F F D H Y I C D G S
5 X N M R T L N R G Y Y D G Z C L D F L
6 U Z A V Q W O Z F C P W M L L S T I A L
7 L W J V R K V Y B T H P H D I F D F I G K Y F C Y
8 X N W W U Z D N X C T X Q L I G H G C G I M

En effectuant le calcul des fréquences sur chacune des
20 premières colonnes du tableau, obtenu en ordonnant
les huit cryptogrammes au-dessous les uns des autres,
nous trouvons :

Colonne 1 : 2U , 2L, 2X,	Colonne 11 : 2Y, 2H, 2P.
— 2 : 5W, 2N	— 12 : 2W.
— 3 : néant	— 13 : 2M, 2Q.
— 4 : 3W, 2V,	— 14 : 3L, 2D.
— 5 : 2U,	— 15 : 2U, 2I,
— 6 : 3L.	— 16 : 3S,
— 7 : 2O,	— 17 : 2D,
— 8 : néant,	— 18 : 2F,
— 9 : 2O,	— 19 : néant.
— 10 : 3C, 2T,	— 20 : 2G.

Nous admettons, par suite, que les lettres les plus fréquentes :

W (colonne 2)
W (—   4)
L (—   6)
C (—   16)
L (—   14)
S (—   16)

représentent la lettre « E ».

En supposant exacte l'hypothèse susdite, nous en
déduisons que les colonnes 2 et 4 d'une part, 6 et 14 d'autre part, sont chiffrées respectivement avec un même
alphabet. En effet, W = E dans les colonnes 2 et 4,
L = E dans les colonnes 6 et 14.

Remplaçons, de suite, les lettres W, L, C, S par la

lettre E, dans les six premières colonnes. Nous aurons :

```
    1 2 3 4 5 6
1   . e . e . .
2   . e . . . .
3   . e .. e . e
4   . e . . . e
5   . . . . . e
6   . . . . . .
7   . e . . . .
8   . . . e . .
```

D'autre part, d'après la place qu'elles occupent dans la colonne I par rapport à la lettre E, V et L sont sûrement des consonnes. Il est donc probable que dans cette colonne : X = E, ce qui nous donne le groupe de la ligne 8 : E.. E. Un mot commençant par le groupe E.. E, au début d'une phrase, ne peut être que le mot *ennemi*. Vérifions cette supposition en appliquant aux colonnes 2 et 4 le principe de la symétrie de positions. Nous obtenons :

```
    1 2 3 4 5 6
1   . e . e . .
2   . e . . . .
3   . e . e m e
4   . e . . . e
5   e . . . . e
6   . . . . . .
7   . e . . . .
8   e n n e m i
```

L'examen de ce petit tableau révèle que nous avons affaire à un cryptogramme chiffré à l'aide d'un tableau de Vigenère à alphabets incohérents, puisque, dans la colonne 6, L = E et Z = I.

Dès lors, nous ne pouvons arriver à décrypter les cryptogrammes qu'à l'aide du tâtonnement et de la symétrie de position.

Nous trouverons que la clef employée est la phrase :

« La raison du plus fort est toujours la meilleure » et
que le chiffrement a été effectué au moyen d'un tableau
de Vigenère, à alphabets incohérents, régulièrement
intervertis, dont la première ligne est :

Z Y T V W D F G H J K M Q N O X R E S P U B L I C A

La traduction des cryptogrammes est la suivante :

     1. Télégraphiez réponse.
     2. Déplacez le poste.
     3. Je remets l'attaque.
     4. Le tir est commencé.
     5. Envoyez des munitions.
     6. J'ai demandé être relevé.
     7. Les dispositions sont prises.
     8. Ennemi ramène ses troupes.

Substitution par bigrammes.

Nous terminerons ce chapitre en révélant un procédé
de substitution par bigrammes, susceptible de présenter
une très réelle sécurité et d'une grande facilité d'emploi.

Préparons, à cet effet, deux tables réversibles de tous
les bigrammes possibles, l'une pour le chiffrement,
l'autre pour le déchiffrement. L'établissement de ces
tables des 676 bigrammes possibles (26^2), n'est pas un
travail bien considérable.

Ecrivons ensuite le texte à chiffrer sur deux lignes
égales ou inégales. Si le texte est long, partageons-le
en groupes de deux lignes séparées par l'indicatif « Stop ».
Ainsi la fréquence des bigrammes qui, sans cette précaution, pourrait être calculée facilement, devient impossible à déterminer. En remplaçant chaque bigramme du
clair par le bigramme correspondant du tableau de concordance mentionné ci-dessus, nous obtiendrons un texte
chiffré presque impossible à décrypter.

Soit à chiffrer le texte suivant : *La bataille s'engage.*

Ecrivons le texte sur deux lignes égales ou inégales, comme suit :

L A B A T A I L L E
S E N G A G E K V X

En nous reportant à notre table de chiffrement nous trouverons les correspondances suivantes :

LS = U N
AE = W X
BN = U T
AG = J J
TA = A H
I E = V Q
LK = B A
LV = V S
EX = X Y

Remplaçons chaque bigramme du clair, par le bigramme correspondant de la table : nous obtenons le cryptogramme ci-après :

UNWX   UTJJ   AHJJ   VQBA   VSXY

Pour rétablir le clair, le déchiffreur effectuera, au moyen de la table de déchiffrement, l'opération inverse.

Autre exemple : *Le poste de TSF est installé au point deux cent quatre.*

Ecrivons le texte en deux fois, comme suit :

L E P O S T E D E T S F E S T
I N S T A L L E A U P O I N T

D E U X C E N T
Q U A T R E J J

Chiffrons ce texte en le partageant par l'indicatif « Stop » ; nous obtiendrons le cryptogramme suivant :

MLPX   ULVN   NIGP   JCLR   RTOB   ILWC
LQPH   SK Stop   FGJW   TFBL   MWJQ   DGCR

Le système exposé ci-dessus, dans lequel nous chiffrons deux lettres à la fois, l'une servant de clef à l'autre, donne, en réalité, un chiffrement système Vigenère, à clef indéfinie et à alphabets incohérents, chacune des lettres de l'alphabet clair pouvant être chiffrée dans 26 alphabets différents. La séparation *Stop*, qui partage le texte en tranches, ne saurait en rien en favoriser le décryptement. Une erreur de transmission, affectant un bigramme ne saurait altérer qu'une lettre sur chaque ligne. De plus, le mode de chiffrement exposé ci-dessus peut être utilisé pour toutes les langues et permettre à des divisions alliées de correspondre en chiffres, ce qui ne pouvait se faire avec les carnets établis en 1918.

Nous ne voyons, jusqu'à présent, aucun moyen d'arriver à décrypter de semblables cryptogrammes, sans la connaissance de la table. Il serait aisé de renouveler les tables très fréquemment, par exemple chaque quinzaine ou chaque mois.

CHAPITRE III

MÉTHODES DE TRANSPOSITION
ET DE SUBSTITUTION COMBINÉES

Il résulte des explications que nous venons de donner que, si l'on éprouve d'assez sérieuses difficultés à décrypter les systèmes de transpo   .on simple à tableaux incomplets, les transposit   .ubles, et certains systèmes de substitution doublc,   est assez rare, cependant, qu'avec de la patience, on ne vienne pas à bout des cryptogrammes les plus difficiles.

Certes, il peut arriver que telle ou telle dépêche résiste aux efforts du meilleur cryptologue; rien n'est même plus facile, à celui qui sait chiffrer, que de combiner des cryptogrammes indéchiffrables avec le plus simple des systèmes. Mais les systèmes pratiques sont presque toujours simples et, partant, faciles à décrypter.

Aussi, a-t-on cherché à obtenir une sécurité plus grande, en combinant entre elles les différentes méthodes de transposition et de substitution dont il a été question ci-dessus. Le nombre de méthodes rentrant dans cette catégorie est infini, puisqu'on peut y comprendre toutes les méthodes de transposition et toutes les méthodes de substitution. Toutefois, l'emploi de ces combinaisons est exceptionnel; elles laissent, en effet, trop à désirer au point de vue pratique, pour qu'il soit possible de songer à les appliquer aux usages courants.

Soit un exemple très simple, pour fixer les idées sur la façon de combiner les deux méthodes.

Prenons la phrase :

Des nuages de fumée masquent la vallée de la Marne, à chiffrer au moyen d'une clef de transposition de 6 lettres, dans l'ordre 6, 5, 4, 3, 2, 1, et du système de substitution de Jules César, avec décalage de deux rangs.

Effectuons, en premier lieu, la transposition. Nous obtenons :

    AUNSED   FEDSEG   AMEEMU   TNEUQS   LLAVAL
    ALEDEE   ENRAM

Appliquons au texte ainsi obtenu la méthode de substitution choisie; nous avons :

    CXPUG   FHGFU   GICOG   GOXVP   GXSUN
    NCYCN   CNGFG   GGPTC   O

L'examen de ce nouveau cryptogramme révèle, évidemment, qu'il y a eu substitution et que le signe « G » représente la lettre « E ». Mais les autres lettres qui, dans un simple Jules César, auraient été identifiées immédiatement, ne peuvent être rétablies qu'en détruisant, du même coup, la transposition effectuée auparavant.

Il est facile de voir par ce simple exemple combien la tâche du cryptologue devient plus ardue, du fait de la combinaison entre eux des deux systèmes de chiffrement les plus simples.

Aussi, il ne faut pas craindre, en particulier, en ce qui concerne les télégrammes militaires, d'imposer en campagne et d'appliquer aux télégrammes importants les procédés de double chiffrement, ou de surchiffrement. Il est évident que certains textes, certains ordres, doivent, à tout prix, échapper à la connaissance de l'ennemi, quel que soit le mode de leur transmission, télégraphe ou porteur. Lorsqu'on transmet, par exemple, à des unités sur le front : « L'attaque sera déclenchée demain à six heures », il importe d'être absolument certain qu'un tel ordre ne sera pas lu par l'adversaire.

Il est essentiel que le surchiffrement prévu, pour les différents cas, par l'autorité supérieure, varie à la fois avec le système de chiffre employé et avec le temps. Il est toujours imprudent, en effet, de prolonger outre mesure l'emploi d'une même méthode, et on ne sait jamais si l'ennemi n'a pas fait une saisie heureuse au cours d'un récent coup de main, ni si un bavardage de prisonnier ou la maladresse de quelque officier ne l'ont pas plus ou moins instruit des procédés de chiffrement en cours.

Des deux côtés du front, entre les deux services du chiffre, la lutte reste constante. C'est une guerre toute spéciale, d'intelligence et de ruse, dans laquelle il faut à tout instant innover ou créer, et savoir exiger, de ceux qui ont à utiliser le chiffre, la plus grande discrétion, une circonspection parfaite, et le respect absolu des règlements édictés.

Ainsi que nous l'avons exposé ci-dessus, deux substitutions simples, faites de lettre à lettre, n'augmentent en rien la difficulté du décryptement. On obtient, au contraire, des cryptogrammes pratiquement sûrs, par une substitution et une transposition sur clef combinées, ou par une transposition et une substitution très simple, même partielle, faisant, autant que possible, disparaître les fréquences, et portant sur les lettres indicatrices, telles que Q, X, H, etc...

Les chiffrements extraits de dictionnaires, même anciens et douteux, peuvent être considérés comme suffisamment sûrs, s'ils ont subi une transposition effectuée sur une clef récente. Il convient toutefois de n'accorder qu'une confiance limitée aux dictionnaires réduits ou carnets de front, dont la reconstitution, en raison de leur diffusion, est particulièrement aisée. La prudence exige, pour la transmission par T. S. F., dans le cas de ces dictionnaires, qu'il soit fait emploi d'une substitution facile, portant, par exemple, tout à la fois sur le dernier chiffre d'un groupe et sur le premier chiffre du groupe suivant. Il suffit, à cet effet, de disposer d'un tableau de substitution pour les 99 premiers nombres, plus le *oo*.

Il nous convient de répéter, à ce propos, ce que nous avons déjà dit dans notre exposé historique pages 86 à 91 ci-dessus, concernant l'application stricte, en temps de guerre, des prescriptions relatives au chiffrement des messages. Les officiers de troupe, au voisinage de l'ennemi, ont des préoccupations plus graves que celles ayant trait à l'exécution des prescriptions relatives au Chiffre. La plupart d'entre eux n'ont eu, ni le loisir, ni la possibilité d'en apprécier l'importance. Beaucoup considèrent l'imposition du Chiffre comme une sorte de brimade de la part des États-Majors. Tout changement apporté dans l'emploi du Chiffre déchaîne des murmures et même des colères. Il importe pourtant, dans un intérêt supérieur, de savoir négliger ces mécontentements et de demander, à l'occasion, des sanctions exemplaires pour toute négligence commise. Nous considérons que les services que les sections de Chiffre sont susceptibles de rendre aux troupes, en tenant la main à l'exécution stricte des prescriptions réglementaires, seront inappréciables, du jour où elles auront réussi à faire pénétrer dans l'esprit du soldat au front, l'adage familier aux Français de l'intérieur : « Taisez-vous, méfiez-vous, les oreilles ennemies vous écoutent. »

III

DICTIONNAIRES CHIFFRÉS

De tout temps, l'armée, la diplomatie et le commerce ont fait usage de dictionnaires chiffrés, dans l'échange de leurs communications.

Le principe des dictionnaires est la représentation des mots et des phrases du texte clair, soit par des groupes de lettres, soit par des groupes de chiffres. On emploie de préférence les groupes de lettres, en raison de leur plus grande rapidité de transmission par la voie du télégraphe. La pratique, toutefois, semble indiquer que les erreurs sont moins fréquentes avec les chiffres.

CHAPITRE PREMIER

CLASSIFICATION DES DICTIONNAIRES

Les dictionnaires peuvent être classés en deux caté-
gories : ceux qui visent au secret et ceux qui n'y prétendent pas.

Les dictionnaires qui visent au secret nous intéressent
seuls. Les Chancelleries et les grands États-Majors, où
il est possible de surveiller de près les documents et où
la correspondance est considérable, les emploient de préférence à tous autres. Ils portent alors le nom de *Dictionnaires chiffrés, Tables chiffrantes et déchiffrantes, Carnets de chiffre*, suivant leur destination. Les dictionnaires, plus ou moins étendus, sont
utilisés par les grands États-Majors. Le Carnet de
chiffre, en allemand : *Schlüsselheft*, a été d'un emploi
courant dans les unités subordonnées, pendant la
grande guerre. Quant aux Tables chiffrantes et déchiffrantes, elles sont utilisées de préférence par les Ministères des Affaires étrangères dans leurs relations
avec leurs envoyés à l'étranger. Les grandes banques,
pour leurs relations avec l'étranger, font usage de
dictionnaires chiffrés établis par leurs services, mais
qui, n'étant pas confectionnés par des spécialistes
entraînés, laissent en général beaucoup à désirer et
sont d'un emploi onéreux et d'un maniement peu

pratique. Ces dictionnaires, tirés à un grand nombre d'exemplaires, ne sont jamais à l'abri des indiscrétions. Elles utilisent aussi certains dictionnaires que l'on trouve dans le commerce, en modifiant le sens des groupes de chiffres au moyen de clefs : le plus connu est le Sittler.

Dans ces différents documents, les mots sont généralement classés par ordre alphabétique et représentés par des groupes de lettres ou de chiffres n'ayant entre eux aucun rapport. Le dictionnaire comporte alors deux tables, une table de chiffrement et une table de déchiffrement. Dans cette dernière, les groupes sont rétablis dans leur ordre alphabétique ou numérique de façon à faciliter les recherches.

Quant aux dictionnaires ne prétendant pas au secret, ils ne feront pas l'objet de cette étude. Leur nombre est infini. Pour notre part, nous en connaissons plus de 300. Leur caractère commun est d'être établi plus particulièrement dans un but d'économie. On les trouve dans le commerce courant et tout le monde peut se les procurer. Ils sont, en général, très bien faits. Les plus usités sont les suivants : Bentley, Petersen, Pseco, Lieber's, A Z, A B C.

Les dictionnaires du commerce américain ou anglais portant le nom de *Codes*, on applique, par extension, cette dénomination à tous les dictionnaires chiffrés du commerce courant.

Les dictionnaires secrets, mentionnés ci-dessus, se divisent eux-mêmes en dictionnaires numéraux et dictionnaires littéraux, suivant que les groupes représentatifs de lettres, de mots ou de phrases sont composés de chiffres ou de lettres.

Dans les dictionnaires littéraux, le maximum de combinaisons possibles avec les vingt-six lettres de l'alphabet est de :

26^3 soit $\quad$ 17.576, avec des groupes de 3 lettres ;
26^4 — $\quad$ 456.976, $\quad$ — $\quad$ — $\quad$ 4 — ;
26^5 — 11.881,376, $\quad$ — $\quad$ — $\quad$ 5 — .

Dans les dictionnaires numéraux, le nombre de combinaisons possible est naturellement bien moindre, puisqu'on n'a à sa disposition que 10 chiffres. Il est de :

10^3 soit $\quad$ 1.000, avec des groupes de 3 chiffres ;
10^4 — $\quad$ 10.000, $\quad$ — $\quad$ — $\quad$ 4 — ;
10^5 — 100.000, $\quad$ — $\quad$ — $\quad$ 5 — .

Pratiquement, les séries complètes ne sont pas toujours utilisées.

Les dictionnaires secrets numéraux du commerce les plus connus sont, par pays et par ordre chronologique, les suivants :

Français :
Brachet[1]. . en groupes de 5 chiffres ; il comprend 10.000 groupes.
Sittler[2]. . . — 4 — — 10.000 —
Brunswick[3]. — 4 — — 10.000 —
Airenti[4]. . — 5 — — 59.200 —
Nilac[5]. . . — 4 — — 10.000 —
Louis[6]. . . — 5 — — 20.000 —
Bazeries[7]. — 4 — — 10.000 —

Allemand :
Niethe[8]. . — 5 — — 27,446 —

1. Brachet, *Dictionnaire chiffré*. Paris, 1850,

2. F. J. Sittler, *Dictionnaire abréviatif chiffré*. Paris, Lefebvre, 1868.

3. Brunswick, *Dictionnaire pour la correspondance télégraphique secrète*. Paris, 1868.

4. Airenti, *Dictionnaire chiffré, diplomatique et commercial*.

5. Nilac, *Dictionnaire chiffré*.

6. N. C. Louis, *Dictionnaire pour la correspondance secrète*. Paris, 1881.

7. Cdt Bazeries, *Tables chiffrantes et déchiffrantes*, Paris, Hermann, 1893.

8. Niethe, *Wörterbuch*. Berlin, 1877.

Autrichien :
Stern et Steiner [1], en groupes de 4 chiffres ; il comprend 10.000 groupes.

Italien :						
Baravelli [2].	—	4	—	—	10.000	—
Anglais :						
Slater [3] . .	—	5	—	—	25.000	—
Espagnol :						
Darhan [4]. .	—	5	—	—	32.400	—

Voici, d'autre part, les dictionnaires secrets littéraux du commerce les plus connus.

Français : Mamert-Gallian [5], en groupes de 3 lettres ; il comprend 17.576 groupes.

Allemand : Krohn [6].

Walter [7].

Katscher [8], en groupes de 4 lettres.

Anglais   : Bolton [9].

1. Stern et Steiner, *Chiffrierbuch.*

2. Baravelli, *Dizionario.* Turin, 1896.

3. Slater, *Code.* Londres, 1906.

4. Darhan, *Clave telegrafica.* Madrid, 1912.

5. Mamert-Gallian, *Dictionnaire télégraphique, économique et secret.* Paris, Plon, 1874.

6. Krohn, *Buchstaben und Zahlensysteme für die Chiffrirung von Telegrammen, Briefen und Postkarten.* Berlin, 1873.

7. Walter, *Dechiffrir Wörterbuch.* Winterthür, 1877.

8. Katscher, *Wörterbuch.* Leipzig, 1889.

9. Bolton, *Dictionnaire chiffré.*

CHAPITRE II

PRINCIPES GÉNÉRAUX DE DÉCRYPTEMENT
DES DICTIONNAIRES

Nous n'avons pas l'intention de donner, ici, les moyens de décrypter les dépêches, établies au moyen des dictionnaires chiffrés, tables chiffrantes et carnets de chiffres, utilisés par l'armée et la diplomatie. Nous nous bornerons à indiquer quelques règles générales et à donner, en annexe, la description des opérations par lesquelles le commandant Bazéries est arrivé à décrypter le grand chiffre de Louis XIV (Annexe IV), chiffré au moyen de tables chiffrantes.

Deux cas sont à considérer :

1° On possède un exemplaire du dictionnaire ayant servi au chiffrement de la dépêche ;

2° On ne possède pas le dictionnaire.

a) *Décryptement d'un cryptogramme chiffré avec un dictionnaire dont on possède un exemplaire.* — Dans le premier cas, la difficulté est facilement surmontable. Examinons le cas d'une dépêche, chiffrée au moyen des principaux dictionnaires secrets du commerce, c'est-à-dire :

    dictionnaires numéraux : Sittler,

                      Niethe,

    dictionnaire littéral   : Mamert-Gallián.

Décryptement du Sittler. — Le répertoire Sittler

comprend 100 pages, dont chacune renferme 100 mots,
soit au total 10 000 mots. En face de chaque mot, figure
un nombre fixe de deux chiffres, de 00 à 99. Le numéro
de la page est laissé en blanc, pour permettre aux correspondants d'adopter une pagination conventionnelle, en
employant, dans un ordre quelconque, les mêmes numéros de 00 à 99. Chaque mot est traduit par un groupe de
quatre chiffres comprenant les deux chiffres de numérotation de la page, suivis des deux chiffres des colonnes.

Le problème est, en conséquence, le suivant : dans
chaque groupe de quatre chiffres, les deux derniers
chiffres étant sur une ligne invariable du dictionnaire
sont connus, les deux premiers seuls, étant conventionnels, sont inconnus. Comme il n'y a que 100 pages dans
le répertoire, la découverte d'un seul mot donnera la
clé du système, car les pages subissent, en général, un
simple décalage, et sont numérotées suivant la suite
naturelle des nombres.

Pour faciliter le travail, il suffira d'établir un nouveau répertoire dans lequel sont réunis par page les
mots appartenant à une même ligne dans les différentes
pages du dictionnaire.

Soit le cryptogramme suivant :

$$5542-6740-4715-2238-8755-8004-8656,$$

dans lequel on suppose que figure le mot « *juin* ».

Juin, dans le répertoire Sittler, est à la page réelle
51 et à la ligne 56 de cette page. Si la page de convention nous est inconnue, la ligne 56 est invariable. En
examinant les groupes du cryptogramme, nous constu-
tons que seul le groupe 8656 est susceptible de représenter le mot *juin*. La clef serait donc :

page 86, ligne 56.

Si le groupe 8656 signifie *juin*, le groupe 8004 qui le précède est probablement une date. En cherchant la ligne 04 dans les 100 pages du répertoire, on trouve le chiffre 8 à la page réelle 45. L'écart entre 86 et 51 d'une part, 80 et 45 d'autre part, est 35. La constance de cet écart nous frappe et nous engage à essayer si les groupes de tête qui précèdent, soit 55 — 67 — 47 — 22 — 87, ne donnent pas un résultat, en en retranchant le chiffre 35 susdit. Nous trouvons, en effet, après soustraction :

<pre>
2042 — contrat
3240 — emprunt
1215 — bulgare
8738 — a été signé
5255 — le
</pre>

Le résultat étant reconnu exact, la clé du système consistera à commencer la pagination au chiffre 36.

La traduction de la dépêche sera : *Contrat emprunt bulgare a été signé le 8 juin.*

Il y a lieu de remarquer que, dans certains cas, les cryptogrammes chiffrés avec le Sittler sont beaucoup plus difficiles à décrypter. Ces cas sont les suivants :

1° Un ou plusieurs des quatre chiffres de la clé ont été augmentés ou diminués d'un certain nombre d'unités convenues ;

2° L'ordre des chiffres, dans chaque groupe, a été interverti ;

3° La pagination n'est pas continue, elle va par exemple de 30 à 58, de 99 à 59, de 30 à 00. Elle peut même être complètement arbitraire.

Dans les deux premiers cas, un déchiffreur un peu sagace ne tarderait pas à retrouver le nombre convenu ou l'interversion. Il suffit pour cela qu'un seul mot ait été découvert pour livrer le secret de ces deux opérations.

Seul le troisième cas peut présenter des difficultés, car il oblige à recommencer le tâtonnement sur chaque groupe.

Le Sittler est très employé par les journalistes, en raison de sa commodité. Tous les auteurs, tels que Kerckhoffs, Valerio, de Viaris, Bazeries ont indiqué des méthodes de décryptement des textes chiffrés avec ce répertoire.

Décryptement du Niethe. — Le dictionnaire de Niethe, très usité en Allemagne, a été étudié spécialement au point de vue du décryptement par le colonel Fleissner[1].

Le répertoire n'est pas conçu sur le type du Sittler. La numérotatien des pages est fixe et les groupes destinés à représenter des lettres ou des mots sont indépendants de cette numérotation. Le secret est assuré en ajoutant au chiffre réel ou en en retranchant un nombre convenu. Le texte comprend 27 446 groupes de cinq chiffres allant de 5 000 à 32 446.

Le premier nombre du dictionnaire étant 5 000, la clé sera comprise entre 0 et 10 000, ce qui représente un nombre d'opérations de tâtonnement limité. Les cinq ou six premiers mots trouvés, le déchiffreur arrivera facilement à découvrir le reste de la dépêche. Nous renvoyons ceux que le décryptement de ce répertoire intéresserait à l'ouvrage du colonel Fleissner.

Décryptement du Mamert-Gallian. — Le dictionnaire de Mamert-Gallian comprend 17 576 expressions, soit le maximum des combinaisons possibles avec les

---

1. Fleissner von Wostrowitz, *Handbuch der Kryptographie*. Vienne, 1881.

26 lettres de l'alphabet, disposées en groupes de trois lettres. Les mots et les groupes sont classés par ordre alphabétique, ce qui est une infériorité pour le système, la découverte d'un seul chiffre, livrant par là même le secret de tout le cryptogramme.

L'auteur propose, pour assurer le secret, de faire usage de la transposition ou de la substitution.

Disons de suite qu'aucun de ces deux procédés ne donnera une garantie quelconque.

En effet, dans le cas de transposition, le groupe ABC devenant par exemple BAC, la clef sera vite découverte, puisqu'il n'y a que six combinaisons possibles *abc*, *acb*, *cab*, *cba*, *bac*, *bca*.

Il en est de même pour les cas de substitution. Le cryptologue mettra en usage les méthodes d'investigation applicables à la cryptographie alphabétique indiquées à la section II, ci-dessus, et, possédant le dictionnaire, arrivera facilement à la solution cherchée.

Le capitaine Valerio[1] ayant donné de nombreux détails sur le mode de décryptement de ce dictionnaire, nous ne nous y attarderons pas plus longtemps.

b) *Décryptement d'un cryptogramme chiffré avec un dictionnaire tenu secret.* — Dans ce second cas, la difficulté croît mais elle n'est pas insurmontable. Il est conseillé, pour arriver rapidement à la solution, de classer les groupes composant le cryptogramme suivant leur ordre numérique, en notant leur fréquence au fur et à mesure de ce travail préparatoire.

On essaye ensuite les mots, syllabes et lettres les plus usités du discours, en face des groupes fréquents. Il a été constaté, en effet, que dans un texte de longueur

---

1. Valerio. *De la cryptographie*, 2º part. Paris, 1896, pp. 13 et suivantes.

suffisante, c'est-à-dire comportant environ 200 mots, la proportion de certains mots très courts était d'environ 40 à 60 p. 100 du total.

Voici, classés par ordre de fréquence, les plus usités de ces mots, relevés au nombre de 772 dans un texte de 1 865 mots, soit 41 p. 100 du total.

```
de —la— et —être—les —avoir—le—des
94   52   50    46    39    38    38  34
d' — à —dans—qui—du—en—il—ou—l'—ce
30   27   26   26  23  23  20  20  19  18
que—un— une—par—s'—on—se—qu'—elle—c'
18   17   17   15   14  13  11   8    7    4
```

Il est bien rare que l'emploi de ce procédé ne fournisse pas d'indications intéressantes, mettant sur la voie du dictionnaire employé.

CHAPITRE III

PRÉCAUTIONS A PRENDRE DANS L'EMPLOI DES DICTIONNAIRES

On ne saurait prendre trop de précautions dans le choix et l'emploi des dictionnaires chiffrés secrets.

Il est indispensable à cet effet :

1° De choisir de préférence des dictionnaires à deux tables, l'une chiffrante, l'autre déchiffrante, leur décryptement présentant de plus grandes difficultés ;

2° De tenir les dictionnaires enfermés à l'abri des indiscrétions ;

3° De ne pas confirmer les télégrammes cryptographiés à l'aide des dictionnaires, par des moyens susceptibles d'être captés par l'adversaire, tels que radio-télégrammes en temps de paix ou de guerre, lettres dans les échanges de correspondance avec les pays où les cabinets noirs fonctionnent ;

4° De renouveler fréquemment les dictionnaires ou, si cela n'est pas possible, de chiffrer chaque télégramme avec une clef différente, convenue à l'avance, variant par exemple chaque jour.

Il ne faut pas perdre de vue, en effet, qu'il suffit à l'adversaire de posséder la traduction de quelques textes, chiffrés au moyen d'un dictionnaire, pour arriver à reconstituer ce dictionnaire. Citons, à ce sujet, le moyen bien connu qu'emploient les chancelleries et qui consiste à profiter des indications fournies par les livres blancs, jaunes ou bleus, publiés périodiquement par les gouvernements pour communiquer à leurs parlements l'historique de certaines négociations et renfermant le texte en clair des dépêches échangées sur ces négociations. De même, les banques emploient pendant des années le même code secret, sans se douter qu'au bout de trois mois de service le code le meilleur n'offre plus de secrets à leurs concurrents ou aux États qui ont intérêt à prendre connaissance de leurs échanges de correspondance. Dans ce dernier cas, ce sont les combinaisons de lettres qui jouent le rôle de traîtres.

D'autre part, il importe de connaître à fond les moyens de retrouver les erreurs commises, soit au chiffrement, soit à la transmission. Les erreurs ont une importance capitale dans les dictionnaires où souvent un groupe de chiffres ou de lettres représente une phrase entière du clair.

Il est malheureusement trop fréquent que des chiffres soient mal recopiés par le chiffreur, ou mal transmis par les employés du télégraphe. Les conséquences de ces mauvaises transcriptions peuvent avoir des effets désastreux. Nous donnons, à l'Annexe XI ci-après, un tableau des substitutions possibles avec le Morse, qui pourra rendre quelques services. En principe, en cas d'erreur, la méthode à suivre consiste à rechercher méthodiquement, dans le code, le sens des groupes ne différant que d'un chiffre avec le groupe transmis. On pourra continuer en supposant l'erreur de deux chiffres. Souvent, dans les communications par fil, le zéro, le 6 et le 9 se confondent : par T. S. F. les erreurs se rencontrent fréquemment sur les premiers chiffres des messages.

Signalons enfin, et ceci surtout pour les dictionnaires commerciaux, qu'il est toujours possible avec un peu d'adresse, de réduire les frais d'expédition d'un télégramme chiffré avec un dictionnaire, en se souvenant que les conventions télégraphiques internationales admettent pour un mot chaque groupe de dix caractères suivant l'alphabet Morse, formé de syllabes pouvant se prononcer selon l'usage courant des langues les plus connues, et non accentuées (voir Annexe I, Instruction T, Article 67). Au moyen d'un tableau de correspondance convenablement établi, on pourra toujours remplacer dix chiffres par dix lettres.

Soit le cryptogramme suivant, chiffré à l'aide d'un dictionnaire en groupes de quatre chiffres :

$$2524 \quad 3629 \quad 7814 \quad 4913 \quad 6322$$

Remplaçons chaque tranche de deux chiffres par des bigrammes prononçables, extraits d'un tableau de concordance, établi pour les cent combinaisons possibles de deux chiffres entre eux. Nous aurons :

CO TA   BU LE   FI NA   ME KI   MO NO

Rien ne nous empêche de réunir cinq de ces bigrammes pour former un seul mot et de réduire ainsi notre cryptogramme à deux mots au lieu de cinq, comme suit :

COTABULEFI   NAMEKIMONO

Non seulement nous réalisons ainsi une économie considérable, mais le secret est parfaitement assuré, même avec un dictionnaire largement répandu dans le commerce. Il suffit que les correspondants établissent le tableau de concordance et s'arrangent pour pouvoir le renouveler facilement.

Voici, à titre d'exemple, deux modèles de dictionnaires, l'un à table unique, l'autre à double table. Nous rappelons, à ce sujet, que le second modèle, seul, présente des garanties de sécurité :

Modèle I	Modèle II
Dictionnaire à table unique.	*Dictionnaire à double table.*

Modèle I	Modèle II
5001 A	A. *Table chiffrante.*
5002 Abaisser.	1524 Armateur.
5003 Abandonner.	3608 Arme.
5004 Abattre.	7905 Armée.
5005 Abîmer.	1312 Armure.
5006 Abolir.	2108 Artillerie de campagne.
	6523 Artillerie lourde.
	B. *Table déchiffrante.*
	1520 Canon de 105.
	1521 Abattre.
	1522 Fusée.
	1523 Quartier général.
	1524 Armateur.
	1525 Tirez plus à droite.

IV

CRYPTOGRAPHES
ET MACHINES A CRYPTOGRAPHIER

Les cryptographes sont des appareils portatifs en bois, ivoire, ou métal, quelquefois en carton ou en papier, combinés spécialement en vue d'assurer une plus grande sécurité aux échanges de correspondances secrètes.

Ces appareils présentent le double avantage de ne pas nécessiter le secret et de donner, dans quelques cas, des cryptogrammes plus difficilement déchiffrables que ceux obtenus à l'aide des systèmes de transposition et de substitution décrits précédemment. En effet, nous avons eu l'occasion d'exposer, ci-dessus, qu'une des conditions essentielles d'un bon système cryptographique était de ne pas exiger le secret. Or, les systèmes de transposition regardés comme les plus sérieux, tels que les grilles, ont toujours exigé d'être gardés secrets. Il en est de même des dictionnaires, qui présentent, de plus, le grave inconvénient de n'être réellement sûrs que pendant un laps de temps relativement limité. Quant aux systèmes de substitution, nous avons vu que très peu d'entre eux assurent de sérieuses garanties d'indéchiffrabilité et que l'emploi de ceux qui sont considérés comme les meilleurs, est précisément limité par la difficulté qu'on éprouve à les utiliser pratiquement. C'est ainsi qu'on a été amené à combiner les appareils, dits *Crypto-*

graphes, basés soit sur la transposition, soit sur la substitution, n'ayant pas, au point de vue du secret, les inconvénients des systèmes ci-dessus et qui, dans quelques cas, par suite de l'emploi de dispositifs mécaniques habilement agencés, donnent des chiffrements plus sûrs que ceux obtenus par le moyen des systèmes connus.

Hâtons-nous de signaler que les cryptographes présentent toujours, sur les systèmes ordinaires, l'infériorité d'être des appareils, c'est-à-dire d'obliger ceux qui s'en servent à les porter toujours avec eux, de pouvoir se détraquer ou se perdre et de coûter plus cher qu'un crayon et du papier. Pour ces raisons leur emploi a été et est toujours extrêmement limité.

Les machines à cryptographier sont des appareils à clavier, analogues aux machines à écrire ou à calculer, imprimant directement un cryptogramme quand on frappe le texte clair.

Étudions rapidement ces appareils, leur histoire, leur mode d'emploi et leurs imperfections et, pour plus de commodité, divisons notre exposé en deux chapitres :

CHAPITRE I. — *Appareils cryptographes.*

CHAPITRE II. — *Machines à cryptographier.*

CHAPITRE PREMIER

APPAREILS CRYPTOGRAPHES

De tout temps, les cryptologues se sont adonnés à la construction d'appareils, susceptibles de résoudre le problème du cryptogramme indéchiffrable. Bien des modèles ont été construits, beaucoup d'ingéniosité a été dépensée, tout cela, il faut le reconnaître, longtemps en pure perte.

La scytale des Lacédémoniens, dont nous avons donné la description dans notre première partie, était déjà un cryptographe. Toutefois, les cryptogrammes obtenus par ce moyen n'échapperaient plus, aujourd'hui, à la sagacité de nos cryptologues. Il est facile de s'en rendre compte, en traduisant le cryptogramme suivant, cryptographié à l'aide d'une scytale :

```
Q L D L C U E O E D E S N G T
L O N E E S R E N N S D S E C
O R P R H N E A A E T S R L F
```

La présence d'un Q dans ce cryptogramme, — lettre qui doit toujours, en français, être suivie d'un U, — suffit à dévoiler l'artifice employé : en calculant l'écart des lettres compris entre le Q et l'U, soit 4 lettres, et en plaçant les lettres en colonnes horizontales de 5 lettres, on lira, en suivant verticalement les colonnes, la traduction suivante :

« Quels sont les ordres donnés par le général Commandant en Chef ».

Le dé d'Ænéas, signalé dans les Commentaires de cet auteur[1], percé de vingt-quatre trous, figurant chacun une lettre de l'alphabet, à travers lesquels passe un fil, indiquant l'ordre de succession des lettres de la missive secrète, est un cryptographe tout à fait primitif et qui, de nos jours, ne tromperait plus personne.

Le premier cryptographe vraiment digne de ce nom doit être attribué à Alberti. C'est le cryptographe à rondelles concentriques, perfectionné plus tard par Silvester, Porta, les Argenti, Trithème et leurs successeurs.

L'appareil comporte deux rondelles, l'une extérieure, l'autre intérieure, la deuxième mobile autour de l'axe commun. Chaque rondelle est divisée en 24 cases. La première porte 20 lettres de l'alphabet et les chiffres 1 à 4 (les lettres H, J, K, U, W, Y manquent). La deuxième porte 23 lettres soit trois de plus que la première, les lettres H, K, Y, dans un ordre incohérent, et la conjonction « et ».

Voici ce cryptographe :

CRYPTOGRAPHE D'ALBERTI

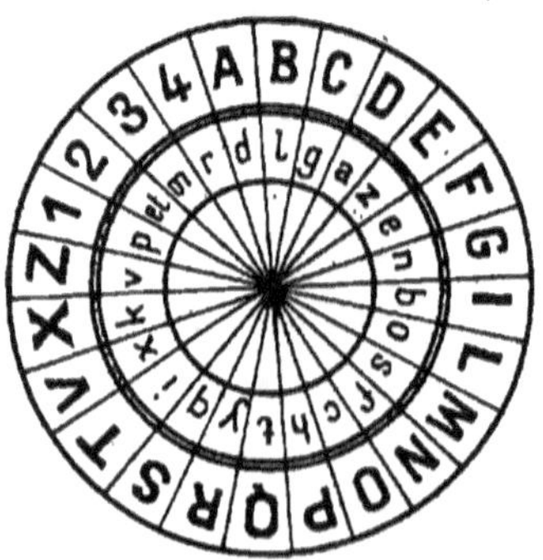

On choisit, pour faire usage de l'appareil, une clef de

1. Voir p. 17, note 2.

correspondance quelconque, par exemple D = K.
Alberti conseille, pour plus de sécurité, de changer de
clef après un certain nombre de mots. On obtient ainsi,
soit une substitution simple, soit une substitution double.

Silvester perfectionna la méthode d'Alberti.

Un cryptographe plus complet encore, est le cryptographe utilisé à la Curie papale, au temps du pape
Paul III, dont l'origine remonte évidemment à Alberti.
La méthode de Paul III nous est connue par Matteo
Argenti qui en a donné la description dans son traité de
chiffrement [1]. L'appareil comporte cinq cercles concentriques, dans chacun desquels sont inscrits des lettres,
des chiffres ou des mots. Son emploi est assez compliqué.

Le cryptographe mentionné par Porta dans le *De
furtivis literarum notis* est un *cryptographe concentrique*, du même modèle que celui d'Alberti, comportant deux rondelles, l'une extérieure, l'autre intérieure, cette dernière mobile autour de son axe, toutes
deux présentant, sur leur pourtour, un alphabet complet, normalement ordonné. Voici ce cryptographe :

CRYPTOGRAPHE DE PORTA

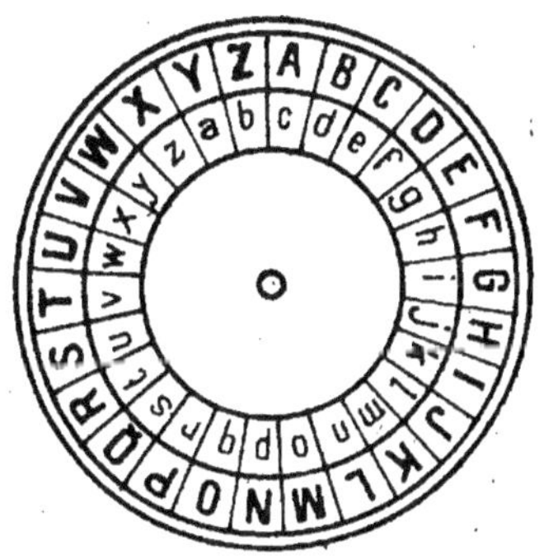

Le cryptogramme obtenu avec cet appareil est une

1. Trattato che insigna di formare cifre. Rome (Bib. Chigi, M. II 49, p. 36).

substitution simple, qui se décrypte par le procédé décrit ci-dessus, page 151.

Le père Kircher avait imaginé plusieurs appareils mécaniques, dont Schott[1] donne la description et le dessin, appelés l'un *Arca Glottotactica*, l'autre *Cistula Steganographica*. Ces appareils ne présentant plus aucun intérêt pratique, nous renvoyons le lecteur à l'ouvrage de Schott pour plus amples détails.

Du Moncel[2] décrit le système de M. Mouilleron, qui n'est autre qu'une substitution à chiffre carré. On trouvera dans Kerckhoffs[3] une description de cet appareil, dont nous n'avons pu nous procurer aucun spécimen et qui paraît être compliqué et sans avantages pratiques.

Est également décrit dans du Moncel, le cryptographe de MM. Vinay et Gaussin, doté d'un dispositif permettant à la fois de cryptographier et d'imprimer les dépêches, mais qui est encore trop volumineux pour rendre des services au point de vue pratique.

Le cryptographe de M. Rondepierre, basé sur la transposition double, a été décrit par M. Kerckhoffs[4]. Il est d'un emploi simple, mais n'offre qu'une sécurité relative.

Le cryptographe de Wheatstone (1867), basé sur la substitution double à clef finie, est plus sérieux que les appareils ci-dessus. Il s'inspire du cryptographe de Porta. La description en a été donnée dans le Rapport de la Commission militaire sur l'Exposition Universelle de 1867.

L'instrument comporte deux rondelles concentriques,

---

1. Gaspar Schott, *Schola Steganographica*. Norimbergæ, 1665, pp. 27 et 195.
2. *Exposé des applications de l'électricité*. Paris.
3. *De la cryptographie militaire*. Paris, 1883, p. 60.
4. *Ibidem*, p. 61.

portant, l'une l'alphabet normal, l'autre l'alphabet de convention choisi. L'alphabet de convention s'établit en faisant choix d'un mot-clef et en écrivant sous ce mot-clef le reste de l'alphabet. Soit la clef *Ministère*. On aura :

```
M I N I S T E R E
a b c d f g h j k
l o p q u v x y z
```

Le relèvement, effectué par colonnes de gauche à droite, donne l'alphabet conventionnel ci-après :

```
m a l i b o n c p i d q s f u t g v e h x r j y e k z
```

Voici l'appareil :

CRYPTOGRAPHE DE WHEATSTONE

Deux aiguilles se meuvent simultanément sur ce double cadran, la plus grande animée d'un mouvement rotatif tel, qu'elle accomplit plusieurs tours avant que la plus petite n'en ait effectué un.

Lorsqu'on veut traduire un texte quelconque en chiffres, on place la grande aiguille sur la première lettre du texte du cadran externe et on note la lettre du cadran interne sur laquelle s'est arrêtée la petite aiguille. Le système comporte ainsi deux clefs : la disposition de l'alphabet conventionnel et le point de départ de l'alphabet normal.

Pratiquement, ce système a dû être abandonné, en raison du nombre restreint d'alphabets qu'il emploie, et de la facilité avec laquelle l'adversaire peut retrouver le point initial quand l'appareil est tombé entre ses mains.

La réglette de Saint-Cyr, décrite page 70, est un cryptographe fort employé.

Le marquis de Viaris a également inventé un cryptographe, dont il a donné la description dans le Génie Civil en 1888. Toutefois, s'étant aperçu de certaines faiblesses dans sa méthode, M. de Viaris n'en a plus reparlé dans son ouvrage sur *l'Art de chiffrer et de déchiffrer les dépêches secrètes*, paru en 1893, dans l'Encyclopédie Leauté.

L'appareil Bord, inventé en 1891, et décrit par M. Bazeries[1], est un petit instrument parfaitement réalisé par Breguet au point de vue mécanique, mais qui n'a aucune valeur au point de vue cryptographique. C'est un cryptographe concentrique, donnant un chiffre carré et pour lequel M. Bazeries a indiqué un procédé facile de décryptement, auquel nous renvoyons ceux que cela intéresserait.

M. Gavrelle a inventé, en 1892, un appareil plus étudié, ayant l'aspect d'une montre à deux faces, basé sur le principe du chiffre carré. Ce cryptographe, pas plus que les précédents, n'a résisté aux recherches des cryptologues. M. Bazeries en a donné un procédé de décryptement, auquel nous renvoyons le lecteur[2].

Le commandant Deltheil[3] est l'inventeur d'un crypto-

---

1. *Les Chiffres secrets dévoilés*. Paris, 1901, pages 121 et suivantes.
2. *Ibid.*, p. 134.
3. *Revue militaire universelle* du 1er octobre 1892.

graphe qui a été décrit, en 1896, par Valério et dont voici les grandes lignes.

Le système comporte l'usage d'un tableau de 12 colonnes et de 70 lignes. Dans les 6 colonnes impaires, sont inscrits des nombres, des lettres, des syllabes et des signes de ponctuation. Dans les 6 colonnes paires, laissées en blanc, on fait glisser 6 bandes, contenant chacune 100 nombres, inscrits dans un ordre quelconque.

Les colonnes impaires étant de 70 lignes et les paires de 100, les bandes peuvent occuper 30 positions différentes, et les permutations des 6 bandes sont au nombre de 720. D'où un nombre incalculable de combinaisons.

Chaque combinaison à employer se détermine à l'aide d'un mot-clef. Soit la clef *Napoléon*.

Les six premières lettres de ce mot-clef, transformées en chiffres, donnent :

$$4 \quad 1 \quad 6 \quad 5 \quad 3 \quad 2$$
$$\text{N A P O L E}$$

Ces mêmes lettres occupent, d'autre part, dans l'alphabet, respectivement les places suivantes :

$$14 \quad 1 \quad 16 \quad 15 \quad 12 \quad 5$$

En utilisant ces indications, on formera les colonnes paires comme suit :

1re colonne	300-399, en plaçant	314 à la 1re ligne,
2e	—	0-99	—	1	—
3e	—	500-599	—	516	—
4e	—	400-499	—	415	—
5e	—	200-299	—	212	—
6e	—	100-199	—	105	—

Le système que nous venons de décrire a dû être abandonné, en raison de la facilité qu'il offrait au décryptement. Il suffit, en effet, d'établir un tableau de fréquences des nombres. L'ordre des colonnes se reconnaît facilement en jetant un coup d'œil sur ce tableau.

Reste l'appareil de M. Bazeries, inventé en 1891. C'est le seul, à notre avis, qui présente des garanties d'indéchiffrabilité. En voici la description :

CRYPTOGRAPHE DE BAZERIES

L'appareil se compose d'un corps cylindrique, sur lequel peuvent s'enfiler 20 rondelles, portant chacune les 25 lettres de l'alphabet dans un ordre quelconque, le W ayant été supprimé, comme n'existant pas dans les appareils télégraphiques Hugues et Baudot.

Les vingt alphabets étant interchangeables, le nombre de permutations qu'on peut leur faire subir est de 20^{20} soit deux quintillions, en admettant qu'on néglige les 25 combinaisons de chaque alphabet[1].

Pour utiliser l'appareil, on choisit un mot-clef, que l'on répète autant de fois qu'il est nécessaire pour faire vingt lettres et que l'on transforme en formule numérique suivant les procédés habituels. Les rondelles, qui sont numérotées, sont, ensuite, enfilées sur le corps cylindrique, dans l'ordre des numéros de la clef ainsi obtenue. On compose, en face d'un repère, le texte à chiffrer en une première tranche de 20 lettres et on relève ensuite le cryptogramme de ces 20 lettres sur une ligne horizontale

---

1. En fait, certaines particularités de construction de l'appareil diminuent grandement le nombre de permutations possibles.

quelconque, convenue à l'avance entre les correspondants.

On renouvelle la même opération pour les lettres qui suivent, par tranches de 20, autant de fois que cela est nécessaire jusqu'à ce que la dépêche entière soit chiffrée.

Le marquis de Viaris, dans son ouvrage sur l'*Art de chiffrer et de déchiffrer les dépêches secrètes*[1] (1893) a proposé un système de décryptement de l'appareil du commandant Bazeries, basé sur la recherche du mot probable et la remarque qu'*à une génératrice donnée une lettre n'est jamais représentée que par douze ou treize des vingt-quatre autres lettres*. La méthode indiquée par M. de Viaris lui a permis de décrypter un grand nombre de cryptogrammes chiffrés à l'aide de l'appareil. En conséquence, et jusqu'à nouvel ordre, nous ne tenons pas cet appareil pour tout à fait sûr. Il présente, d'autre part, deux inconvénients :

1° Les opérations de composition du texte des cryptogrammes, ne s'effectuant que par tranches de vingt lettres, sont assez longues ;

2° En cas de saisie de l'appareil par l'adversaire, l'oubli de démontage de l'appareil par le chiffreur livre la clef à cet adversaire.

Donnons, enfin, le principe, la description et le mode d'emploi du *Cadenas*, appareil cryptographe inventé en 1914 par M. Soudart.

Le principe est le suivant : étant donné un texte clair, disposé sous forme de tableau, faire subir, aux lettres de ce texte, deux transpositions successives l'une dans le sens vertical, l'autre dans le sens horizontal, ces transpositions étant combinées de façon à obtenir un nombre presque infini de permutations.

1. *L'art de chiffrer et de déchiffrer les dépêches secrètes*, Paris, 1893, p. 100.

Voici l'appareil proposé :

CRYPTOGRAPHE DE SOUDART

L'appareil ci-dessus, se compose d'un corps cylindrique sur lequel peuvent s'enfiler 20 rondelles, susceptibles d'être immobilisées par le serrage d'un écrou. Chaque rondelle, divisée verticalement en deux colonnes, porte sur la partie gauche de sa périphérie, les 25 lettres de l'alphabet, écrites l'une au-dessous de l'autre dans leur ordre normal, le W ayant été supprimé, comme n'existant pas dans les appareils télégraphiques Hugues et Baudot. La partie droite, constituant la seconde colonne, reste en blanc pour l'inscription des lettres du texte à chiffrer.

Pour chiffrer un texte au moyen de cet appareil, il est fait choix, au préalable, d'un mot-clef, d'au maximum 20 lettres, que l'on transforme en clef numérique, suivant les procédés habituels.

On prépare ensuite l'appareil dans sa position de départ : 1° en enfilant sur le corps cylindrique et dans l'ordre des lettres de la clef choisie, autant de rondelles que la clef comporte de lettres ; 2° en faisant effectuer, à chaque rondelle séparément, un tour sur la tige centrale, de façon à former le mot clef choisi. On serre ensuite l'écrou pour assurer l'immobilité du dispositif.

L'appareil étant ainsi préparé, le chiffrement s'obtient de la façon suivante. Le texte à chiffrer est écrit, lettre par lettre, par lignes horizontales, dans les intervalles laissés libres, en ayant soin de compléter les cases vides par des lettres nulles ou par un texte sans valeur. Une première transposition est ensuite effectuée, en dégageant les rondelles et en les replaçant sur leur axe dans l'ordre de leur numérotation normale. Une seconde transposition est réalisée en faisant tourner les rondelles de manière à rétablir le parallélisme des alphabets, de façon à ce que tous les A, par exemple, se retrouvent sur la même ligne, et de même tous les B, tous les C, et ainsi de suite jusqu'à Z. On obtient le cryptogramme cherché, en relevant, à la suite les unes des autres, les lignes horizontales du texte ainsi obtenu.

Exemple. Soit à chiffrer le texte suivant :

Attendez officier de liaison qui arrivera ce soir avec instructions. Confiez-lui rapport établi,
en utilisant la clef *Nancy*.

Le mot Nancy, transformé en clef numérique, donne : 3, 1, 4, 2, 5.

Dans la position de départ, les 5 rondelles numérotées 1, 2, 3, 4, 5, sont enfilées sur leur tige, dans l'ordre des lettres de la clef 3, 1, 4, 2, 5, puis sont séparément tournées sur cette tige, de façon à former le mot *Nancy*. L'écrou étant serré l'appareil est prêt à servir.

Le texte est alors écrit, par lignes horizontales, dans les colonnes en blanc, et l'appareil présente l'aspect ci-après :

POSITION DE DÉPART

3		1		4		2		5	
N	a	A	t	N	t	C	e	Y	n
O	d	B	e	O	z	D	o	Z	f
P	f	C	i	P	c	E	i	A	e

La première transposition s'obtient en dégageant les rondelles et les replaçant sur leurs tiges dans l'ordre 1, 2, 3, 4, 5, comme suit :

DEUXIÈME POSITION

1		2		3		4		5	
A	t	C	e	N	a	N	t	Y	n
B	e	D	o	O	d	O	z	Z	f
C	i	E	i	P	f	P	c	A	e

La deuxième transposition s'effectue en faisant tourner les rondelles sur leur axe, de manière à rétablir le parallélisme des 5 alphabets, de la façon suivante :

TROISIÈME POSITION

1		2		3		4		5	
A	t	A	s	A	i	A	z	A	e
B	e	B	a	B	i	B	a	B	i
C	i	C	e	C	o	C	t	C	u

On obtient ainsi le cryptogramme suivant :

```
TSIZE    EAIAI    IEOTU    LOALI    OIZCC
AATER    EQRQI    SREEU    VAUCN    SIUQF
TCVTU    CRNMP    EOIST    RNATK    RLDZO
BPFCE    XERII    RISNA    ENIRE    TPVRE
XUEOE    XSAEO    OINTN    OUCIN    TRSOF
```

Le déchiffrement du texte chiffré ci-dessus s'opère par les moyens inverses : inscription du texte cryptographique par lignes horizontales sur les rondelles placées symétriquement dans l'ordre 1, 2, 3, 4, 5 ; rétablis-

sement des mêmes rondelles dans l'ordre de la clef
3, 1, 4, 2, 5, en les disposant de façon à former le mot-
clef. On trouve alors le texte clair.

Il est certain que pour décrypter un cryptogramme
chiffré au moyen de l'appareil décrit ci-dessus, il faut
trouver le nombre de lettres de la clef, et leur ordre.
Cette recherche est particulièrement difficile, la transposition faisant subir aux alphabets un nombre de
permutations égal à 20^{20} dans le sens vertical et à 25^{25}
dans le sens horizontal.

Le système ci-dessus présente, ainsi, sur le système
de Rondepierre, auquel il se rapporte par certains côtés,
l'avantage de faire porter la deuxième transposition sur
chaque lettre et non pas seulement sur chaque ligne du
texte transposé une première fois.

Du rapide exposé auquel nous venons de nous livrer,
il résulte qu'il y a à peu près autant de variétés de cryptographes que de variétés de systèmes cryptographiques.

D'une manière générale, les cryptographes basés sur
une substitution simple, tels que les appareils d'Alberti
et de Porta, se décryptent facilement par le moyen des
méthodes habituelles.

Les cryptographes basés sur une substitution double
à alphabets finis, tels que les appareils de Mouilleron,
Wheatstone, Bord, Gavrelle, Deltheil et les réglettes
de Saint-Cyr, ne présentent aucune sécurité, le système
ne donnant qu'un nombre très limité d'alphabets, la
même disposition alphabétique revenant après un nombre
d'arrêts déterminés.

Quant aux cryptographes basés sur une substitution
double, à alphabets indéfinis, comme le cryptographe

de Bazeries, tout en nous paraissant bien supérieurs aux précédents appareils, ils auront toujours à nos yeux l'inconvénient de présenter certaines dépendances de lettres, tenant à leur construction, susceptibles de servir d'amorce au décryptement.

Nous préférons réserver notre faveur aux cryptographes à transposition. Ces appareils, peu nombreux jusqu'à présent, ne semblent pas avoir beaucoup tenté la curiosité des inventeurs et sont susceptibles d'être perfectionnés. Nous invitons le lecteur a étudier, à cet égard, les appareils de Rondepierre et de Soudart. Nous croyons, à tort ou à raison, que c'est dans cet ordre d'idées que doivent être dirigées les recherches futures à entreprendre pour trouver le cryptographe parfait.

CHAPITRE II

MACHINES A CRYPTOGRAPHIER

A côté des cryptographes, appareils destinés à aider le chiffreur intelligent à chiffrer un texte clair, il y a lieu de mentionner les machines à cryptographier, combinées de façon à accomplir automatiquement les travaux de chiffrement et de déchiffrement.

On voit immédiatement les avantages que ces appareils sont susceptibles de présenter.

En premier lieu, économie de personnel, et avantage de pouvoir confier à des manœuvres des travaux de traduction qui exigeaient auparavant le concours de personnes intelligentes et au courant du chiffre.

En second lieu, plus grande résistance des cryptogrammes. Sitôt qu'on entre dans le domaine de la mécanique [on peut envisager la réalisation de calculs compliqués, longs et difficiles à obtenir le crayon à la main.

En troisième lieu, suppression presque absolue des chances d'erreurs, toutes opérations s'effectuant mécaniquement, le plus souvent la machine écrivant directement le texte chiffré ou sa traduction.

En quatrième lieu, rapidité supérieure dans le chiffrement et le déchiffrement des textes.

Pour toutes ces raisons l'extension de l'emploi de ces machines nous semble souhaitable.

Elles présentent toutefois un certain nombre d'inconvénients qui en limitent l'usage. D'une part, elles sont d'un prix de revient élevé. D'autre part, elles sont peu portatives et ne se prêtent pas à des déplacements rapides. Enfin, en raison même de leur nature, elles sont d'un maniement délicat, et susceptibles de se déranger. Leur emploi n'est donc possible que dans de grands ateliers de chiffrement, comportant plusieurs exemplaires de la même machine, et où l'arrêt d'un appareil n'entraîne pas l'interruption des travaux.

Nous ne voyons pas, en conséquence, qu'on puisse les utiliser, jusqu'à nouvel ordre, pour les usages de la guerre. Elles peuvent rendre, toutefois, des services dans les chancelleries et dans les banques où le travail de chiffrement est intense. Elles en rendront dans l'armée, quand on aura pu établir des modèles portatifs et à des prix fort bas.

Il n'existe pas encore, à notre connaissance, un très grand nombre de machines à chiffrer. Quelques-unes datent d'avant la guerre, comme l'appareil Burg breveté en 1908. La plupart sont récentes et ont été construites à l'étranger, principalement en Allemagne et en Suède. Les modèles les plus connus sont la machine *Enigma*, de fabrication allemande, qui donne la substitution double à clef finie invariable et alphabets incohérents, que nous avons signalé comme un des meilleurs modes de chiffrement possibles ; la machine de la *Patent Developping C*ⁱᵉ fonctionnant d'après le même principe que la précédente, et les machines de l'*Aktiebolaget Cryptograph C*ⁱᵉ de Stockholm, qui comportent divers types.

Toutes ces machines effectuent la substitution double. Le principe suivant lequel elles sont construites permettrait facilement de combiner des appareils donnant la

transposition et des transpositions et substitutions combinées, et nous ne doutons pas de voir apparaître de
semblables machines dans un avenir prochain.

Signalons, à titre de renseignement, quelques appareils pouvant transformer des groupes de chiffres en
groupes de lettres, et dont l'emploi fera réaliser, à ceux
qui les utiliseront, une notable économie, au point de vue
des transmissions télégraphiques.

TROISIEME PARTIE

LA CRYPTOGRAPHIE PAR FIGURES ET SYMBOLES

Après avoir passé en revue les principales méthodes
de la cryptographie par lettres et chiffres, nous allons
aborder maintenant l'étude de la cryptographie par
figures et symboles.

On entend par cryptographie par figures et symboles,
celle qui a trait à la représentation secrète des idées.
L'écriture, en effet, est l'art de fixer, soit les idées, soit les
sons par des signes conventionnels, tracés à la main, appelés caractères. Nous avons eu l'occasion, dans la deuxième
partie de cet ouvrage, d'examiner l'écriture phonétique
et de constater que les sons pouvaient être représentés
soit par des syllabes, en exprimant d'un seul signe un
ensemble formé d'une ou plusieurs consonnes et d'une
voyelle, soit par des caractères alphabétiques, en représentant une consonne ou une voyelle par un caractère.
L'écriture idéographique, par contre, dont l'étude doit
faire l'objet de la présente partie, peint les idées de
deux manières tout à fait différentes : directement, par
des images représentant les objets eux-mêmes ; symbo-
liquement, par reproduction d'un objet matériel ou d'une
figure convenus, en vue de rendre une idée abstraite.

Comme l'ont exposé, très complètement, MM. Maspero et Philippe Berger[1], tous les systèmes d'écriture ont commencé par peindre les idées et ne sont arrivés que lentement à la peinture des sons.

Dans l'écriture idéographique, les images consistent à exprimer l'objet par la peinture de l'objet même, le soleil par un disque, la lune par un croissant. Les symboles, par contre, peuvent être de deux sortes, simples ou complexes. Les simples se forment : par synecdoque, en peignant la partie pour le tout, ou le tout pour la partie (la prunelle pour l'œil, les Français pour la plupart des Français) ; par métonymie, en peignant la cause pour l'effet ou l'effet pour la cause, l'instrument pour l'effet et le symbole pour la chose qu'il représente (le disque solaire pour le jour, le brasier fumant pour le feu, la palette pour l'écriture, la robe pour la magistrature) ; par métaphore, en peignant un objet par une figure qui est le résultat d'une comparaison entre l'objet de l'idée exprimée et le sens figuré qu'on désire lui donner (les parties antérieures du lion pour marquer l'idée de priorité) ; par énigme, en représentant l'image d'un objet n'ayant que des rapports fictifs avec l'objet de l'idée à noter (un épervier sur un perchoir pour exprimer l'idée de Dieu). Les idéogrammes complexes consistent dans la réunion de plusieurs images, dont la combinaison rend une idée qu'un symbole simple n'aurait pu noter (un croissant renversé accompagné d'une étoile pour rendre l'idée de mois).

Deux formes de cryptographie par figures et symboles auront à retenir notre attention. D'une part, les inscrip-

---

1. Maspero. *Histoire ancienne des peuples de l'Orient*. Appendice : *les écritures du Monde oriental*. Paris, Hachette, 1909, pp. 807 et suivantes.

Philippe Berger : *Histoire de l'écriture dans l'antiquité*, Paris, 1891, Imprimerie Nationale.

tions anciennes : elles ne sont pas à proprement parler de la cryptographie, ni même de la sténographie, car elles n'ont pas été rédigées dans le but de recéler un texte caché ou abrégé ; ce sont de simples systèmes d'écriture en des langues dont l'usage était perdu et qu'à la suite de certains travaux, on est arrivé à lire. Pratiquement, il faut reconnaître que les opérations effectuées pour arriver à les reconstituer ont revêtu les caractères d'un décryptement. Ce décryptement d'un genre spécial a consisté à transcrire les idéogrammes en caractères alphabétiques.

D'autre part, les signes symboliques créés par Moïse et par les Apôtres. On les rencontre dans les figures mystiques qui ont servi de signe de ralliement aux premiers chrétiens et qui se sont répandus, par la suite, sous les formes les plus variées, dans l'architecture, les monnaies, les chartes, les armoiries, et jusque dans les marques typographiques. A ce titre ils méritent une étude particulière.

Notre exposé se divisera, en conséquence, en deux sections :

SECTION I. — *Les inscriptions anciennes.*
SECTION II. — *Les symboles apostoliques.*

SECTION I

LES INSCRIPTIONS ANCIENNES

Les inscriptions anciennes, qui nous ont été léguées par l'antiquité, sont très nombreuses ; celles qui ont présenté le plus de difficultés au décryptement ou qui n'ont pas été décryptées sont les suivantes :

les inscriptions aztèques ;

—   —   calculiformes ;

—   —   cunéiformes ;

—   —   hiéroglyphiques.

Disons, de suite, que ces diverses inscriptions ne sont pas écrites en caractères uniquement figuratifs ou symboliques. Les signes employés ont une valeur, tantôt idéographique, tantôt syllabique, tantôt alphabétique, tant il est vrai que les limites des genres sont toujours flottantes et difficiles à marquer.

— Les inscriptions aztèques qu'on attribue aux habitants du Mexique, antérieurs à la conquête espagnole, se composent d'images sculptées, accompagnées de courtes légendes, dont une des plus importantes est la pierre commémorative de la dédicace du grand temple de Mexico par l'empereur Tizoc ; le moulage de cette pierre figure au musée du Trocadéro. Ces inscriptions, signalées pour la première fois par Brasseur de Bourbourg [1],

1. *Histoire des nations civilisées du Mexique*. Paris, Arthus Bertrand, 1857-59, gr. in-8, 4 vol.

ont été décryptées par M. Hamy[1]. Dans ces monuments, le symbolisme disparaît presque entièrement et fait place à une écriture purement phonétique, au moyen de rébus. M. Philippe Berger a reproduit quelques-unes de ces inscriptions dans son ouvrage sur l'Histoire de l'Écriture dans l'Antiquité[2].

— Les inscriptions calculiformes, qu'on rencontre principalement dans le Yucatan et aussi en Amérique centrale, n'ont pas encore été décryptées jusqu'à ce jour. On les appelle ainsi, parce qu'elles se composent de « pierres gravées (de *calculus* caillou) placées sur une autre pierre gravée scellée sur le mur des temples », selon la définition de Cogolludo[3]. Les marches du grand temple de Palenké, dans l'État de Chiapa, au Mexique, en sont couvertes. Un des spécimens les plus remarquables de cette écriture est la célèbre tablette de la Croix, provenant du temple de la Croix, à Palenké, dont une des pierres est conservée à Washington et un moulage au Trocadéro. Des essais de décryptement de ces inscriptions ont été tentés sans succès par le P. Diégo de Landa[4], l'abbé Brasseur de Bourbourg, MM. de Rosny[5] et Cyrus Thomas[6] et quelques autres. Ils ont réussi cependant à déterminer la valeur de quelques signes chronologiques tels que les jours, les mois et les années.

---

1. *Mission scientifique au Mexique.* Recherches historiques et archéologiques. Paris, 1885.

2. Paris, 1891, pp. 22 et suivantes.

3. *Histoire du Yucatan*, chap. v, p. 186.

4. *Relations des choses de Yucatan.* Paris, 1864, in-8, publié par Brasseur de Bourbourg.

5. *Essai sur le déchiffrement de l'écriture hiératique de l'Amérique Centrale.* Paris, 1876, in-fol.
Codex Cortesianus. Paris, 1883, in-4°.

6. *A Study on the Manuscript Troano.* Washington, 1882, in-4°.

La lecture de ces inscriptions fournira peut-être dans l'avenir des renseignements intéressants sur la civilisation américaine avant l'invasion aztèque.

— Les inscriptions cunéiformes représentent les langues et les civilisations très différentes qui se sont succédé dans l'Asie Occidentale, entre Tigre et Euphrate, du XVIIe au I^e siècle avant notre ère. Sous ce nom, on a coutume de réunir les dialectes sémitiques de l'Assyrie, de la Chaldée, de la Médie, de la Susiane, de la Perse et des contrées voisines.

Oubliées pendant toute la durée du Moyen Age, elles n'ont été sérieusement étudiées que depuis 1760 environ.

Leur déchiffrement[1] a eu pour point de départ non pas une inscription unique mais une série d'inscriptions rédigées en trois langues : seulement ces trois langues étaient toutes écrites en caractères cunéiformes.

Les plus célèbres de ces inscriptions sont celles de Behistoun, rédigées en langues perse, médique et assyrienne, celles de Persépolis, celles de Ninive, celles de la bibliothèque d'Assurbanipal à Babylone, celles de tablettes découvertes à Tel-el-Amarna en Egypte et celles de Tello en Basse-Chaldée.

Les inscriptions de Persépolis ont été les premières à fixer l'attention des savants. Le danois Niebuhr (1765) y reconnut, dès l'abord, trois systèmes d'écriture différents. Par un examen attentif, il réussit à démontrer, en 1778, que l'écriture de la première inscription, qui fut reconnue plus tard pour être l'écriture perse, devait se lire de gauche à droite et que les clous qui la composaient y

---

1. Pour l'histoire du déchiffrement, voir Joachim Menant, *les Écritures cunéiformes*, in-8°, Paris, 1864 et Fritz Hommel *Abriss der Geschichte des Alten Orients*, Nördlingen, 1887.

formaient certaines combinaisons constantes ; il put ainsi déterminer 42 caractères distincts. Quelques années plus tard, Tyschen (1790) reconnut que le clou en diagonale qu'on rencontre de place en place servait à séparer les mots. Sa découverte eut pour effet d'isoler les mots et d'ouvrir ainsi la voie au déchiffrement, en permettant d'opérer non plus sur des caractères, mais sur des mots. L'année 1802 fut décisive : le Danois Munter reconnut, dans un des groupes, des voyelles, sans toutefois parvenir à en déterminer la lecture. Il fraya ainsi la voie à Grotenfeld, qui, le premier, en 1802, par l'essai d'un mot supposé, le mot « roi des rois » et par celui des mots « Darius et Xerxès », sous leur forme hébraïque, réussit à donner un premier alphabet des cunéiformes persans, alphabet rectifié et complété en 1836 par les recherches d'Eugène Burnouf en France, de Lassen en Allemagne et de Rawlinson en Angleterre. Presque toutes les lettres de l'alphabet persépolitain furent fixées définitivement.

La grande inscription de Behistoun, copiée et rapportée avec tout le soin possible par Rawlinson, fut traduite par lui, en partie, peu après : son déchiffrement repris et continué à l'aide des travaux de Burnouf, aboutit à sa publication intégrale de 1846 à 1849, dans le journal de la Société Asiatique de Londres. Les travaux d'Oppert et de Spiegel n'ont pu changer que des détails à ces premières traductions.

Le déchiffrement des cunéiformes perses n'était, comme l'a dit M. Maspero, qu'un acheminement à l'intelligence des textes babyloniens, assyriens et mèdes. La découverte de Ninive, en 1846, les fouilles de Koyoundjik et de Nimroud de 1849 à 1851, livrèrent au public une grande quantité de documents nouveaux que MM. Rawlinson, Hincks et Fox Talbot en Angleterre, de Saulcy,

Oppert et Menant en France, parvinrent à déchiffrer avec certitude.

La découverte des syllabaires, textes juridiques et grammaticaux formant la bibliothèque d'Assurbanipal, par Smith en 1873, a livré une série de dialectes chaldéens qui ne sont pas encore entièrement expliqués[1].

En 1887, des paysans découvraient en Egypte, à Tel-el-Amarna, plusieurs centaines de tablettes cunéiformes, analogues à celles du Palais d'Assurbanipal. Ces tablettes rédigées en caractères babyloniens, renferment la correspondance, en assyrien, des gouverneurs égyptiens de Syrie, avec les rois d'Égypte Aménophis III et IV.

Enfin, les découvertes faites par M. de Sarzec[2] de 1866 à 1881, à Tello, en Basse-Chaldée, de statues couvertes d'inscriptions remontant à 4000 ans avant notre ère, ont fourni des aperçus nouveaux et considérables sur l'antiquité de la civilisation des Chaldéens et sur l'histoire de leur écriture.

Ainsi, en un peu plus de cent ans, un monde nouveau de langues et de peuples inconnus s'est ouvert à l'étude : trente siècles d'histoire sont sortis des tombeaux et ont reparu au grand jour.

Les écritures des différents systèmes cunéiformes, dit M. Maspero, sont toutes formées par la combinaison d'un même signe horizontal, vertical, ou tordu en forme de crochet. Cet élément a le plus souvent l'aspect d'un clou ou d'un coin, d'où le nom de cunéiforme qu'on donne aux écritures de ce genre.

A l'origine, les écritures cunéiformes étaient idéographiques. Mais de très bonne heure elles sont devenues

1. Lenormant. *Études acadiennes*. Paris, 1872-1874.

2. *Découvertes en Chaldée*, par E. de Sarzec, publié par L. Heuzey, Paris, Leroux, 1884 à 1891.

en grande partie syllabiques. Le tableau des valeurs les plus usuelles de ces inscriptions, comprenant le ninivite, le babylonien, l'écriture archaïque et les inscriptions linéaires des premiers monuments chaldéens, a été donné par M. Ph. Berger[1], d'après les travaux de Menant et d'Anriaud.

L'examen de ce tableau, auquel nous renvoyons, montre que la plupart des signes peuvent exprimer plusieurs sons différents. Ce phénomène est une des plus grandes difficultés du déchiffrement de ce genre d'écriture.

— De toutes les écritures orientales, les écritures hiéroglyphiques[2] sont celles qui ont, les premières, retenu l'attention des savants. Égarés par les témoignages grecs et latins les uns erronés, les autres mal compris, ils imaginèrent pendant longtemps que les caractères hiéroglyphiques représentaient chacun une idée. Pendant deux siècles et demi des auteurs comme Kircher et de Guignes perdirent leur temps.

L'expédition d'Egypte, en 1799, vint apporter de nouveaux éléments à la solution du problème. Un officier d'artillerie français, M. Boussard, qui faisait partie de l'expédition de Bonaparte, trouva, près de Rosette, une inscription rédigée en trois écritures : hiéroglyphique, démotique et grecque. Un passage de l'inscription grecque était de nature à guider les recherches des savants et à les empêcher de s'égarer : il y était dit que l'inscription était écrite en écriture sacrée, en écriture populaire et en écriture grecque.

---

1. *Histoire de l'écriture dans l'antiquité*. Paris, 1891, p. 72.

2. Les explications concernant les écritures hiéroglyphiques ont été empruntées à l'exposé remarquable de M. Maspero, dans l'*Histoire ancienne des peuples de l'Orient*. Paris, 1909, pp. 826 et suivantes.

Dès 1802, Silvestre de Sacy, s'attaquant à l'inscription démotique, y reconnut des groupes de signes susceptibles de correspondre aux noms de Ptolémée, Bérénice et Alexandre figurant dans le texte grec. Bientôt après, le Suédois Akerblad, présumant que le texte démotique était de nature alphabétique, en détermina la valeur et dressa un premier alphabet démotique. Peu après, l'Anglais Th. Young passa quatre ans, de 1814 à 1818, à essayer de reconstituer, par comparaison, l'alphabet hiéroglyphique. Sa méthode étant imparfaite ne lui permit pas d'arriver à un résultat.

Le véritable initiateur fut Champollion le Jeune. La comparaison des monuments avec les manuscrits, le porta à reconnaître que les trois systèmes d'écriture égyptienne connus : l'hiératique, le démotique et l'hiéroglyphique, n'étaient que des formes successives, de plus en plus cursives, de la même écriture. Il finit par reconnaître que les hiéroglyphes étaient, non pas des signes d'idées, mais des signes de sons, entra en 1821 dans la voie où Young s'était arrêté, et réussit à décomposer, dans leurs éléments, les noms de Ptolémée, de Bérénice et d'Alexandre. Il découvrit également que les hiéroglyphes pouvaient se lire, tantôt horizontalement, tantôt verticalement. La lettre à M. Dacier, relative à l'alphabet des hiéroglyphes phonétiques (Paris, 1822, in-8°) et, deux ans plus tard, le *Précis de système hiéroglyphique*, firent connaître au monde la découverte de Champollion.

A dater de ce moment, la science égyptologique était fondée.

L'écriture hiéroglyphique ne s'employait guère que sur les monuments publics ou privés; pour les usages de la vie courante, on se servait d'une écriture cursive, dérivée de la précédente, et nommée hiératique par les modernes. Tandis que les hiéroglyphes s'écrivaient indifféremment de droite à gauche ou de gauche à droite, l'écriture hiératique s'écrivait toujours de droite à gauche. Entre la XXI° et la XXV° dynastie, le système hiératique se simplifia pour la commodité des transactions commerciales. Les caractères s'abrégèrent et formèrent une troisième sorte d'écriture, l'écriture populaire ou démotique. L'étude en a été passablement négligée jusqu'à présent.

Sans insister davantage sur les différentes sortes d'écritures énumérées ci-dessus, nous espérons en avoir dit assez, pour indiquer l'intérêt considérable des renseignements que le déchiffrement de celles d'entre elles qui n'ont pas encore été révélées, en partie ou en totalité, est susceptible d'apporter au monde savant. Là encore, la cryptographie peut être d'un précieux secours.

SECTION II

LES SYMBOLES APOSTOLIQUES

On entend par symboles apostoliques, les signes adoptés par les Apôtres, et employés par les premiers chrétiens, pour exprimer l'idée d'un être supérieur ou d'un esprit divin.

Les Apôtres empruntèrent ces symboles, partie à l'alphabet mosaïque, partie à la République et aux Empereurs romains qui s'en servaient, bien avant l'ère chrétienne, en particulier, comme marques d'ateliers monétaires. La raison qui détermina les Apôtres à choisir ces signes pour composer leur langage secret fut le désir de dérouter leurs persécuteurs, qui ne pouvaient supposer qu'une signification chrétienne quelconque s'attachât à des signes, déjà bien connus d'eux, et existant depuis longtemps.

Les Pères de l'Église ayant recommandé d'orner toutes choses du nom de Dieu, on retrouva les signes de la cryptographie apostolique dans toutes les manifestations de l'activité chrétienne. L'étude de ces symboles donne la clef des figures hiéroglyphiques qu'on rencontre sur la plupart des monuments de l'Antiquité chrétienne, du Moyen Age et des XV°, XVI° et XVII° siècles, sculptées ou peintes sur les baptistères, les tombeaux, les calvaires, les églises et certains édifices civils, ornant les objets du mobilier ou du costume, les tapisseries,

les armes, les attributs épiscopaux et royaux et les monnaies, et sur le sens desquelles les archéologues, les historiens et les numismates de tous les pays ont hésité,
depuis le XVIIe siècle jusqu'à nos jours.

Ces symboles ne se limitent d'ailleurs pas à l'énumération ci-dessus. Les premiers chrétiens ne négligeant
jamais de tracer à l'encre, en tête de leur correspondance,
les signes du Père et du Fils, l'habitude fut prise, de bonne
heure, de dessiner les mêmes signes sur les bulles, chartes
contrats, testaments et en général toutes pièces susceptibles de revêtir un caractère d'authenticité. Dès le IVe
siècle, les copistes de manuscrits et les miniaturistes con-
naissaient parfaitement la cryptographie apostolique.
Les premières reliures du Ve siècle s'ornementèrent de
ces symboles. Plus tard, la franc-maçonnerie et l'art
héraldique y puisèrent les éléments de leurs emblèmes
et dé leurs armoiries. Les signes de la musique mesurée,
créés au XIVe siècle, sont des signes sacrés. Quand la
typographie fut inventée, au XVe siècle, presque dès l'origine de l'imprimerie, les gravures sur bois et les livres
imprimés portèrent, dans leurs marques gravées, l'em-
preinte de la cryptographie rituelle, qu'on y retrouvera
jusqu'à la fin du XVIe siècle. Les cartiers du XVIIe siècle
s'en sont servi pour composer les cartes à jouer.

Nous allons, en conséquence, étudier successivement
les symboles et leurs diverses applications. En vue de
faciliter l'intelligence de l'exposé qui va suivre, nous le
diviserons en deux chapitres :

CHAPITRE I. — *Les signes de la Cryptographie
Apostolique.*

CHAPITRE II. — *Leurs applications dans l'art.*

CHAPITRE PREMIER

LES SIGNES DE LA CRYPTOGRAPHIE APOSTOLIQUE

Aucun écrit historique n'a révélé le sens des signes cryptographiques qui étaient à la base des motifs architectoniques, dans les édifices civils et religieux du Ier au XVIIe siècle. A l'origine, cela se conçoit ; les manifestations extérieures de la pensée chrétienne étaient interdites et l'on cachait soigneusement le sens attaché aux figures hiéroglyphiques répandues dans toute la catholicité, en raison des persécutions que leur révélation aurait provoquées envers les chrétiens.

A partir du IVe siècle, les chrétiens avaient reconquis la liberté d'exprimer ouvertement leur foi : le décret de Milan, de Constantin le Grand, avait établi la paix de l'Église (313), et l'empereur Théodose avait remis tous les temples du paganisme aux mains du clergé et proclamé le christianisme religion d'État (380). Toutefois, l'habitude de la discrétion était si bien prise que le secret des symboles continua à être gardé et que la tradition continua à en être transmise verbalement jusque vers la fin du XVIIe siècle, époque à laquelle elle se perdit.

Ce secret, dont la connaissance a révélé bien des richesses ignorées, n'a été retrouvé qu'il y a une vingtaine d'années environ et est encore l'objet de controverses passionnées. L'honneur en revient à un érudit français, Théophile Beaudoire, qui a réuni le fruit de ses recherches en deux brochures et un ouvrage plus important[1] auxquels nous avons eu à faire de nombreux emprunts. Malheureusement, cet auteur fut enlevé à la science au moment même où son œuvre capitale, achevée d'imprimer, allait paraître (1903) et sa disparition a privé le monde scientifique français des arguments qu'il n'eut pas manqué d'apporter à l'appui de ses assertions.

Une inscription en vers latins, gravée sur une plaque de marbre scellée dans la cathédrale de Milan, a mis sur la voie de cette découverte. Cette inscription, gravée sous une figure d'apparence hiéroglyphique, avait été exécutée sur les ordres de saint Ambroise, archevêque de Milan au IVe siècle. En voici le texte :

Circulus hic summi comprendit nomina regis
Quem sine principio et sine fine vides,

ce qui signifie :

« Ce cercle que tu vois, sans commencement et sans fin, renferme les noms du Souverain Roi. »

Voici la reproduction schématique de l'ensemble de la figure :

IESCHRISMON-RESCH DE SAINT-AMBROISE (IV° SIÈCLE)

1. *Origine des signes numéraux.* 48 pages, in-8° raisin, Paris, 1892.
Origine de l'alphabet de la typographie, 32 pages, in-8° gd jésus, Paris, 1899.
Genèse de la cryptographie apostolique, ouvrage déjà cité.

L'étude des deux vers reproduits ci-dessus, rapportés au dessin qui les surmontait, permit de faire les suppositions suivantes :

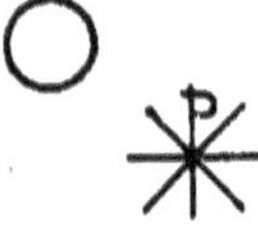

Symbole de l'éternité.

Symbole de Jésus-Christ Dieu.

Symbole rappelant les paroles du Sauveur, rapportées par saint Jean, dans l'Apocalypse : « Je suis l'alpha et l'oméga, je suis le commencement et la fin ».

Ces suppositions furent fortifiées, par la suite, par l'étude d'autres symboles et amenèrent à la décomposition du signe de Jésus-Christ Dieu, de la façon suivante :

— Jésus. Iota grec horizontal, monogramme du mot grec Iesous : ΙΗΣΟΥΣ.

× Christ. Chi grec, monogramme du mot grec Christos : ΧΡΙΣΤΟΣ.

Ρ Dieu. Resch mosaïque, symbole de Dieu.

Pour l'identification de ce dernier signe, on se demanda si on n'avait pas utilisé l'alphabet mosaïque, dans lequel la lettre « resch », chef, tête, était représentée par le signe ◀. La loi mosaïque interdisant l'usage des symboles imitant les choses animées, il parut vraisemblable que les israélites eussent choisi, parmi les lettres symboliques de leur alphabet, celle qui signifiait « tête », et si l'on se rappelle que les Égyptiens employaient dans l'écriture hiéroglyphique le signe ꝑ pour exprimer l'idée d'un être supérieur ou d'un esprit divin, il parut évident que le signe hébraïque ◀ avait été transformé à partir du Iᵉʳ siècle, par les Apôtres en ꝑ ou ℞ pour exprimer, en grec, la personne de Dieu ou celle de son fils. L'inversion de ces deux signes résulte du fait que l'hébreu s'écrivait de droite à gauche et le grec de gauche à droite.

L'exactitude de l'interprétation de l'inscription de saint Ambroise fut confirmée par la lecture d'une inscription tronquée, qui figure au musée Kircher à Rome, et dont voici la reproduction, empruntée à l'ouvrage de P. Perret : « *Les Catacombes de Rome*[1] » :

INSCRIPTION DU MUSÉE KIRCHER

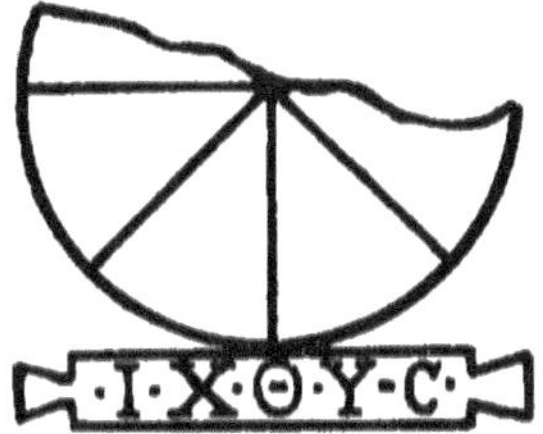

Chacun des signes inscrits sous le dessin ci-dessus, composé d'une croix à huit branches, inscrite dans un cercle, est la première lettre des cinq mots grecs :

ΙΗΣΟΥΣ	ΧΡΙΣΤΟΣ	ΘΕΟΥ ΥΙΟΣ	ΣΩΤΕΡ[2]
Jésus	Christ	Fils de Dieu	Sauveur

La signification de la croix à huit branches, inscrite dans un cercle, était donc retrouvée. On fut désormais certain que l'inscription de la cathédrale de Milan était la reproduction secrète de l'image de Jésus-Christ, Dieu éternel.

Dès lors, on comprit que la signification des signes de la cryptographie apostolique devait être recherchée en

---

1. Paris, 1850.

2. Environ 150 à 200 ans avant J.-C., une dernière altération de l'écriture monumentale a arrondi les angles du Σ, et donné naissssance au C, sigma lunaire.

s'aidant des vingt-deux lettres de l'alphabet hébraïque. Rappelons, à ce sujet, que cet alphabet revêtit successivement trois formes : archaïque (des origines à la prise de Jérusalem), carrée primitive (de la prise de Jérusalem au VI⁰ siècle après Jésus-Christ), carrée (à partir du VI⁰ siècle). Voici la reproduction de cet alphabet, dans sa forme archaïque :

ALPHABET HÉBRAÏQUE [1]

NUMÉROS d'ordre.	FORME ARCHAÏQUE		NUMÉROS d'ordre.	FORME ARCHAÏQUE	
	Des origines à la prise de Jérusalem (1500 à 588 avant Jésus-Christ).			Des origines à la prise de Jérusalem (1500 à 588 avant Jésus-Christ).	
1		alef bœuf.	12		lamed aiguille.
2		beth maison.	13		mem eau.
3		guimel chameau.	14		nun poisson.
4		daleth porte.	15		samech ?
5		hé ?	16		aïn - œil.
6		vau clou.	17		phé bouche.
7		zaïn ?	18		çade ?
8		heth ?	19		qof ?
9		teth serpent.	20		resch tête.
10		iod main.	21		sin dent.
11		kaf paume.	22		tau croix.

1. Voyez Philippe Berger, *op. cit.*, p. 126.

En utilisant la connaissance de cet alphabet, il fut possible de reconnaître que les descendants d'Israël s'étaient servi du resch ◀ de l'alphabet secondaire, signifiant Dieu, en y accolant horizontalement l'iod ↖ du même alphabet, abréviation du mot hébreu Jéhovah, pour représenter la personne et le nom de Dieu le Père.

MONOGRAMME HÉBRAÏQUE DE DIEU LE PÈRE

En posant horizontalement, sous l'iod, le vau ⌐ de l'alphabet secondaire, initiale de la seconde syllabe du mot « Iéhovah »[1], on obtient une autre forme du monogramme précédent :

Autre forme du précédent monogramme

dont la signification est également « Dieu le Père ».

En chargeant le graphique ci-dessus par le bigramme formé des deux premières lettres du mot IHSOUS, iota I et êta ⊢⊣ entrelacés, soit ₩, on obtient les signes indi-

---

1. Le mot Iavé ou Iéhovah qu'on doit lire de droite à gauche HAVOHEI, s'écrit en hébreu, suivant les époques, sous l'une des 3 formes suivantes :

iii (époque tertiaire)   ii (époque secondaire)   i (époque primaire).
Carré moderne   *Carré primitif*   *Forme archaïque*

hé vau hé iod   hé vau hé iod   hé vau hé iod

quant l'unité du Père et du Fils, que l'on retrouve dans
des marques typographiques, à partir du XV⁰ siècle.

D'autre part, on reconnut rapidement que le signe Δ,
lettre daleth de l'alphabet mosaïque, était un autre symbole de Jéhovah dans le judaïsme et le christianisme.
Dans nombre d'inscriptions, en effet, ce signe figure
sous la forme :

c'est-à-dire un triangle renfermant le nom de Jéhovah,
en hébreu. Le triangle est souvent peint au milieu de
rayons lumineux sur les vitraux des églises.

Souvent un volatile figure les ailes déployées dans le
triangle de Jéhovah. On s'accorda pour reconnaître que ce
symbole signifiait : « l'esprit de Dieu », autrement dit le
« Saint-Esprit ».

Dès lors, il fut possible d'arriver à déterminer, peu à

peu, tous les signes primitifs de la cryptographie apostolique. Ces signes, à travers les transformations que
leur ont fait subir les siècles, ont subsisté jusqu'au
XVIIe siècle. Au XVIIIe siècle, on ne les comprend déjà
plus et pendant cent cinquante ans les archéologues les
ont ignorés. La connaissance de leur signification,
retrouvée depuis peu, permet à l'heure actuelle de comprendre réellement, pour la première fois, l'art chrétien
depuis ses origines. Nous entendons par « Art Chrétien »
l'art né peu de temps après la mort du Christ et fondé
sur les symboles de la cryptographie apostolique. C'est
aussi bien l'art des lieux occultes où les premiers pasteurs enseignaient l'Évangile, ou des monuments gallo-
phrygiens d'Asie Mineure, que celui des inscriptions
chrétiennes, romaines ou gauloises des premiers siècles,
ou celui de l'architecture rituelle chrétienne d'Europe.
C'est aujourd'hui un fait reconnu, que l'architecture des
Églises d'Europe dérive de celle qui. a été instaurée en
Asie Mineure par les devanciers d'Anthémius et Isidore
et qu'elle s'est développée sous l'influence de la religion
chrétienne. En ce sens, on peut dire de cette architecture qu'elle n'est ni romane, ni gothique, mais simplement chrétienne rituelle.

Voici, réunis en tableau, les symboles et monogrammes primitifs composant la cryptographie apostolique. Bien entendu, ce tableau ne comporte que les
signes simples ; mais, tel quel, il est suffisamment
détaillé pour permettre d'identifier, à travers leur cent
mille transformations, les signes rituels de l'art chrétien
que l'on rencontre dans l'architecture, la numismatique,
les chartes, les armoiries et les marques typographiques
chrétiennes.

Tableau des signes primitifs de la cryptographie apostolique et de quelques-unes de leurs transformations a travers les ages

SIGNES CRYPTOGRAPHIQUES	APPELLATION	VALEUR symbolique.	DATE présumée d'apparition.
A. — Symboles			
		Nimbe.	
○	Nimbe.	Gloire éternelle.	xv° siècle avant J.-C. environ.
		Triangle.	
△ ▽	Triangle.	Jéhovah ou Dieu le Père.	xv° siècle avant J.-C. environ.
	Resch (Symbole de Dieu).		
	Resch mosaïque.	Chef ou tête.	xv° s. avant J.-C. environ.
	Resch du sicle d'Israël.	Dieu le Père ou Dieu le Fils.	140 ans avant J.-C.
	Resch de la Pierre Ecrite.	Dieu le Père ou son Fils.	1° siècle de notre ère.
	Resch des Chapiteaux de St Jean à Poitiers.	id.	iv° siècle après J.-C.
	Resch du joueur de Resch.	Dieu le Père ou son Fils.	iii° ou iv° siècle après J.-C.
	Resch du tombeau lycien à Pinara.	id.	iv° siècle après J.-C.
	Signes dérivés du Resch (Symboles de la Personne du Père, du Fils et du Saint-Esprit).		
◡ ◠	Miresch.	Contour de la tête de Jésus.	1° siècle de notre ère.
	Diresch.	Le Père et le Fils.	ii° id.
	Triresch.	La Trinité.	iv° id.
	Triphylle.	id.	iv° id.
	Quatriresch.	Le Père.	
	id.	Le Fils.	

SIGNES CRYPTOGRAPHIQUES	APPELLATION	VALEUR symbolique.	DATE présumée d'apparition.
B. — MONOGRAMMES			
Iesmon (Monogramme de Jésus).			
	Iota grec (vertical).	Jésus.	Ier siècle de notre ère.
	Iota (horizontal).	id.	id.
	Iota (I) êta (H) (entre-lacés).	id.	id.
	Iota foliacé.	id.	Fin du IIe s. (époque des persécutions chrétiennes)
Chrismon (Monogramme de Christ).			
	Chi grec.	Christos.	Ier siècle de notre ère.
	Chi foliacé.	Christos.	Fin du IIe siècle.
C. — MONOGRAMMES COMPOSÉS			
Ieschrismon (Monogramme de J.-C.).			
	Iota et chi croisés.	Jésus-Christ	Ier siècle.
	Iota et chi croisés.	id.	Moyen âge.
	Chi sommé du iota.	id.	id.
D. — SYMBOLES COMPOSÉS			
Iesmon-Resch (Symbole de Jésus le Crucifié).			
	Iota (horizon-tal) et resch croisés.	Jésus-Dieu.	Ier siècle de notre ère.
Chrismon-Resch (Symbole de Christ).			
	Chi et resch croisés.	Christ-Dieu	Ier siècle de notre ère.
Ieschrismon-Resch (Symbole de J.-C.).			
	Iota (horizon-tal) chi et resch entre-lacés.	Jésus-Christ Dieu.	Ier siècle de notre ère.

On appelle « iesmon », le monogramme de Jésus ;
« chrismon », le monogramme de Christ; « ieschrismon »,
le monogramme de Jésus-Christ. On a donné le nom de
« iesmon-resch » au symbole de Jésus, celui de « chrismon-resch, à celui de Christ, et celui de « ieschrismon-
resch » à celui de Jésus-Christ. Ces appellations sont de
simples abréviations.

Ajoutons, à titre de renseignement, qu'à partir d'une
certaine époque, les rayons des signes monogramma-
tiques et des symboles composés disparaissent souvent
partiellement, dans les décorations et l'architecture, et ne
laissent subsister que le centre et les extrémités, figurés
par des carrés, des cercles, des points ou un nimbe, ou
quelquefois même par d'autres symboles étrangers à la
cryptographie. Ainsi, le ieschrismon-resch subira les
transformations suivantes :

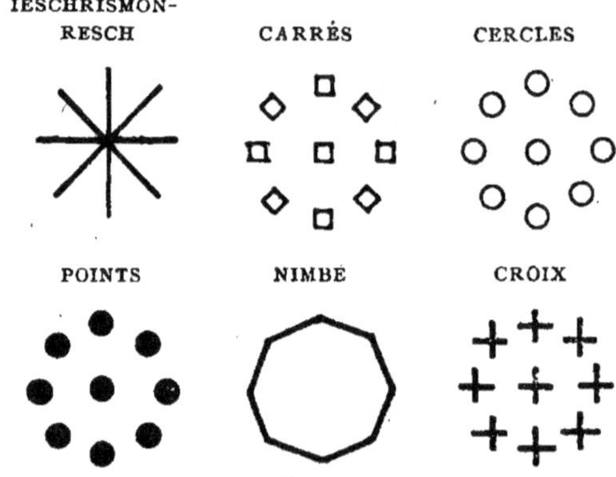

A côté des symboles empruntés à l'alphabet mosaïque,
il y a lieu de signaler ceux empruntés à la *flore* ou à la
faune.

Le symbole de la *Vigne* a été adopté par le judaïsme
avant la naissance du Christianisme. Les chrétiens en

ont augmenté l'étendue pour rappeler la parabole racontée par Jésus à ses disciples, en traversant une vigne plantée sur le Mont des Oliviers :

« Je suis la vraie Vigne et mon père est le Vigneron ; je suis la Vigne et vous êtes les branches. »

La vraie Vigne est donc Dieu et, par la suite, Jésus. Le nom de Celui qu'elle symbolise l'accompagne généralement sous forme d'un iesmon, d'un chrismon et d'un resch, soit Jésus-Christ Dieu.

Le symbole du *Lierre* a été choisi par les chrétiens parce que les nervures et la pétiole de la feuille dessinent le chrismon-resch. Sa signification est « Christ-Dieu ».

Le symbole du *Poisson* a été adopté par les Apôtres, parce que les initiales du mot ΙΧΘΥΣ, qui signifie poisson en grec, sont les premières lettres des mots :

ΙΗΣΟΥΣ ΧΡΙΣΤΟΣ ΘΕΟΥ ΥΙΟΣ ΣΩΤΕΡ

dont le sens est : « Jésus-Christ, Fils de Dieu, Sauveur ».

D'autre part, outre ces symboles, les chrétiens ont appliqué le symbole du resch et ses différentes formes aux feuilles, aux fleurs et aux animaux pour leur conférer une signification divine. Le langage secret permettait de reconnaître immédiatement, au seul aspect extérieur, un monument élevé à la gloire de Dieu, de son Fils, d'un martyr ou d'un frère. Un ou deux membres d'animaux, naturels ou chimériques (cornes, oreilles, queues, jambes, encolures *arquées*) désignent le resch arqué, à spirale ou ovoïdal, dont la signification est Dieu ou son Fils. Quelques-uns de ces symboles appliqués aux bestiaires désignent spécialement Jésus et les Évangélistes : le bélier aux cornes recourbées en resch, le serpent et la licorne à l'encolure arrondie en resch rappelaient Jésus ; Jean était représenté par le griffon, l'épervier ou l'aigle au bec arqué : Luc par le bœuf à tête cornifère ; Marc par le lion aux oreilles ovoïdales ; Mathieu par l'Ange nimbé du chrismon-resch inscrit dans le cercle de l'éternité.

D'autres de ces symboles, appliqués à la flore permettent de dessiner l'un des sigles grecs de Christos avec la fleur ou la feuille d'une plante. La profusion de plantes qui figurent sur les églises chrétiennes, n'a pas d'autre signification que de permettre d'écrire le nom de Dieu.

Toujours l'une quelconque des parties du symbole porte, en plus, le resch primitif ou le diresch et quelquefois le triresch ou la triphylle. Ainsi le bélier à encolure arrondie porte une bannière munie du iesmon-resch. Ainsi le fruit de la vigne a toujours pour support un cèpe dessinant le resch, le diresch, le triresch. En un mot, dans la flore et la faune des chapiteaux, frises, frontons, gargouilles, si l'on cherche l'un des sigles cryptographiques, on le trouve. Le chien, la colombe, le lapin, le renard et le sanglier ne sont là que comme supports. Il en est de même de l'acacia, du plantain, de la chélidoine, du cresson, du persil, de la chicorée, du chou frisé, du chardon bénit, du rosier et de la pomme de pin.

CHAPITRE II

APPLICATION DES SIGNES
DE LA CRYPTOGRAPHIE APOSTOLIQUE DANS L'ART

Les signes de la cryptographie apostolique, dont il vient d'être donné un bref aperçu, sont nés, avons-nous dit, partie en Asie Mineure, chez les Hébreux, partie en Italie, chez les Apôtres et les premiers chrétiens, d'où ils se sont répandus, à partir du IIe siècle, dans le Monde de la catholicité.

On doit, en effet, aux Hébreux, la création des symboles de l'Éternité et de Jéhovah, représentés par le nimbe, le triangle et le resch.

D'autre part, quand les Apôtres résolurent de représenter la personne et le nom de Jésus-Christ par des symboles, ils suivirent la méthode qui avait été adoptée par les Hébreux, pour rappeler l'image et le nom Jéhovah. Ils utilisèrent, pour l'établissement des nouveaux symboles, la langue grecque couramment parlée sur le littoral méditerranéen de l'Asie Mineure et du nord de l'Afrique, région sortant à peine d'une domination hellénique qui avait duré trois siècles. Ils prêchèrent l'Évangile et célébrèrent leurs cérémonies cultuelles en langue grecque. Ce n'est que vers le Ve siècle, que le latin fut introduit dans les cérémonies liturgiques, après que Saint-Jérôme eut écrit « la Vulgate »

en cette dernière langue. Ils créèrent ainsi, aux Ier et
IIe siècles, les monogrammes et les symboles de
Jésus-Christ, ainsi que les nouvelles formes du resch,
symbole de Dieu le Père et les signes dérivés du
resch.

Ces signes se répandirent sous les formes les plus
variées, sur les baptistères, les tombeaux, les calvaires,
les églises et dans la décoration du mobilier, du costume,
des attributs épiscopaux et royaux, des armes, des
bijoux, des tableaux, des monnaies, des chartes et des
manuscrits et miniatures, des reliures, dans les signes
de la musique, les emblèmes maçonniques et les armoiries, dans les marques typographiques et dans les
cartes à jouer.

C'est dans l'architecture qu'ils firent leur apparition.
On les rencontre pour la première fois dans les lieux
occultes où les pasteurs enseignaient l'Évangile et
baptisaient ceux qui demandaient à devenir chrétiens.
Les premiers baptistères à ciel ouvert retrouvés sur les
pentes escarpées de la montagne du Sipyle en Lydie
(Asie Mineure), et remontant à l'an 40 ou 45 après J.-C.,
ne comportent encore aucun signe symbolique. On ne
rencontre ces signes que dans les baptistères établis ulté-
rieurement, vers la fin du Ier siècle et au cours des siècles
suivants, soit creusés dans le roc, tels que le Baptistère
de la Roche tordue (Ier siècle), soit avoisinant des basiliques, tels que le Baptistère de la Basilique de Pergame
(IIe siècle), soit attenant à des basiliques, tels que le
baptistère de la basilique de Synnada (IIIe siècle), soit
installés à l'intérieur des basiliques, tels que les fonts
baptismaux du Temple de Saint-Jean à Poitiers
(IV[o] siècle). Dans tous les cas, la configuration des fonts
baptismaux est parlante : elle rappelle les nimbes et les

symboles de Jésus-Christ. Dans les baptistères creusés dans le roc, les niches ont la forme du contour de la tête du Christ (mi-resch) et sont orientées vers Jérusalem. Les baptistères des 2°, 3° et 4° siècles revêtent une configuration hexagonale, correspondant au signe ✳ Christ-Dieu (chrismonresch) ou au signe ✳ Jésus-Christ (ieschrismon). Vers la fin du V° siècle, les baptêmes par immersion cessèrent et les baptistères furent remplacés par les vasques élevées, employées encore aujourd'hui.

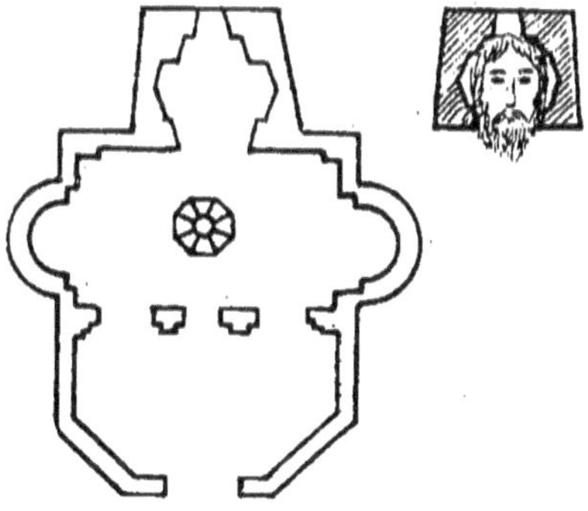

TEMPLE DE SAINT-JEAN A POITIERS
(IV° SIÈCLE)

Tous les tombeaux et calvaires chrétiens portent, également, les signes de la cryptographie apostolique. La loi mosaïque interdisant de représenter les personnes divines par l'image, les israélites et les chrétiens tournèrent la difficulté en représentant Jéhovah et son Fils par le resch et ses nombreuses transformations. Les tombeaux et les splendides calvaires rupestres, érigés dans la vallée de Nacoléia en Phrygie (Asie Mineure), présentent un fronton en triangle (Jéhovah), sommé de deux reschs de

Cryptographie.   17

formes opposées figurant Dieu le Père et Dieu le Fils.

SANCTUAIRE RUPESTRE
D'ARSLAN-KAIA (PHRYGIE)

TOMBEAU A MACRI, LYCIE
(IVe SIÈCLE)

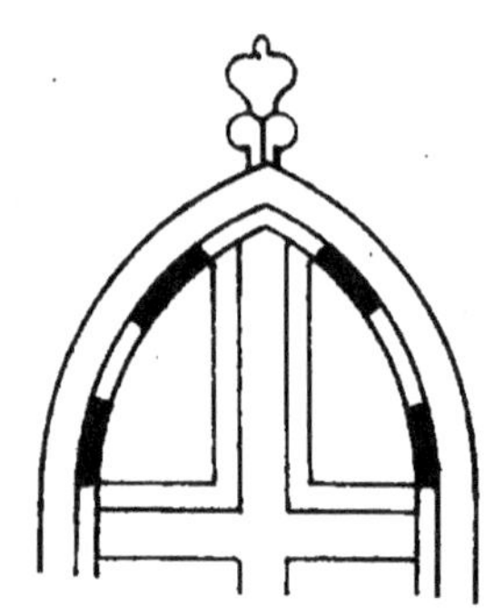

TOMBEAU DE LA VIERGE (VALLÉE DE JOSAPHAT)

Là encore, comme nous l'avons déjà signalé, les symboles furent choisis parmi des formes déjà existantes, de manière à ne pas éveiller l'attention des persécuteurs. Le triangle de Jéhovah figurait, en effet, déjà, sur le fronton des temples grecs : en imitant ce style, les chrétiens de Phrygie dissimulaient leurs pensées et les inscrivaient cryptographiquement sur les façades et les frontons des monuments qu'ils érigeaient à la gloire de Dieu et du Christ. Nous retrouvons ces signes sur un très ancien tombeau phrygien, la « Pierre écrite », plus connu des archéologues, sous le nom de Tombeau du roi Midas, qui paraît remonter au IIe ou IIIe siècle de notre ère et dont le tympan est couvert de iesmon-reschs et de ieschrismon-reschs. Tel est, également, le cas pour le calvaire monogrammifère, voisin de la Pierre écrite et un peu plus récent, dont le bandeau horizontal et les pilastres verticaux présentent des chis en damier, monogramme de Christos. Si, de la Phrygie, nous passons en Lycie, nous constatons que le fronton n'est plus triangulaire, mais ogival : l'ogive n'est autre chose qu'un diresch cordiforme, symbole du Père et du Fils, substitué à celui de Jéhovah. On le trouve, entre autres, sur le fronton des tombeaux lyciens de Macri et de Pinara (IVe siècle). Les frontons sont sommés de direschs et la façade est ornée de iesmon-reschs. Mentionnons aussi l'architecture de la façade du tombeau de la Vierge Marie, dans la vallée de Josaphat, dont le portail ogival, surmonté d'un triangle, rappelle à la fois, dans un style mixte, l'architecture des calvaires gallo-phrygiens et celle des tombeaux lyciens.

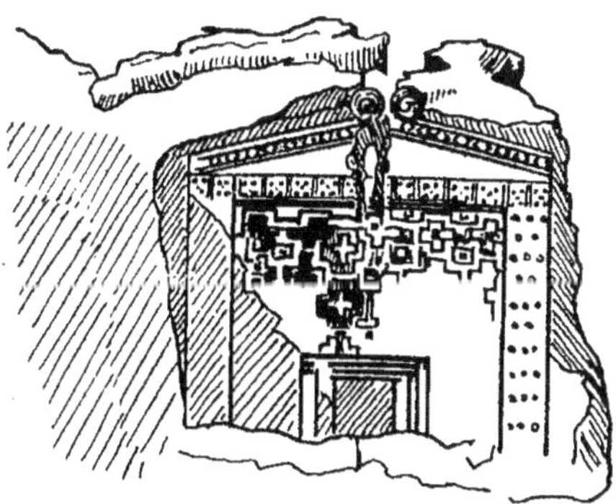

LE CALVAIRE MONOGRAMMATIQUE VOISIN DE LA PIERRE ÉCRITE
(IIe OU IIIe SIÈCLE)

On trouve les reschs et direschs dans les mosaïques provenant d'Utique, Carthage et Sousse (Afrique du Nord) exposées au Louvre. Une mosaïque de Sousse, particulièrement caractéristique, le Joueur de Resch, présente un animal à tête de singe, tenant dans ses mains un instrument en forme de resch et assis au centre d'un ruban, traçant un grand diresch et dessinant trois chis et six triangles, dans lesquels sont inscrits des animaux portant des signes cryptographiques.

LE JOUEUR DE RESCH (SOUSSE, TUNISIE)

De nombreuses inscriptions tumulaires, découvertes depuis 1843, dans la région de Lyon, comportent des reschs, des direschs et des chrismons. Cela s'explique si on se rappelle que les premières conversions eurent lieu dans cette ville sous l'influence de saint Pothin, venu d'Asie Mineure vers l'an 177, et qui subit le martyre en même temps que 46 autres chrétiens. Sous le règne de l'empereur Sévère, une terrible persécution fit périr, dans cette ville, 9.000 personnes de tout sexe et de tout âge.

Nombre d'inscriptions analogues ont été retrouvées en France et en Alsace. Le beau sarcophage de Saint-Trophime à Arles (XIIe siècle) comporte un personnage dont la tête est sommée du iesmon-resch, signe désignant Jésus-Dieu. Le Trésor de Hildesheim, dit Trésor de Varus, qui figure au Musée des Beaux-Arts à Paris, semble, étant donnés les chrismons, les iesmons-reschs et les reschs qui en ornent les pièces, être l'ouvrage d'un artiste chrétien.

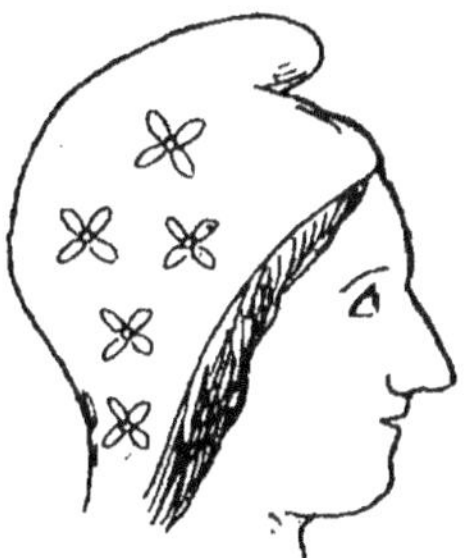

TÊTE CISELÉE DU TRÉSOR DE HILDESHEIM (IIe SIÈCLE)

A Rome même, nombre de statues ou de bas-reliefs de sarcophages représentent le Christ accompagné par deux ânes ou deux chiens affrontés, qui nous paraissent figurer, sans contestation possible, deux reschs affrontés, c'est-à-dire les symboles de Dieu le Père et de Dieu le

Fils ; ce n'est plus alors le Bon Pasteur comme le prétendent les archéologues, mais tout simplement Dieu. Souvent le Christ est représenté sous la figure d'Orphée portant un bélier dont la tête et la queue sont posées en diresch.

LE BON PASTEUR

Si, des tombeaux, nous passons aux églises et basiliques, nous découvrons une foule de monuments couverts de signes de la cryptographie apostolique.

En Asie Mineure, berceau de la cryptographie, les sept premières églises, nommées dans l'Apocalypse, vers l'an 92, par l'Évangéliste saint Jean : Smyrne, Pergame, Thyatire, Sardes, Philadelphie, Ephèse et Laodicée ne portaient, vraisemblablement, aucun signe cryptographique. Par contre, au IIIe siècle, la basilique de Pergame, en Mysie, a son chevet dessiné en mi-resch et orienté vers Jérusalem. Tous les chefs des églises, bâties dans la suite des siècles, dans le monde catholique, ont été orientés vers cette ville où Jésus a été crucifié. De même la configuration architecturale était établie d'après la disposition du iesmon-resch ; la nef, le chœur et le chevet, réunis, dessinaient un iesmon-resch et la configuration intérieure du chevet représentait le contour de la tête du Christ.

Au IVe siècle, Constantin Ier avait fait construire, à Constantinople, une église dédiée à la Sagesse de sainte Sophie. Deux fois incendiée, une nouvelle basilique fut érigée, en 537, sur l'emplacement de la première, sur l'ordre de Justinien, par des architectes d'Asie Mineure : Anthémius de Tralles (Lydie) et Isidore de Milet (Carie). Lorsque les Turcs s'installèrent à Constantinople, en 1453, ils ne changèrent rien à la décoration de Sainte-Sophie et y firent simplement rajouter des disques sur lesquels étaient écrites des sentences du Coran et le nom d'Allah. Ils ne s'aperçurent pas que les cent mille signes, qui ornent toujours cette église, sont les signes imaginés cinq siècles avant le règne de Justinien par les premiers chrétiens d'Asie Mineure et symbolisant Jésus-Christ Roi. Les fenêtres sont en mi-resch, les angles de la corbeille des chapiteaux portent le resch ; chaque motif enfermé dans un des rectangles de la balustrade du premier étage dessine un chrismon étoilé, croisé avec un nimbe à quatre arcs ; les motifs du troisième étage sont des iesmon-reschs, enfermés dans un losange. Çà et là se rencontrent des direschs, des triphylles et des iesmons. En se prosternant dans leur grande mosquée, les Turcs s'inclinent à la fois devant le nom d'Allah et celui de Jésus-Christ. Presque toutes les basiliques d'Asie Mineure, comme celle de Sainte-Sophie, ont été bâties sur une épure déterminée, rituelle, répondant exactement aux signes cryptographiques qui constituent les grandes lignes de la décoration des calvaires gallo-phrygiens et des tombeaux chrétiens de Phrygie et de Lycie.

L'architecture de ces tombeaux et de ces calvaires a été importée en Europe après la première Croisade (1099). Les Anglais, Flamands, Germains, Français, Italiens et Espagnols, qui composaient l'armée de cette croisade, traversèrent l'Asie Mineure du Nord au Sud. Au cours de ce passage, les prêtres et les moines, qui accompagnaient l'armée, virent la belle architectonique des monuments chrétiens, basée sur la cryptographie. Dès leur retour en Europe, ils introduisirent cette architectonique dans les épures des constructions projetées. Évreux et Saint-Denis commencèrent leurs églises en 1125 ; Noyon la sienne vers 1150, Paris commença Notre-Dame vers 1165 ; Bourges et Chartres les leurs vers 1190 ; Rouen et Reims vers 1200 et 1210.

En cela le clergé ne fit que suivre l'exemple de saint Hilaire après son retour d'exil en Phrygie (IVᵉ siècle), quand cet évêque, qui avait connu la cryptographie apostolique, fit édifier à Poitiers le temple de Saint-Jean, sur le modèle des calvaires gallo-phrygiens de la vallée de Nacoleia.

Pour ces raisons, au cours du XIIᵉ siècle, le resch ovoïdal et les direschs cordiformes et ovoïdaux apparaissent dans les nervures et les rosaces. Il en est de même des monogrammes composés tels que le ieschrismon et des symboles composés, tels que le chrismon-resch et le ieschrismon-resch.

En France, parmi les plus belles églises portant les resch, diresch et triresch architectoniques nous pouvons citer :

VITRAIL DE NOTRE-DAME DE PARIS

A Paris : les églises Saint-Séverin, Saint-Merry, Saint-

Germain-l'Auxerrois, Saint-Eustache, Saint-Étienne-du-Mont, Saint-Germain-des-Près, l'hôtel Cluny, la Sainte-Chapelle et Notre-Dame.

En province : les cathédrales de Reims, Évreux, Rouen, et Bourges, le portail ouest de celle de Tours, les églises de Châlons-sur-Marne, Saint-Maclou à Rouen, Saint-Germain à Argentan, Saint-Jacques à Lisieux, Sainte-Radegonde à Poitiers, La Ferté-Bernard dans la Sarthe, Brou, Senlis, Eu, Saint-Lô, Saint-Jean à Lyon, Amiens, Sèvres, Sens, Toulouse, etc,

En Allemagne : les cathédrales d'Aix-la-Chapelle, Augsbourg, Nuremberg, Trèves, Worms, etc..

En Belgique : les églises de Saint-Paul à Anvers, Saint-Nicolas à Gand, la Chapelle du Sang et Notre-Dame à Bruges, la cathédrale de Louvain.

En Angleterre : la cathédrale d'Exeter et celle de Saint-Albans.

En Espagne : l'église de Bantistero et San-Miguel à Séville.

Au Portugal : le cloître royal de Belem, l'église de Thomar, le monastère de Bathalta.

Les signes cryptographiques apparaissent aussi dans l'architectonique des anciens, châteaux de France : Oulchy, Amboise, Pierrefonds, Montfort-l'Amaury, Châteaudun, Josselin en Morbihan, Moulin-Lassay en Loir-et-Cher; sur le dais de la reine Anne de Bretagne à Loches; à Chambord, Bonnétable dans la Sarthe, etc.

On les rencontre également sur les hôtels de ville de Compiègne, Dreux, Saint-Quentin, Orléans, le palais ducal de Nancy, les palais de Justice de Rouen et Poitiers, l'Hôtel-Dieu de Beaune. En Belgique ils décorent la Maison des Francs, celle des Gênois, la Bibliothèque et l'hôtel de ville à Bruges, la Maison des Bateliers à

Gand, celle du Roi à Bruxelles, l'hôtel de ville de Louvain.

On a appliqué aussi les règles de l'architectonique rituelle à l'habitation ; à Rouen (rue Eau-de-Robec) et à Varangeville (manoir Ango).

Quant à la flore et à la faune rituelles, nous les rencontrons, à l'origine, en Asie Mineure : le symbole de la vigne est sculpté sur la frise du Cénacle de Jérusalem, au Ier siècle, et figure dans une mosaïque du IVe siècle de l'église Saint-Christophe, en Phénicie : ces deux morceaux sont au Musée du Louvre. On retrouve ce symbole en Italie, couvrant la plupart des fresques et des tombeaux des catacombes de Rome, puis en France, dans l'art décoratif du Moyen Age, entre autres sur le sarcophage de saint Draussin, évêque de Soissons au ve siècle, que l'on peut voir au Louvre.

Le lierre, dont la feuille était portée par les premiers chrétiens en signe de ralliement (sa feuille dessinant le chrismon-resch) se rencontre partout, dans les inscriptions, dans l'ornementation des sarcophages, dans la décoration des églises. La frise extérieure de la sacristie et du chapitre de Notre-Dame de Paris, et nombre de bas-reliefs de la rue du Cloître-Notre-Dame sont décorés par les feuilles de ce végétal aux nervures rayonnantes symboliques.

L'acacia, symbole de la mort et qui est une des formes du resch mystique, figure dans presque toutes les inscriptions tumulaires, couché, incliné ou accostant les symboles de Jésus-Christ.

Le poisson décore principalement les tombeaux.

D'autre part, les symboles du resch appliqués aux fleurs, aux feuilles et aux animaux se rencontrent partout. Le plantain, la chélidoine et le cresson faisant partie de la flore mystique, décorent Notre-Dame de Paris et le chardon bénit orne les chapiteaux de la façade de Saint-Merry. La pomme de pin hiératique, dessinant des chrismons, se voit sur le poinçon du clocher de Saint-Front, à Périgueux (x° siècle).

Si, de l'architecture, nous passons à la décoration des attributs épiscopaux et royaux, des costumes, des bijoux, du mobilier et des monnaies, nous rencontrons la même richesse de signes cryptographiques dans chacune de ces diverses branches.

Le premier symbole adopté par les apôtres, pour représenter conventionnellement le pouvoir spirituel transmis par Jésus, fut le baculum ou bâton pastoral, devenu, plus tard, la crosse épiscopale.

La hampe de ce bâton, terminée par une crossette, figurait le resch ; une virole, cerclant la hampe, un peu au-dessous de la crossette, représentait le iesmon. L'ensemble donnait le iesmon-resch, symbole de Jésus-Dieu :

BATON PASTORAL

La statue de l'évêque saint Séverin, à l'angle de l'église Saint-Séverin à Paris, tient le bâton pastoral sur lequel on distingue facilement la virole ; sur le sceau de l'archevêque de Rouen, en 1225, la virole représente le monogramme couché ☰ de Jésus. Au musée de Cluny, on peut voir une crosse du xı° siècle, cerclée par un octogone ajouré. La belle crosse du xııı° siècle de la cathédrale de Poitiers, figurant le resch à une spirale, porte, en son centre, une triphylle et est ornée, à sa partie extérieure, de petits reschs arqués. La crosse de Maubeuge, du XVe siècle, beaucoup mieux décorée encore, comporte le resch à double spirale, traversé par les six rayons du chrismonresch ; la virole est ciselée de fleurs symboliques.

Les couronnes, trônes, sceptres et sceaux des Rois de France étaient ornés de la triphylle, forme décorative du triresch, symbole de la Trinité indivisible au nom de laquelle étaient octroyés les privilèges.

TRIPHYLLE DES ROIS DE FRANCE

Pour marquer cette indivisibilité, le triresch fut lié horizontalement par l'iota, monogramme de Jésus, et la base du monosymbole ainsi obtenu fut, en outre, terminée par une triphylle renversée. La technique moderne désigne ce symbole sous le nom de *Fleur de Lis*, dénomination inexacte, la fleur du lis n'ayant jamais eu cette forme. En réalité, c'est un triresch et le triresch, symbole de la Trinité, devint ainsi le symbole des Rois de France.

Signalons, à cet égard, le portrait de Charles le Chauve (IXe siècle) dans une gravure extraite de l'ouvrage de G. Demay sur le *Costume au Moyen Age*, portant une couronne, un sceptre et une agrafe de manteau, ornés de triphylles. Le trône sur lequel s'appuie le roi est surmonté du même ornement. Les triphylles sont sou-

vent semées des trois points de Jéhovah. Le champ du
cercle des couronnes est semé de losanges alternant avec
l'ellipse. Depuis le XIIe siècle, les attributs royaux
sont ciselés de chrismons rayonnants. Voyez à cet égard
le sceptre de Charles V, et la poignée de l'épée que les
Rois de France portaient le jour du Sacre, exposés au
Louvre, dans la galerie d'Apollon. Les casques, les bou-
cliers et les pourpoints des seigneurs féodaux, ainsi que
les harnachements de leurs chevaux sont constellés de
trireschs et de chrismons. Il en est de même pour les cha-
subles des évêques, les vêtements et les bijoux des reines.

Dans le tableau de Holbein, au Louvre, représentant
Anne de Clèves, une des femmes de Henri VIII
(XVIe siècle), les parements de la robe sont garnis de
chrismons rayonnants, le col est orné de chrismon-reschs
et de ieschrismon-reschs.

Certains bijoux du XIIIe siècle, tels que les broches, sont
établis uniquement à l'aide de sigles cryptographiques.

Les objets d'habitation les plus simples portaient
aussi des sigles rayonnants : pelles lithurgiques, ré-
chauds, clefs, moules à beignets, dessus de guéridons.
De même les peintres des grandes écoles des XIVe, XVe
et XVIe siècles les employèrent pour décorer les meubles,
vases, lampadaires, costumes qu'ils peignaient dans leurs
tableaux, tels Raphaël dans la Dispute du Saint-
Sacrement, Léonard de Vinci, Boticelli, Rubens, Van
Dyck, Franz Hals et Clouet.

Quant aux monnaies, nous avons déjà eu l'occasion de
signaler que beaucoup d'entre elles, antérieures à l'ère
chrétienne, portaient des sigles linéaires, foliacés ou
étoilés ; aucune pourtant ne comporte le resch à tête
tournée vers la gauche. Nous indiquons, à ce sujet, que
le resch ainsi dessiné ne faisait plus partie de l'alphabet

grec définitivement constitué cinq ou six cents ans avant notre ère. Ces signes d'avant l'ère chrétienne étaient les marques d'ateliers monétaires que les chrétiens avaient choisies pour composer une partie de leur langage secret, en vue de dérouter leurs persécuteurs.

Au cours des IV° et V° siècles, on trouve le chrismon-resch sur les monnaies de Constantin et de ses fils. Constantin avait, en effet, adopté la structure du gibet du Christ, surmonté du chrismon-resch éternel, pour constituer son labarum, ou enseigne de guerre, rappelant ainsi le listel fixé au sommet du gibet du Golgotha sur lequel les Romains avaient écrit : « Jésus de Nazareth, roi des Juifs ».

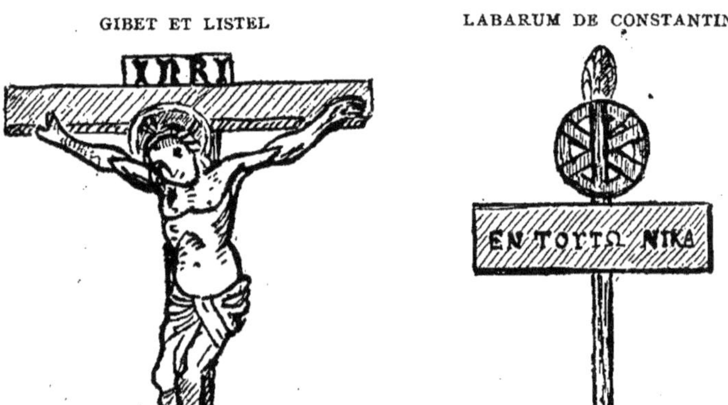

Cette enseigne fut, par la suite, frappée sur un très grand nombre de monnaies (IV° siècle).

Une monnaie de l'empereur romain Olibrius (V° siècle) porte la légende très significative : Salus + Mundi, c'est-à-dire Salut au Sauveur du Monde, le Sauveur étant figuré par le iesmon-resch.

A partir de Clovis, les monnaies royales mérovingiennes portent des sigles dont la boucle, tournée tantôt à droite, tantôt à gauche, a la forme de la queue de l'R latin monumental primitif ꟼ ꟼ .

Sous les Carolingiens et les Capétiens, les sigles monétaires changent peu à peu. Le chiffre carolingien est un iesmon-resch accosté des lettres K R L S : au centre un losange, représentant les trois lettres A O U, ayant les formes ∧ ◇ ∨ ; l'ensemble donne K A R O L U S.

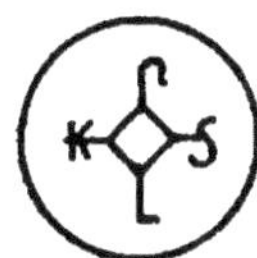

MONNAIE DE CHARLEMAGNE (VIII⁰ SIÈCLE)

Plus nous approchons du Moyen Age, plus les sigles se simplifient : on ne trouve plus sur les monnaies qu'un simple iesmon-resch, accompagné des quatre points du chrismon.

Du IX⁰ siècle au XVIII⁰ siècle, les sigles cryptographiques continuent à orner beaucoup de monnaies. Ces sigles furent supprimés, en France, à la fin du XVIII⁰ siècle et remplacés par cette devise gravée sur la tranche : « Dieu protège la France ».

Nous rencontrons encore les signes de la cryptographie apostolique dans les bulles, chartes, contrats, testaments, les manuscrits et les miniatures, les reliures, la musique, les emblèmes maçonniques et le blason, les marques typographiques et les cartes à jouer

Les premiers chrétiens traçaient à chaque instant le signe du Père et du Fils, soit sur leur corps pour se préserver du mal, soit en tête de leurs correspondances pour les placer sous la protection du Seigneur. C'est à cette habitude que nous devons le grand nombre de.

signes que l'on retrouve en tête ou en accolade des premières lignes du texte des bulles, chartes et privilèges accordés par les papes, rois et seigneurs des temps anciens.

Dans le courant du IVe siècle, les papes faisaient précéder le texte de leurs bulles par un signe cryptographique plus ou moins haut, accoladant cinq à dix lignes et le faisaient suivre par la formule BENE VALETE (porte-toi bien) encadrée en avant et en arrière par le iesmon-resch et suivie de leur signature consistant en un resch sommé par les deux points du iota, initiale de Jésus, ou les trois points du triangle de Jéhovah (ϙ).

Les Empereurs romains firent de même et Théo-'dose II, dans une de ses « Constitutions », recommanda de toujours placer le nom de Dieu sur les actes, ce nom étant une garantie de la bonne exécution des contrats.

Les rois mérovingiens, quoique presque tous illettrés, savaient tracer un paraphe-signature précédé ou suivi d'un signe du christianisme, iesmon-resch ou triresch.

Les évêques mettaient en tête de leurs actes un iesmon-resch ordinairement accompagné de l'alpha et de l'oméga, ou tout autre signe analogue.

Au Moyen Age, les testaments, les actes notariés étaient précédés d'un sigle cryptographique iesmon-resch ou chrismon-resch, suivi d'une invocation écrite telle que *in nomine Patris et Filii et Spiritus Sancti,* en grec, en latin ou en français.

Les manuscrits d'ouvrages sacrés ou profanes se surchargeaient, presque à chaque page, d'ornements chrétiens représentant tantôt des grotesques, tantôt des animaux, des plantes, des fruits ayant un sens cryptographique. L'ouvrage de M. Rouveyre : *Connaissances nécessaires à un bibliophile,* tome VII, Paris, 1899, contient, en appendice, des reproductions de miniatures très instructives à cet égard [1].

Les livres du XVe au XVIIe siècle sont presque tous illustrés de têtes de chapitres, lettrines, culs-de-lampe, encadrements, entièrement composés de reschs foliacés, entrelacés avec les sigles de Jésus-Christ.

Bien avant l'invention de l'imprimerie, les relieurs ornementaient les couvertures des évangéliaires, des psautiers et des livres d'heures, par des symboles cryptographiques [2].

Les signes de la musique mesurée, créée au XIVe siècle en France et perfectionnée plus tard par les maîtres italiens, ne sont pas autre chose que la reproduction de certains signes sacrés. La ronde est un resch ovoïdal, la blanche, la noire et la croche, sont l'image du resch hiératique. La clé de fa est un resch accosté par les deux points du iota horizontal : la clé d'ut primitive est formée d'une hampe de resch accolée à un diresch à spirales. Le da capo est un ieschrismon-resch. Les soupirs sont deux petits reschs. Le dièse primitif est un chrismon et la pause un iesmon horizontal.

La franc-maçonnerie dont l'origine paraît remonter aux Chevaliers du Temple, ordre créé en 1118 par les Croisés, en Palestine, et supprimé au point de vue religieux, en 1312, a des emblèmes formés exclusivement par la combinaison de sigles cryptographiques. On distingue, en général, dans ces emblèmes, le compas du grand architecte (lavé), la truelle, le maillet et l'équerre. Ces pièces sont toujours disposées en chrismon ou ornées de reschs, de branches de rosiers rappelant la tige épi-

1. Consulter également Lecoy de la Marche : *Les Manuscrits et la Miniature*. Paris. Quantin (sans date).

2. Voir les couvertures exposées dans la Salle des Manuscrits à la Bibliothèque Nationale.

neuse de la couronne du Golgotha, ou du diresch arqué de l'acacia.

Les signes symboliques décorant les armures remontent à Constantin Ier, mais ce n'est guère qu'au XVIe siècle qu'apparaît la science des armoiries ou blason proprement dit. Le casque qui figure sur les monnaies de Constantin est décoré de chrismon-reschs. Les soldats de Constantin portaient sur leurs armures le nom de Dieu.

Après les premières croisades, on s'empara des bestiaires d'Asie Mineure pour en faire les supports des armoiries : c'est pourquoi on voit tant d'animaux, naturels ou fabuleux, supportant les écus à dextre et senestre. La pose des membres et du corps de ces animaux correspond à la disposition et au nombre des rayons formant les monogrammes primitifs de Jésus-Christ roi.

Voici, à titre de renseignement, quelques-unes des « pièces honorables » et des « figures » du blason, avec l'indication de leur origine cryptographique :

Pal	Resch
Fasce, Chef	Iesmon
Sautoir	Chrismon
Croix, Alerion	Iesmon-Resch
Aigle	Chrismon-Resch
Griffon	Ieschrismon
Vires	Eternité

Les armoiries royales et impériales anciennes portaient les sigles chrétiens de l'armorial.

Les écus de France, de Russie et d'Autriche n'ont point de bestiaires pour supports. Celui de France est un resch ovoïdal symétrique : d'azur à trois trireschs d'argent, liés par un iesmon accosté de triphylles, croisées en chrismon à la base. La couronne est composée de trireschs. Au sommet un iesmon-resch.

Les écus d'Angleterre et d'Espagne ont des animaux pour supports ou des êtres humains pour tenants.

Quand la typographie eut été inventée, on suivit pour les livres imprimés, la tradition des manuscrits et des chartes : c'est pour cette raison que la majorité des marques typographiques des livres des XV⁰ et XVI⁰ siècles portent les sigles les plus divers du nom de Dieu.

Ces marques, qui figuraient sur la première ou la dernière page des ouvrages, firent leur apparition en 1465[1]. Vers la fin du XVI⁰ siècle, on ne les comprend déjà plus. Un auteur de cette époque en parle en ces termes :

« En ce siècle, on tient à apposer des marques sur les « livres et à les placer souvent sur la première page ; « mais elles renferment, en des langues diverses, des « énigmes de Sphinx que la sagacité même d'Apollon ne « saurait résoudre. »

Dans une préface, en tête d'une collection de marques typographiques publiée par Scholtz, éditeur à Nuremberg, Conrad Spoert, sans expliquer ces marques, se contenta de rappeler ces vers du XVI⁰ siècle :

« Vindicat ac praesens aetas insignia libris
« Et prima facie conspiciendia locat
« Sphingis et adhaerent variis aenigmata linguis
« Solvere quae solers Delius ipse nequit ».

Dans tous les pays du monde de nombreux publicistes se sont occcupés de la question sans pouvoir la résoudre. J.-B. Silvestre, en France, Giolitto et Marcolini da Forli, en Italie, Feyrabend en Allemagne, Froben en Suisse ont recueilli un grand nombre de marques sans

---

1. La première marque de ce genre qui soit parvenue à notre connaissance est celle de Jean Fust et de Schœffer, en 1465, sur la dernière page de la *Cité de Dieu*.

pouvoir les expliquer. Firmin Didot, en 1863[1], chercha longuement la signification de la « Croix de Lorraine » qu'on voit durant cent dix années (1521-1631) figurer sur les gravures sur bois, presque dès l'origine de l'imprimerie à Paris, et ne put la trouver. « Quelque heureuse découverte, dit-il, en donnera peut-être un jour la solution. »

Plus perspicace, M. Delalain, en 1888, émit l'avis que ces marques devaient se rattacher à des pensées chrétiennes.

A notre avis, la signification de ces marques doit être recherchée en s'aidant des indications fournies au XVe et au XVIe siècle par Publicius[2] et Dolce[3], qui ont étudié spécialement la question et fourni des indications utiles à cet égard.

En ce qui concerne leur origine sacrée, par contre, aucun doute ne subsiste : toutes ces marques ont une origine nettement chrétienne. On y rencontre le resch, le iesmon, le chrismon et leur dérivés. Nous engageons le lecteur à examiner à ce sujet, les marques de :

Fust et Schœffer	Mayence	1465
William Caxton	Londres	1477
Gérard Leeü	Gouda	1482
Simon Vostre	Paris	1488
Crès	Lantenac	1491
Gillet Couteau	Paris	1492
De la Barre	Paris	1497
Jehan Barbier	Paris	1504
Durand Gerlier	Paris	1507
Jean Granjon	Paris	1508

1. *Essai sur l'histoire de la gravure sur bois.* Paris, 1863, p. 194.

2. Publicius (Jacobus). *Ars memoriæ.* Venetiis, Erh. Ratdolt, 1482, in-4° (en latin).

3. Dolce (Ludovicus). *Dialogo di memoria,* Venetia, 1586 (en italien). Voir également *Schenkelius detectus ; seu memoria artificialis hactenus occultata,* Lyon, 1617.

Constantin Fradin	Paris	1514
Michel Moules	Paris	1515
Prévost	Paris	1515
Jean Petit	Paris	1521
Conrad Resch	Paris	1522
Anselme Thomas	Tubingue	1523
Simon de Colines	Paris	1527
Pierre Vidoue	Paris	1528
Geoffroy Tory	Paris	1529
Denys Janot	Paris	1530
Conrad Néobar	Paris	1540
Étienne Dolet	Lyon	1542
David	Paris	1547
Haultin	Paris	1549
Ernest Voegelin	Leipzig	1569
Christophe Plantin	Anvers	1580
Bartelemi Honorat	Lyon	1580
Bonilla	Saragosse	1620
Sonnius	Paris	1621
Bidelli	Milan	1622
Denis-Thierry	Paris	1648
Courbé	Paris	1658
De Tournes	Genève	1697
Metternick	Cologne	1700

Les cartes à jouer ont été composées par les cartiers du XVIIe siècle au moyen des sigles de la cryptographie. Ces sigles, sans aucune exception, ont été les seuls motifs de l'habillement des Rois, Dames et Valets. Quant aux As, le Trèfle représente la Triphylle ou Sainte-Trinité, le Cœur figure le Diresch ou l'unité du Père et du Fils, le Carreau est le nimbe du iesmon-resch ou Jésus-Dieu, le Pique est un diresch cordiforme renversé qui symbolise les événements funestes, la mort.

Le Roi de Pique des anciens jeux porte une couronne cerclée de direschs et de points. Ses cheveux et sa barbe dessinent des reschs, direschs, trireschs et quatrireschs à spirale. Sur sa poitrine s'étale le sigle de Jésus-Christ. Sa ceinture est couverte de direschs. La bordure de sa robe est le chrismon en torsade. Son sceptre est sommé par une triphylle. Les trois côtés de la harpe sur laquelle il s'appuie sont des reschs arqués. La doublure du manteau est semée de trireschs rectilignes.

Le Valet de Cœur porte en bordure de sa jupe les sigles Christ, Dieu, alternant l'un et l'autre plusieurs fois. Les cheveux sont des trireschs renversés. Les bas ont la triphylle.

Nous renvoyons pour l'examen détaillé de ces signes à l'*Histoire de l'Imagerie Populaire* publiée à Chartres, en 1869, par M. Garnier, qui donne de bonnes reproductions des anciennes cartes.

Les cartes à jouer que le gouvernement français fait actuellement fabriquer présentent encore le chrismon suivi du resch, sur le bas de la jupe du valet de cœur et des direschs juxtaposés décorant les manches pagode.

En résumé, quelles que soient les choses anciennes, en Europe, que l'on analyse pendant les seize premiers siècles de notre ère, les symboles et monogrammes divers du Père, du Fils et du Saint-Esprit, dessinés et groupés de toutes les manières possibles par les artistes chrétiens, ont formé l'auréole étincelante et glorieuse des Arts majeurs et mineurs.

CONCLUSION

Il semble, à première vue, qu'un ouvrage d'enseignement, comme celui-ci, ne comporte aucune conclusion, puisque, aussi bien, le but particulier poursuivi est de donner l'état de la science dans une matière sans cesse en mouvement. Mais précisément parce qu'il s'agit d'une mine peu explorée, il reste quelque chose à ajouter aux théories bien incomplètes qu'on a tenu à soumettre à la critique. On voudrait, en effet que ce livre ouvrît des horizons à ceux qui, jusqu'à présent, ignoraient ce qu'était la cryptographie, car il faut malheureusement constater que cette science est réservée à fort peu de gens et que fort peu de ceux qui s'y adonnent en connaissent la valeur et la portée. Plus nombreux sont devenus ses adeptes, depuis la guerre de 1914-1918, au cours de laquelle tout homme sous les drapeaux a reçu et exécuté des consignes ayant trait au chiffrement des conversations téléphoniques ou des dépêches. La curiosité étant éveillée, on a pensé que le moment était venu de rouvrir la question et de tirer des leçons du passé quelques enseignements pour l'avenir.

D'un façon générale, ainsi qu'il a été démontré au cours de cet exposé, l'influence de la cryptographie sur la vie des peuples, quoique occulte, est indéniable. Bien plus, la cryptographie, de tout temps, a été liée à la vie poli-

tique et artistique des différents pays. Aucun de ces pays
n'a pu s'en passer : l'Orient, la Grèce ancienne et la
Rome antique d'une part, le monde chrétien et le Moyen
Age d'autre part, l'ont connue et pratiquée. Toute la
diplomatie secrète du passé, jusqu'à la fin du XVIIᵉ siècle,
est fondée sur la cryptographie. Chose plus remarquable
encore, l'art, dans l'antiquité chrétienne, a ses assises
dans la cryptographie et a laissé, en passant par le
Moyen Age et les XV°, XVI° et XVII° siècles, des monuments impérissables, attestant son influence.

Les améliorations successives apportées, au cours des
siècles, aux méthodes de chiffrement et de décryptement, ont augmenté encore, si possible, la valeur des
études cryptographiques. L'expérience de la dernière
guerre dont le souvenir, à six ans de distance, est toujours si vivace en tous les cœurs, a prouvé avec sura-
bondance que l'art militaire ne pouvait se dispenser,
à l'heure actuelle, d'avoir recours à toutes les ressources de la science des chiffres ; les ordres du Haut
Commandement exigent la rapidité et le secret ; à cet
effet quel meilleur moyen celui-ci peut-il avoir à sa
disposition, que la dépêche chiffrée. Et quels services
l'art du décryptement n'est-il pas susceptible de rendre
aux armées, quand il est mis en pratique par les
deuxièmes bureaux pour l'étude des innombrables
radiotélégrammes que les adversaires échangent d'un
bout à l'autre des fronts, à l'intérieur de leurs lignes.

La paix venue, la situation se transforme : le télégraphe joue pour les Chancelleries et les grands orga-
nismes économiques ; la diplomatie et la finance internationale prennent le pas sur l'art militaire. D'une part,
tous les grands États ont une section du Chiffre dans
leur ministère des Affaires étrangères : cette institution,

on l'a vu, remonte au XV⁰ siècle : la République de
Venise, les Papes, les Sforza, les Médicis et, en général, tous les petits princes italiens, avaient leurs secrétaires aux Chiffres ; les archives du Vatican et celles
des cours italiennes de l'époque sont fertiles en documents précieux à cet égard. Cela se comprend ; la force
des diplomaties résidant dans le secret des négociations,
le besoin se faisait sentir d'utiliser couramment la correspondance chiffrée. La finance internationale, d'autre
part, a ses codes secrets, composés tout exprès, à son
intention, par des spécialistes ; les grandes banques
d'affaires ont les leurs, qu'elles utilisent concurremment
avec les codes chiffrés du commerce ; plusieurs d'entre
elles, cédant aux nécessités de l'après-guerre, conséquence de l'extension de leurs relations avec l'étranger,
ont été amenées à constituer dans leur sein des sections
de Chiffre : tel est le cas, à notre connaissance, pour la
Banque de Paris et des Pays-bas et la Banque Française et Italienne pour l'Amérique du Sud.

Et ce n'est pas seulement dans le domaine de la politique et des affaires que le besoin s'est fait sentir d'utiliser dans la plus large mesure possible les ressources du
langage secret ; la science également doit maintenant
faire appel, non pas tellement à la science cryptographique, qu'à l'art du décryptement. Cet art est appelé
à ouvrir aux historiens avides de précisions et de nou-
veautés des aperçus inédits sur des points d'histoire
restés jusqu'à ce jour inexpliqués, témoin ce mystère
du Masque de Fer, qui a passionné toute une géné-
ration de chercheurs, auquel Voltaire lui-même avait
trouvé une explication restée légendaire et dont la solution n'a été retrouvée que deux cents ans plus tard,
tout à fait par hasard, par un cryptologue travaillant à

des recherches relatives aux campagnes de Catinat, sur des documents communiqués par des particuliers. Plus récemment, le décryptement du chiffre de Lord Bacon a élucidé une période de l'histoire de l'Angleterre restée jusqu'alors très obscure et apporté des éléments décisifs à la solution de la question shakespearienne. Quel meilleur plaidoyer que celui de l'histoire elle-même, en faveur de l'utilité de la cryptographie dans l'histoire. Quelle mine de renseignements doivent renfermer les Archives de la Curie romaine, des Cours italiennes, de Venise, Milan, Modène, Florence, Sienne, berceau de la cryptographie diplomatique, et celles des Cours d'Allemagne, des Dépôts et Archives de la Guerre et des Affaires étrangères des grandes puissances. Ces dépôts sont à peine entr'ouverts ; il y a là une source de découvertes inépuisable pour les chercheurs.

Dans un domaine voisin, l'exploration est appelée à être aussi féconde : nous voulons parler de l'archéologie. Décrypter les inscriptions rédigées dans des langues dont le secret a été perdu ; faire revivre ainsi des civilisations entières disparues, est une tâche à laquelle des savants éminents n'ont cessé de se consacrer. Que de patience, mais aussi quelles jouissances quand on entrevoit le but. Dans un autre ordre d'idées, tout reste à faire pour la lecture des signes symboliques dans l'art chrétien, dont nous avons esquissé un bref aperçu. Nous croyons que l'étude de l'histoire de l'Art peut être rénovée à la lumière des indications si frappantes et si simples que l'étude de la cryptographie apostolique est susceptible de fournir. Quoi de plus caractéristique, en effet, et de plus naturel que l'influence du Christianisme sur l'architecture d'Asie Mineure, son berceau, et l'extension de cette influence en Europe, à la suite du retour de la première Croisade, dont les armées avaient sillonné, pendant deux ans, l'Asie Mineure du Nord au Sud. L'étude des symboles de la chrétienté sur les monuments religieux et civils, jusqu'au XVIIe siècle, doit donc être entreprise : elle n'offre pas les mêmes difficultés que celle des textes et pour cette raison elle paraît susceptible de donner des résultats dans un avenir rapproché.

Gravitant dans l'orbite des arts du dessin, la gravure sur bois et l'imprimerie ont également tout à gagner à être étudiées avec le concours des cryptologues. Leur histoire, en effet, renferme, ainsi que nous l'avons signalé, des points obscurs, notamment en ce qui concerne l'interprétation à donner aux marques typographiques des XVe et XVIe siècles et aux ornements mystiques figurant aux premières pages des livres de cette époque et formant le motif de quantité de gravures, œuvres d'artistes de ce temps versés dans la connaissance de la cryptographie. Nous croyons avoir pu expliquer l'origine de ces marques et ornements, mais les études auxquelles nous nous sommes livrés pour en retrouver la signification, quoique nous ayant mis sur la voie, ne nous ont pas paru encore suffisamment décisives pour être livrées à la critique et nous pensons que les chercheurs auront encore fort à faire avant de pouvoir expliquer le sens de la Croix de Lorraine, avec ou sans le globe qu'elle surmonte, sur laquelle Auguste Bernard, Ambroise Firmin-Didot et quelques autres bibliophiles, se sont livrés à d'opiniâtres recherches, demeurées jusqu'à ce jour infructueuses.

En définitive, et c'est par là que nous terminons, il importe que la France conserve la première place dans les études cryptographiques. Si l'Italie a eu des hommes comme Alberti, Cardan, Porta et Kircher et des cryptologues habiles comme Sicco Simonetta, Soro, Argenti, Pasini, si l'Allemagne a beaucoup travaillé la matière et a donné le jour à des inventeurs tels que Trithème, Schott et Kasiski, c'est finalement en France que les découvertes des Vigenère, Vesin, Jacob, Kerckhoffs, Josse, Hermann, de Viaris, Valerio, Bazeries, Givierge[1], Cartier ont permis la constitution de chiffres particulièrement remarquables et facilité l'établissement de procédés méthodiques de décryptement répondant à tous les besoins.

C'est pour cette raison qu'il y a un devoir patriotique à pousser fortement les études dans ce sens, et, en particulier, à rechercher, dès le temps de paix, des combinaisons de systèmes susceptibles de nous donner la supériorité en temps de guerre, en permettant la sécurité des transmissions des ordres du Commandement et nous protégeant contre les curiosités de l'adversaire. Pour trouver des systèmes excellents, il faut préparer des gens capables. Si ce livre peut aider à cette formation, nous aurons, en l'écrivant, travaillé dans l'intérêt de la France.

---

1. Le colonel Givierge, qui est aujourd'hui un des maîtres de la Cryptographie, et à qui nous sommes redevables de nos premiers essais dans cette carrière, fait paraître, au moment où nous mettons sous presse, son *Cours de Cryptographie*. Ce travail, dont on ne saurait trop recommander la lecture à ceux qui s'intéressent aux questions de chiffre, est une nouvelle preuve que notre exposé vient à son heure et que le temps est passé où l'on gardait secrets les résultats des travaux des décrypteurs et même l'objet de ces travaux et l'existence des services de décryptement.

ANNEXES

ANNEXE I

DISPOSITIONS INTERNATIONALES UNIVERSELLES
RELATIVES AUX TÉLÉGRAMMES
RÉDIGÉS EN LANGAGE SECRET

Les Conférences télégraphiques internationales, réunies en vue de l'élaboration de conventions universelles destinées à assurer la sécurité et la rapidité des transmissions des dépêches dans tous les pays, ont posé un certain nombre de règles relatives à la rédaction et à la taxation des télégrammes rédigés en langage secret.

La connaissance de ces règles est indispensable au double point de vue du choix des signes de chiffrement (chiffres ou lettres) et de celui du langage à employer (langage chiffré ou langage conventionnel).

La première de ces conférences s'est réunie à Paris le 1ᵒʳ mars 1865. Elle a abouti à la signature de la Convention télégraphique internationale du 17 mai 1865, conclue entre vingt Etats, convention modifiée et complétée à la suite des Conférences tenues à Vienne en 1868, à Rome en 1872, à Saint-Pétersbourg en 1875, à Londres en 1879, à Berlin en 1885, à Paris en 1890, à Budapest en 1896, à Londres en 1903, à Rome en 1906, à Lisbonne en 1908, à Londres en 1912 et à Madrid en 1920.

Nous extrayons de l'Instruction Ministérielle française T, du 28 mars 1914, qui n'a fait d'ailleurs que reproduire et préciser les principes posés dans la Convention de Londres (1903), les règles générales internationales relatives au langage secret.

Les articles de cette instruction concernant cette question sont les suivants :

Art. 61. — Le texte des télégrammes peut être rédigé en langage clair ou en langage secret.

ART. 65. — Le langage secret comprend le langage convenu et le langage chiffré.

ART. 66. — Le langage convenu se compose de mots ne formant pas de phrases compréhensibles dans une ou plusieurs des langues autorisées pour la correspondance télégraphique en langage clair.

ART. 67. — Les mots du langage convenu ne peuvent contenir, au maximum, que 10 caractères selon l'alphabet Morse, les combinaisons ae, aa, ao, oe, ue, étant comptées pour deux lettres. Les mots du langage convenu peuvent être réels, c'est-à-dire empruntés à une ou plusieurs des 8 langues : allemande, anglaise, espagnole, française, hollandaise, italienne, portugaise ou latine, ou artificiels. Dans ce dernier cas, ils doivent être formés de syllabes pouvant se prononcer selon l'usage courant de l'une de ces 8 langues et ne doivent pas contenir les lettres accentuées : ä, á, é, å, ö, ü. Dans les mots artificiels, la combinaison ch compte pour deux lettres.

Les combinaisons formées par la réunion de deux ou plusieurs mots du langage clair contraire à l'usage de la langue ne sont pas admises.

ART. 68. — Le langage chiffré est celui qui est formé : 1° soit de chiffres arabes, de groupes ou de séries de chiffres arabes ayant une signification secrète, soit de lettres à l'exclusion de lettres accentuées ae, aa, ao, oe, ue, de groupes ou de séries de lettres ayant une signification secrète ; 2° soit de mots, noms, expressions ou réunions de lettres ne remplissant pas les conditions du langage clair ou du langage convenu.

ART. 69. — Le mélange, dans un même groupe, de chiffres ou de lettres ayant une signification secrète, est interdit.

ART. 70. — Un télégramme dont le texte comprend des adresses conventionnelles, des marques de commerce, des cotes de marchandises, des cours de bourse, des lettres ou groupes de lettres représentant les signaux du Code international de signaux employés dans les télégrammes maritimes, ou des expressions abrégées d'usage courant dans la correspondance usuelle ou commerciale, telles que : caf (coût, assurance, frêt), cif (cost, insurance, freight), fob (free on board), r. s. v. p. (réponse s'il vous plaît), P.-L.-M. (Paris-Lyon-Méditerranée), G. V. (grande vitesse), n'est pas considéré comme secret.

Art. 84. — Les taxes sont appliquées par mot.

Art. 99. — Chaque groupe de chiffres compte pour autant de mots qu'il contient de fois cinq chiffres ou signes équivalents, plus un mot pour l'excédent.

Art. 101. — Les groupes de lettres ayant une signification secrète ou les groupes de lettres employés soit comme marque de commerce, soit dans les télégrammes maritimes, comptent comme les groupes de chiffres. Il en est de même des expressions abrégées d'usage courant visées à l'article 70.

Chacune des combinaisons ae, aa, ao, oe, ue et ch est comptée pour deux lettres.

Art. 103. — Les groupes représentant des marques de commerce composées d'un mélange de chiffres et de lettres sont comptés pour autant de mots qu'ils contiennent de fois cinq chiffres ou lettres, plus un mot pour l'excédent.

Art. 105. — Chaque mot du langage convenu, remplissant d'ailleurs les conditions spécifiées à l'article 67, compte pour un mot.

Art. 106. — Les expressions telles que noms de conventions et adresses abrégées contenues dans le texte sont admises pour 1 mot, jusqu'à concurrence de 15 ou 10 caractères selon qu'elles se trouvent dans le texte des télégrammes rédigés en langage clair ou en langage convenu ou mixte (clair et convenu).

Art. 107. — Lorsque le texte d'un télégramme est formé de passages en langage convenu et de passages en langage clair, les mots du langage clair sont comptés pour un mot jusqu'à concurrence de 10 caractères, l'excédent étant compté pour un mot par séries indivisibles de 10 caractères.

Si ce télégramme mixte comprend, en outre, un texte en langage chiffré, les passages en langage chiffré sont comptés conformément aux prescriptions des articles 99 et 101.

Si un télégramme ne comprend que du langage clair et du langage chiffré, ou seulement du langage convenu et du langage chiffré, les passages en langage clair sont comptés suivant les règles applicables au langage clair, les passages en langage commun, suivant les règles applicables au langage commun, et les passages en langage chiffré, d'après les règles applicables au langage chiffré.

Cryptographie.   19

ANNEXE II

AVE MARIA DE L'ABBÉ TRITHEME (1510 environ).

<table>
<tr><td colspan="2">

I

A Je te salue
B Belle
C Vole
D Accours

</td><td colspan="2">

II

A Marie
B Pallas
C Isis
D Astarté

</td><td colspan="2">

III

A pleine
B ornée
C dotée
D trône

</td></tr>
</table>

I

A Je te salue
B Belle
C Vole
D Accours

II

A Marie
B Pallas
C Isis
D Astarté

III

A pleine
B ornée
C dotée
D trône

IV

A de grâce
B d'attraits
C de sagesse
D d'appas

V

A le Seigneur
B un Dieu
C le désir
D la félicité

VI

A est
B existe
C domine
D sourit

VII

A avec toi
B en ton sein
C en tes bras
D en ton cœur

VIII

A tu es bénie
B tu es admirée
C tu es l'égide
D tu es l'admiration

IX

A des femmes
B des malheureux
C des sages
D des amants

X

A le fruit
B l'ouvrage
C le délice
D le trésor

XI

A de ton sein
B de ton esprit
C de ton hymen
D de ton hyménée

XII

A est béni
B est éternel
C est admirable
D est adorable

XIII

A Sainte
B éloquente
C belle
D puissante

XIV

A Vierge
B reine
C sylphide
D enchanteresse

XV

A mère
B sanctuaire
C sanctuaire
D inspirée

XVI	XVII	XVIII
A de Dieu	A exauce	A nos prières
B d'Osiris	B adopte	B nos fils
C d'Hermès	C éclaire	C nos filles
D de l'avenir	D conduis	D nos enfants.

Dans le tableau ci-dessus nous nous sommes arrêtés à la lettre D.

Le tableau complet comprend 450 combinaisons.

TRADUCTION D'UNE INSCRIPTION CRYPTOGRAPHIÉE
D'APRÈS LE SYSTÈME DE FREDERICI
ET EXTRAITS DE LA VIE DE BACON

I

INSCRIPTION FUNÉRAIRE

DE LA PIERRE TOMBALE ORIGINALE DE SHAKESPEARE

DANS L'ÉGLISE DE STRATTFORD-SUR-AVON

Good Frend for Iesus SAKE forbeare
 To diGG T–EDust Enclo Ased HE? Re?
Blese be T–EMan T̲ spares T–Es Stones
                  Y

And curst be HE T̲ moves my Bones
                Y

Le général Cartier en a donné, dans un article intitulé « *Un
problème de cryptographie et d'histoire* »[1] un fac-similé auquel
on pourra se reporter.

Un examen attentif de cette inscription y a révélé la présence de trois formes différentes pour chaque lettre de l'alphabet. Par exemple S = c, s = a, s = t.

En essayant le système Frédérici, on a obtenu le tableau suivant :

Goo	dFr	end	for	Ies	usS	AKE	for	bea	reT
ata	tta	aat	aac	aca	ctc	cat	att	aac	ctc
F	R	B	A	C	O	N	H	A	Z

1. *Mercure de France*, n° 563, du 1ᵉʳ décembre 1921.

odi	GGT	HED	ust	Enc	loA	sed	HER	eBl	ese
aac	tta	acc	ttc	ctc	cat	act	aca	cca	cat
A	R	D	S	O	N	E	C	I	P

beT	HEM	anY	Tsp	are	sTH	EsS	ton	esA	ndc
att	aac	tta	cca	cat	aac	caa	ttc	tac	cca
H	A	R	I	N	A	M	S	W	I

urs	tbe	HEY	Tmo	ves	myB	one	s
tat	att	cca	cat	tac	caa	tta	
T	H	I	N	W	M	R	

On lit la phrase suivante :

« Fr. Bacon hazards one ciphar in a MS within WMR »

Il est permis de se demander si le manuscrit auquel il est fait allusion, et dans lequel Bacon aurait inséré un chiffre, ne serait pas enfermé dans le tombeau. Les initiales WMR ne sont-elles pas celles de Manners Rutland ?

La pierre tombale originale, citée ci-dessus, a été remplacée, depuis, par une autre pierre ne présentant plus les mêmes particularités ; on ne sait à quelle date la substitution a été opérée.

Le décryptement de l'inscription rapportée ci-dessus a été effectué par Mmes E. Wells Gallup et Kate Wells à Riverbank, sous la direction du colonel Fabyan.

II

EXTRAITS DE LA « VIE DE BACON » CHIFFRÉE
AVEC LE CHIFFRE BILITÉRE

ET RECONSTITUÉE AU MOYEN DE FRAGMENTS TROUVÉS
DANS QUARANTE OUVRAGES DIFFÉRENTS

« Je suis en réalité, en vertu de ma naissance, le fils royal, quoique sacrifié de notre très glorieuse bien que très coupable reine Élisabeth, de la race que le vaillant Édouard rendit vraiment célèbre... Mon vrai nom est Tudor. Sir Nicolas Bacon ne fut que mon père adoptif [1].

... Je la suppliai (la reine) de dire le nom de mon père.

1. *Mercure de France*, n° 581, du 1ᵉʳ septembre 1922, pp. 308 et suivantes.

Cédant à ma requête elle dit : c'est le comte Robert de Leicester.

... Il était nécessaire de trouver des moyens nouveaux, inconnus pour pouvoir communiquer des choses dangereuses... Je dissimulai plusieurs secrets importants dans mes poèmes publiés tantôt sous les noms de Peele ou de Spenser, tantôt sous mon propre nom, tantôt sous le nom d'autres auteurs qui écrivaient pour le monde des lecteurs des mélanges de prose et de poésie. Sous le nom de Robert Greene, je chiffrai la plus grande partie de ce travail. J'utilisai aussi le nom de Marlowe, avant de prendre celui de Wm. Shakespeare, de manière à rester inconnu, car, ayant écrit des œuvres d'histoire dramatique qui sont les plus sévèrement poursuivies, j'aurais couru un danger si grand, qu'un mot sur la reine Élisabeth m'aurait sans doute valu une terrible fin.

... Le comte d'Essex, fils de Sa Majesté, frère engendré par la Reine comme moi, fut condamné à mort par cette mère et sur mon conseil... J'ai voulu écrire cette histoire pour que la postérité, à côté des fausses relations faites dans les écrits inexacts publiés à ce moment, puisse comprendre les motifs déterminants et connaisse la véritable physionomie des événements.

... Toutes mes pièces de théâtre ont été déguisées... Greene, Spenser, Peele, Shakespeare, Burton et Marley comme on l'écrit parfois, ou, suivant l'écriture habituelle, Marlowe, m'ont jusqu'ici servi de masques et ils n'ont pas causé de surprise marquée, puisque les titres portent leurs noms qui sont familiers aux lecteurs, — noms qui ne sont pas imaginés, mais appartiennent à des hommes vivants ou tout au moins à des hommes qui ont vécu [1].

... Mon nom n'accompagne jamais aucune pièce, mais souvent il apparaît clairement en chiffre que d'habiles esprits traduiront du grec ou du latin.

... Le prochain volume portera le nom de Shakespeare..., qui a déjà couvert un grand nombre des meilleures pièces que nous avons pu écrire. Nous ne cessons d'en ajouter d'autres, écrivant de deux à six pièces par an.

[1] *Mercure de France*, n° 582, du 15 septembre 1922, pp. 639 et suivantes.

... Mon œuvre récente fait apparaître, en son temps, une force plus grande. Cette force ne peut manquer de se découvrir également à la lecture de n'importe qu'elle œuvre dans la manière de mon drame intitulé : Première partie du roi Henri IV. La seconde partie du même drame, de même qu'Othello, révèle une connaissance de la vie qui manque d'ordinaire dans les pièces qui ont paru sous ce même nom de plume... La cause, vous l'avez apprise, puisqu'il a été clairement démontré qu'elle était liée aux événements, de même qu'à la nature de l'histoire secrète et de l'histoire apparente. Certaines pièces seront donc exclues de mon « folio » et certaines autres comprises pour des raisons que l'on connaît maintenant.

... Tandis que de nombreux auteurs reçoivent de suite le prix de leurs travaux, j'attends le mien des hommes de l'avenir. »

FRANCIS BACON.

CRYPTOGRAMME DU MASQUE DE FER

Le cryptogramme du Masque de Fer a été donné page 51 du présent ouvrage. Le détail des opérations relatives au décryptement de ce cryptogramme a été décrit par M. Burgaud et le commandant Bazeries dans leur étude de 1893 [1]. Nous en extrayons les passages suivants :

« L'examen des dépêches avait révélé des répétitions de groupes et fait constater que le chiffre n'en comportait pas plus de 600. Or la langue française ne peut être traduite en chiffres par 600 groupes qu'à l'aide de la décomposition par syllabes. Il ne s'agissait donc que de déterminer les mots ou syllabes le plus fréquemment employés.

On a supposé que ces mots et syllabes devaient être : le, la, les, de, des, du, au, il, et, vous, que, pour, en, ne, ra, re, etc.

Le travail de reconstitution du chiffre de Louis XIV a passé par trois phases successives.

**

La première a consisté dans le pointage ou, plus exactement, l'enregistrement des groupes employés, pour obtenir l'ordre de fréquence et les répétitions. Les deux dépêches de Louvois et les cinq de Louis XIV comprenaient 11.125 groupes. Le groupe le plus employé était 22, existant 187 fois.

Venaient ensuite les groupes :

124	existant	185	fois
42	—	184	—
341	—	145	—
125	—	127	—
24	—	124	—
145	—	122	—

1. *Le Masque de fer*, Paris, 1893, Firmin Didot et Cie, pages 257 et suivantes.

Il est clair que c'est dans les groupes souvent employés qu'il fallait chercher les mots, syllabes et lettres revenant le plus fréquemment dans le discours. Ce travail n'est que long et monotone et ne demande qu'un peu d'attention.

* *

La seconde phase est la phase technique. Si la première phase est monotone et n'exige aucune aptitude spéciale, il n'en est pas de même de la deuxième. Il faut, pour opérer avec certitude, toute la lucidité d'esprit et l'ensemble des aptitudes qui distinguent le cryptologue.

Le point de départ de la reconstitution du chiffre est toujours la recherche d'un mot supposé. C'est ici que le flair du cryptologue doit avant tout servir. Pour faire parler les chiffres, il faut déterminer le choix d'un mot en s'inspirant du sujet qu'on suppose être traité. Dans l'espèce, le commandant Bazeries a opéré sur les mots « les ennemis » qu'il comptait, à juste raison, rencontrer dans les correspondances militaires qui lui étaient soumises.

« Ennemi », pouvait être représenté par un seul groupe, ce qui pour « les ennemis » devait donner trois groupes revenant fréquemment ensemble. « Ennemi » pouvait être syllabé ; alors « les en ne mi s » formaient cinq groupes.

Après examen des répétitions, on s'est déterminé pour « ennemi » syllabé et on a conjecturé que c'étaient les groupes ci-après, reproduits souvent avec une légère variante, qui chiffraient « les ennemis ».

124	22	146	46	469
124	22	125	46	574
124	22	125	46	120
124	22	125	46	584
124	22	125	46	345
les	en	ne	mi	s

La supposition des mots « les ennemis » et des groupes qui les reproduisaient s'étant trouvée exacte, tout le chiffre de Louis XIV a été livré par la seule donnée de ce point de départ.

« Les ennemis » ont donné la valeur de 1.077 groupes sur 12.125 soit environ 1/11° des dépêches.

Une fois la valeur réelle placée sous les groupes déterminés, on s'est trouvé en présence de groupes dont les déterminations devenaient plus faciles.

$$\text{Exemple : } \frac{52}{—} \quad \frac{124}{\text{les}} \quad \frac{22}{\text{en}} \quad \frac{88}{—} \quad \frac{374}{—} \quad \frac{46}{\text{mi}} \quad \frac{284}{—}$$

Pour un cryptologue un peu exercé, il est facile de lire :

que les en n e mi s

surtout en s'appuyant sur l'ordre de fréquence. Ce seul exemple donne la valeur des groupes 52, 88, 374, 284. Comme ces groupes sont employés 258 fois, en les ajoutant aux 1.077 déjà connus, on obtient 1.335 groupes sur 12.125, c'est-à-dire presque le 1/9° du texte.

*
* *

La troisième phase est la phase attrayante.

Le travail consiste, dès qu'on a une partie du chiffre, à trouver l'autre partie.

Point n'est besoin pour cela d'être cryptologue consommé ; de la sagacité et de la droiture de raisonnement suffisent à cette tâche. Il faut cependant procéder avec prudence. Un groupe mal déterminé est une source d'erreurs dont le redressement peut devenir impossible ; avant d'adopter définitivement la valeur de chaque groupe, il faut lui faire faire ses preuves.

Un exemple peut suffire : les groupes 53 et 358 n'existant que 2 ou 3 fois ont été déterminés : le premier par « ordonn », le second par « argent ».

$$\frac{436}{\text{et}} \quad \frac{291}{\text{j'ai}} \quad \frac{53}{\text{ordonn}} \quad \frac{154}{\text{é}} \quad \frac{52}{\text{que}} \quad \text{l'on y fist remettre de}$$

$$\frac{548}{\text{l'}} \quad \frac{358}{\text{argent}} \quad \frac{503}{\text{pour}} \text{ assurer pendant 1 an le service de la place.}$$

C'est le sens nécessaire à la phrase.

C'est l'application des principes qui viennent d'être exposés qui a permis de déterminer par « masque » la valeur du groupe 330. Voici d'ailleurs le passage de la dépêche du 8 juillet 1691 : « Elle (Sa Majesté) désire que vous fassiez arrêter M. de Bulonde et le fassiez conduire à la citadelle de Pignerol où Sa Majesté veut qu'il soit gardé, enfermé pendant la nuit dans une chambre de ladite citadelle et le jour ayant la liberté de se promener sur les remparts avec un

330   309

masque   point ou nulle.

Le sens de la phrase ne laisse subsister aucun doute sur la valeur du groupe 330, n'existant qu'une seule fois dans les sept dépêches en chiffres des papiers de Catinat. Indépendamment des motifs d'ordre cryptographique intrinsèque qui commandent la solution adoptée, on voit sans hésitation que le sens général de la phrase indique un objet et non un personnage. Et quant à la détermination précise de cet objet, force est bien de convenir que l'enchaînement et le rapprochement des documents authentiques produits à l'appui de la démonstration confirment complètement la bonne valeur donnée à ce groupe. »

ANNEXE V

CRYPTOGRAMME D'EDGAR POË

L'ÉNIGME DU SCARABÉE D'OR (1839)

Edgar Poë, dans ses *Histoires extraordinaires*, a donné un cryptogramme chiffré au moyen d'une substitution à simple clef. Voici le passage de ses œuvres relatif à ce cryptogramme [1] :

« Legrand qui venait de chauffer le parchemin, le soumit à mon inspection. Les caractères suivants s'y trouvaient tracés, en teinte rouge et par une main peu exercée, entre une tête de mort et un chevreau :

53÷÷ † 305)) 6^x ; 4826) 4÷ .)4÷) ; 806^x ; 48 † 8 q 60))85 ; 1 ÷ (; : ÷^{x}8 † 83 (88)5 $_x$† ; 46(; 88^x 96^x ? ; 8)^x÷ (; 485) ; 5^x † 2 : ^{x}÷ (; 4956^{x}2(5^x = 4) 8 q 8^x ; 4069285) ;)6 † 8)4 ÷ ÷ ; I (÷9 ; 48081 ; 8 : 8÷ I ; 48 † 85 ; 4) 485 † 528806^x 81 (÷9 ; 48 ; (88 ; 4(÷ ? 34 ; 48) 4 ÷ ; 161 ; : 188 ; ÷ ? ;

Les caractères, on le devine sans peine, forment un cryptographe [2], c'est-à-dire qu'ils ont un sens. Dans le cas actuel — et même dans tous les cas d'écritures secrètes — le premier point à éclaircir est la langue du cryptographe ; car une fois qu'on en est là les principes de la solution dépendent du génie de l'idiome employé et varient selon la nature de cet idiome. En général il n'y a d'autre alternative que de se livrer à des expériences dirigées par des probabilités, d'essayer toutes les langues connues de celui qui cherche la solution jusqu'à ce

1. Histoires extraordinaires, *Le Scarabée d'or*. Paris, 1889.

2. Aujourd'hui nous dirions un « cryptogramme ».

qu'il ait découvert l'idiome dont l'auteur du chiffre s'est servi.

Je devinai sur le champ que la figure du chevreau (en anglais Kidd) était la signature d'un certain capitaine Kidd. Ce que l'on sait de lui, ne permettait pas de le supposer capable de rédiger un de ces chiffres qui embarrassent le lecteur. Je présumai donc le cryptographe simple et rédigé en anglais.

En l'absence de toute division, mon premier soin fut de m'assurer quelles étaient les lettres qui se présentaient le plus souvent et celles qui revenaient le moins fréquemment. Je les comptai toutes et je dressai la table que voici :

Le caractère 8 est répété	33	fois
— ; —	26	—
— 4 —	19	—
—) —	16	—
— ‒ —	16	—
— x —	13	—
— 5 —	12	—
— 6 —	11	—
— 1 —	8	—
— † —	8	—
— .0 —	6	—
— 92 —	5	—
— 3 —	4	—
— : —	4	—
— ? —	3	—
— q —	2	—
— = —	1	—

Or, en anglais, la lettre qui se représente le plus souvent est *e*. Les autres lettres se suivent ainsi dans l'ordre de leur fréquence : a o i d h n r s t u y c f g l m w b k p q x z. L'*e* prédomine d'une façon si remarquable que l'on rencontre rarement une phrase, tant soit peu longue, où il n'occupe pas le premier rang au point de vue numérique.

Comme notre caractère prédominant est 8, nous commencerons par supposer qu'il représente la lettre *e* de l'alphabet ordinaire.

Pour confirmer cette hypothèse, voyons si le signe 8 marche souvent en couples ; car en anglais l'*e* se trouve doublé dans beaucoup de mots : meet, fleet, speech, seen, been, agree, etc... Ici nous le voyons doublé jusqu'à 5 fois bien que le cryptographe soit court.

Présumons donc que 8 vaut *e*. Or, de tous les mots de la langue anglaise l'article *the* est celui que l'on emploie le plus. Voyons s'il n'existe pas des répétitions de trois signes rangés dans le même ordre et terminés par 8. Il est probable alors qu'ils représentent le mot the. A l'examen nous ne rencontrons pas moins de 7 combinaisons de ce genre, les caractères étant ; 48. Il est donc permis de supposer que :

$$; \text{ vaut } t$$
$$4 \ — \ h$$
$$8 \ — \ e.$$

Nous avons ainsi fait un grand pas.

Ceci nous permet de déchiffrer le commencement et la fin de plusieurs autres mots.

Prenons par exemple l'avant-dernier endroit où se présente la combinaison; 48. Nous savons que le   ; qui vient après commence un mot et sur les 6 caractères qui suivent le *the*, nous n'en connaissons pas moins de cinq :

$$t \ . \ eeth.$$

Les lettres th font sûrement partie d'un mot qui commence. Nous n'avons, par conséquent, à déchiffrer que :

$$t \ . \ ee.$$

En tâtonnant nous arrivons au mot tree (arbre) comme la seule leçon possible. Nous gagnons ainsi une autre lettre, r, figurée par le signe (, et nous avons le sens de deux mots consécutifs : the tree (l'arbre).

Cherchant un peu plus loin, nous retrouvons la combinaison : 48 et nous l'employons en manière de terminaison à ce qui précède immédiatement.

Nous obtenons ainsi cet arrangement :

$$\text{the tree; } 4 \ (\div? \ 34 \ \text{the,}$$

ou, en mettant les lettres à la place des signes que nous connaissons :

$$\text{the tree thr} \div? \ 3 \ h \ \text{the.}$$

Maintenant, si au lieu des caractères inconnus, nous laissons des points, nous aurons :

the tree thr ... h the,

et nous lisons aussitôt le mot through (à travers). Mais cette découverte nous fournit trois lettres de plus, o, u et g, représentées par ÷, ? et 3.

Arrivé là, nous parcourons avec soin le cryptographe à la recherche de combinaisons de caractères connus et nous rencontrons sans aller très loin, la série

83 (88, ou egree,

qui ne peut être que la fin du mot degree (degré) et nous donne une nouvelle lettre d, représentée par †.

A une distance de quatre lettres de ce dernier mot, se présente la combinaison ; 46 (; 88ˣ.

Nous traduisons les caractères connus, nous remplaçons encore une fois les signes inconnus par des points, et nous lisons :

th. rtee,

assemblage qui suggère aussitôt le mot thirteen (treize), et ajoute deux lettres à notre clef.

Si nous remontons maintenant au point de départ de notre cryptographe, nous voyons qu'il commence par la combinaison :

53 ÷ ÷ †

Traduisant d'après la méthode que avons déjà employée, nous obtenons :

. good,

ce qui nous démontre que la première lettre est un A et que les deux premiers mots sont : A good (un bon).

Notre clef arrangée sous forme de table donne le résultat qui suit :

5 représente a
†   —   d
8   —   e

3	représente	g
4	—	h
6	—	i
x	—	n
÷	—	o
(	—	r
;	—	t

Nous ne possédons pas moins de dix principaux caractères employés dans le cryptographe, et il serait inutile de pousser jusqu'au bout les détails de la solution. Voici la traduction complète :

« A good glass in the bishop's hostel in the devil's seat forty-one degrees and thirteen minutes north-east and by north main branch seventh limb east side shoot from the left eye of the death's-head a bee line from the tree through the shot fifty feet out ».

ANNEXE VI

CRYPTOGRAMME DE BALZAC

Balzac, dans la *Physiologie du Mariage*[1], a donné un cryptogramme de 3.602 caractères.

Nombre d'auteurs ont étudié ces caractères, aucun n'a pu arriver à les traduire.

M. Bazeries[2] a décomposé ce cryptogramme dans toutes ses parties et conclu qu'il n'avait été chiffré ni par un système de substitution, ni par un système de transposition.

Nous avons examiné également ce texte et avons été amenés à formuler les observations suivantes :

1° Les 720 groupes de cinq lettres (plus un groupe de deux lettres) composant ce texte chiffré sont tous différents, ce qui prouve qu'ils n'ont pas été choisis au hasard.

2° 79 de ces groupes, soit 9 p. 100 environ, renferment les trois lettres : d, o, t. Ce sont ceux du tableau de la page 306.

3° 72 groupes, sur les 79 groupes ci-dessus, figurent parmi les 400 premiers groupes du cryptogramme.

Les 7 autres groupes figurent dans la dernière tranche de 300 groupes du cryptogramme. Ceci exclut également toute idée de hasard.

4° Plusieurs des groupes où figurent les trois lettres d, o, t sont groupés par 2, 3 ou 4. Ce sont les groupes nᵒˢ :

18-19-20-21
40-41-42
52-53-54

1. Méditation XXV, paragraphe 1 : des religions et de la confession, considérées dans leurs rapports avec le mariage.

2. *Les chiffres secrets dévoilé*, Paris, 1901, Charpentier, pages 90 à 98.

TRAITÉ DE CRYPTOGRAPHIE

78-79
81-82-83
102-103-104
201-202
220-221-222-223
239-240
260-261
336-337
339-340
388-389-390-391
442-443

ce qui confirme l'hypothèse des trois premiers paragraphes.

TABLEAU DES GROUPES RENFERMANT LES LETTRES d, o, t

NUMÉRO d'ordre	GROUPE	NUMÉRO du groupe	NUMÉRO d'ordre	GROUPE	NUMÉRO du groupe	NUMÉRO d'ordre	GROUPE	NUMÉRO du groupe
1	o ; *tod*	9	28	q*t*;*do*	120	55	*do*Pto	309
2	*t'od*h	16	29	*dot*sa	125	56	*odt*ff	319
3	*toadg*	18	30	d-*tod*	127	57	*tordo*	333
4	da*odt*	19	31	*dot*no	136	58	*dt*qto	336
5	gt*dot*	20	32	*d*ê.*to*	148	59	i*doto*	337
6	ah*tod*	21	33	*td*qod	151	60	*toadh*	339
7	e*ot*h*d*	40	34	4*o*q*td*	153	61	*to*q*do*	340
8	*toBdo*	41	35	*dot*ot	158	62	o'*dto*	358
9	*odt*bt	42	36	e,*odt*	174	63	*to*'dg	361
10	-a*dto*	47	37	oo*ftd*	179	64	*do*tt1	367
11	q*td*po	52	38	o*t*L*od*	181	65	*d*ho't	369
12	*t*oqt*d*	53	39	*dt*é'o	193	66	*d*thoc	384
13	o-f*dt*	54	40	o : d*dt*	201	67	dæ*dot*	387
14	ii*tdo*	57	41	,*t*-*do*	202	68	*do*tdv	388
15	*d*itso	73	42	*t*da : o	216	69	q*dtdo*	389
16	eo*dot*	78	43	c*td*'o	220	70	ae*dto*	390
17	oq*odt*	79	44	é*do*'t	221	71	*to*èfd	391
18	b*dt*ot	81	45	g*dt*oo	222	72	n*to*sd	399
19	d*tdo*q	82	46	*dt*oto	223	73	fi*otd*	412
20	*d* ; *to*l	83	47	op*dto*	229	74	*otd*'o	414
21	*t'od*q	86	48	*td*'po	239	75	d*dot*è	442
22	*odt*qa	89	49	ho*dt*t	240	76	*dot*co	443
23	q*td*od	93	50	éoæ*td*	260	77	zé*dot*	543
24	*dot*ot	99	51	*odt*la	261	78	*dt*oea	548
25	it*dto*	102	52	oba*dt*	265	79	*odt*.g.	702
26	go*ttd*	103	53	t'*tdo*	268			
27	.oc*dt*	104	54	*to*bod	284			

La conclusion de ces observations est que le cryptogramme ci-dessus, composé de groupes dont aucun ne se répète et dont 9 p. 100 environ renferment les trois lettres d, o, t et sont groupés au début du texte, n'est chiffré ni au moyen d'une clef de substitution ou de transposition, ni à l'aide d'un dictionnaire.

En conséquence, il faut supposer que ce cryptogramme est un assemblage de lettres sans aucune signification [1].

1. Quelque temps après avoir écrit le passage ci-dessus, obsédés par l'idée que ce que l'on sait de Balzac permet difficilement de supposer que cet auteur se soit livré à une facétie, nous nous sommes demandés s'il ne fallait pas plutôt incriminer les éditeurs de ses œuvres et nous nous sommes fait donner communication, à la Bibliothèque Nationale, des éditions les plus connues, y compris l'édition de Furne, de 1846, parue du vivant de Balzac. A notre vif étonnement, nous avons pu constater que les cinq éditions différentes que nous avons eues entre les mains donnaient chacune un cryptogramme différent, ce qui confirmait nos doutes quant à la loyauté des éditeurs successifs. Bien plus, l'édition Furne, de 1846, vol. XVI, p. 563 et sq., donnait un texte que nous n'avons vu reproduit nulle part ailleurs, totalement différent de celui de l'édition Calmann-Lévy, sur lequel M. Bazeries et nous-mêmes avions travaillé et qui, aux premiers essais, révélait un système de transposition relativement facile à décrypter, avec quelques passages substitués. Nous renvoyons le lecteur à ce dernier texte, en lui laissant le plaisir d'en rechercher lui-même la traduction.

ANNEXE VII

CRYPTOGRAMME DU CHEVALIER DE ROHAN [1] (1674)

Le chevalier de Rohan accusé d'avoir voulu livrer Quille-
bœuf aux Hollandais en 1674 avait été arrêté et mis au secret
à la Bastille. Son complice, La Truaumont, avait été tué par
les gardes chargés de l'arrêter et était mort sans avoir trahi le
chevalier.

Les amis de Rohan essayèrent de l'informer de cette circonstance, afin de lui permettre de sauver sa tête en niant sa parti-
cipation au complot. Ils lui firent passer le cryptogramme suivant écrit sur une manche de chemise :

> « mg dulhxcclgu ghj yxuj lm ct ulgc alj »

Pendant plusieurs jours, le prisonnier fit de vains efforts pour
découvrir le sens caché de ces caractères mystérieux. Il ne put
y parvenir. Mis en présence des juges il avoua son crime, fut
condamné et exécuté le 27 novembre 1674.

Quelques connaissances élémentaires en cryptographie lui
auraient permis sans doute de sauver sa vie.

On peut remarquer en effet, dans ce cryptogramme, que les
lettres c, g et l, répétées 4 fois, sont celles qui se représentent
le plus souvent. Or, la lettre qui se représente le plus souvent
en français est la lettre « e ». De plus, le trigramme le plus fréquent en français est « est ». Or ici ghj peut être « est ». Remplaçons « ghj » par « est » et nous aurons :

<pre>
mg dulhxcclgu ghj yxuj : lm ct ulgc alj
 . e ...s....e. est ...t .... ..e. ..t
</pre>

1. Le cryptogramme ci-dessous est cité dans Josse : *La cryptographie et ses
applications à l'art militaire*, Paris, 1885.

La contexture du texte donne à penser que m = l et l = i,
ce qui nous permet d'écrire :

Le ..is...ie. est ...t il .. ..e. .it

Considérons le groupe yxuj terminé par un t : il n'y a que
deux mots français « fort » et « mort » qui pourraient figurer
dans la dépêche. Soit *mort*, nous avons :

Le .riso..ier est mort il .. rie. .it

Le groupe « ulgc » doit se terminer par « n », ce qui donne
« rien ». Donc c = n. Le deuxième groupe fait « prisonnier ».
Donc d = p. Dans le groupe ct, il n'y a que la lettre « a » qui
puisse suivre la lettre « n » pour faire « n'a ». Enfin dans
« alj », « a » représente évidemment « d ». Le sens général de
la phrase est donc :

Le prisonnier est mort il n'a rien dit.

Si le chevalier avait pu lire, il aurait su que son complice ne
l'avait pas trahi.

ANNEXE VIII

ALPHABET CONVENTIONNEL
DU PRINCE LOUIS-NAPOLÉON (1831)

Le Préfet de Police Gisquet, dans ses Mémoires (1840), rapporte que dans la correspondance relative au complot organisé par le Prince Louis-Napoléon, en 1831, on trouva une pièce écrite de la main du Prince, contenant une liste des mots conventionnels employés par les conjurés pour désigner les personnes et les choses dont les noms devaient se reproduire le plus souvent.

Voici les principaux mots de cette liste, tels qu'ils sont reproduits par Josse [1] et Kerckhoffs [2] :

La reine Hortense.	M. Antoine.
Le prince Louis-Napoléon.	Mme Charles.
L'Angleterre.	Mme Lirson.
Les Bonapartistes.	Mme Gock.
L'Armée.	Mlle Amélie.
La Police.	M. Pamberg.

Ce système rentre dans la catégorie des dictionnaires chiffrés.

1. *La cryptographie et ses applications à l'art militaire.* Paris, 1885, page 84.

2. *La cryptographie militaire*, Paris, 1883, page 56.

ANNEXE IX

CRYPTOGRAMMES DE JULES VERNE

Voici trois exemples de cryptogrammes empruntés aux *Voyages extraordinaires* de J. Verne :

1º le cryptogramme de la Jangada.
2º   —   de Mathias Sandorf.
3º   —   du Voyage au Centre de la Terre.

CRYPTOGRAMME DE LA JANGADA

Ce cryptogramme est chiffré à l'aide d'une substitution à double clef, d'après le système de Gronsfeld. Voici le passage qui s'y rapporte :

« Le juge Jarriquez introduisit ses doigts dans l'étui et en retira, non sans quelque difficulté, un papier jauni, plié avec soin et que l'eau paraissait avoir respecté.

Il déploya ce papier, y jeta les yeux, puis le retourna de manière à en examiner le recto et le verso qui étaient couverts d'une assez grosse écriture.

« Un document, en effet, dit-il. Il n'y a pas à en douter et ce document est écrit en langue cryptologique et ce langage...

— Eh bien ?

— Nous n'en avons pas la clef. »

Il est nécessaire de mettre ce document sous les yeux du lecteur afin de montrer comment un analyste allait employer ses facultés à la découverte de la vérité. Il comptait une centaine de lignes.

« P h y j s l y d d q f d z x g a s g z z q q e h x g k f ñ d r x u j u g i o c y t d x v k s b x h h u y p o h d v y r y m h u h p u

y d k j o x p h é t o z s l e t n p m v f f o v p d p a j x h y y n
o j y g g a y m e q y n f u q l n m v l y f g s u z m q i z t l b q
g y u g s q e u b v n r c r e d g r u z b l r m x y u h q h p z d
r r g c r o h e p q x u f i v v r p l p h o n t h v d d q f h q s n t
z h h h n f e p m q k y u u e x k t o g z g k y u u m f v i j d q
d p z j q s y k r p l x h x q r y m v k l o h h h o t o z v d k s p
p s u v j h d. »

Tout d'abord le juge observa que les lignes du document n'avaient été divisées ni par mots, ni même par phrases et que la ponctuation y manquait. Cette circonstance ne pouvait qu'en rendre la lecture beaucoup plus difficile.

« Voyons cependant, se dit-il, si quelque assemblage de lettres semble former des mots, — j'entends de ces mots dont le nombre des consonnes par rapport aux voyelles permet la prononciation !... Et d'abord au début, je vois le mot phy... plus loin le mot gas... Tiens... ujugi... ne dirait-on pas le nom de cette ville africaine sur les bords du Tanganiika ? Que vient faire cette cité dans tout cela ?... Plus loin, voilà le mot ypo. Est-ce donc du grec ? Ensuite c'est rym... puy,... jor... phetoz... jyggay... suz... gruz... Et, auparavant, red... let... Bon ! voilà deux mots anglais !... Puis ohe... syk... Allons encore le mot rym... puis le mot oto !... »

Le juge Jarriquez se prit à réfléchir quelques instants.

« Tous les mots que je remarque dans cette lecture sommairement faite sont bizarres ! se dit-il.

« En vérité rien n'indique leur provenance ! Les uns ont l'air grec, les autres l'aspect hollandais, ceux-ci une tournure anglaise, ceux-là n'ont aucun air, — sans compter qu'il y a des séries de consonnes qui échappent à toute prononciation humaine ! Décidément il ne sera pas facile d'établir la clef de ce cryptogramme !... »

« Voyons donc d'abord, dit-il, combien il se trouve de lettres dans ce paragraphe. » Il compta, le crayon à la main. « Deux cent soixante-seize ! dit-il. Eh bien, il s'agit de déterminer maintenant dans quelle proportion ces diverses lettres se trouvent assemblées les unes par rapport aux autres. »

Ce compte fut plus long à établir. Le juge Jarriquez avait repris le document ; puis son crayon à la main, il notait suc-

cessivement chaque lettre suivant l'ordre alphabétique. Un
quart d'heure après, il avait obtenu le tableau suivant :

a =	3	fois	*Report :*	120	fois.
b =	4	—	n =	9	—
c =	3	—	o =	12	—
d =	16	—	p =	16	—
e =	9	—	q =	16	—
f =	10	—	r =	12	—
g =	13	—	s =	10	—
h =	23	—	t =	8	—
i =	4	—	u =	17	—
j =	8	—	v =	13	—
k =	9	—	x =	12	—
l =	9	—	y =	19	—
m =	9	—	z =	12	—
A reporter : 120 fois			Total : 276 fois.		

« Ah ! ah ! fit le juge Jarriquez, une première observation me
frappe.; c'est que, rien que dans ce paragraphe, toutes les
lettres de l'alphabet ont été employées! C'est assez étrange !
En effet, que l'on prenne, au hasard, dans un livre, ce qu'il faut
de lignes pour contenir deux cent soixante-seize lettres, et ce
sera bien rare si chacun des signes de l'alphabet y figure.
Après tout, ce peut être un simple effet du hasard. »

Puis passant à un autre ordre d'idées :

« Une question plus importante, se dit-il, c'est de voir si les
voyelles sont aux consonnes dans la proportion normale. »

Le magistrat reprit son crayon, fit le décompte des voyelles
et obtint le calcul suivant :

a =	3	fois.
e =	9	—
i =	4	—
o =	12	—
u =	17	—
y =	19	—
Total : 64 voyelles.		

« Ainsi, dit-il, il y a dans cet alinéa, soustraction faite, soixante-
quatre voyelles contre deux cent onze consonnes ! Eh ! bien,
mais c'est la proportion normale, c'est-à-dire un cinquième
environ, comme dans l'alphabet, où on compte 6 voyelles sur

25 lettres. Il est donc possible que ce document ait été écrit dans la langue de notre pays, c'est-à-dire en portugais, mais que la signification de chaque lettre ait été seulement changée.

« Quelle est la lettre qui est reproduite le plus souvent dans le cryptogramme ? En l'espèce, c'est la lettre « h » puisqu'on l'y rencontre vingt-trois fois. Rien que cette proportion énorme suffit pour faire comprendre *a priori* que h ne signifie pas h, mais au contraire que h doit représenter la lettre qui se rencontre le plus fréquemment en portugais. En anglais, en français ce serait « e » sans doute ; en italien ce serait i ou a ; en portugais ce sera a ou o. Ainsi donc, admettons, sauf modification ultérieure, que h signifie a ou o. »

Cela fait, le juge Jarriquez forma un tableau des lettres les plus fréquentes, et établit ensuite l'ordre dans lequel les lettres se reproduisaient le plus souvent, voyelles d'abord, consonnes ensuite.

Trois heures après avoir commencé son travail, il lut d'une haleine les lettres vraies, qui, d'après lui, devaient correspondre exactement à chaque lettre cryptographique.

C'était une cacophonie.

« Diables de diables ! » s'écria-t-il.

. . . .

A 7 heures du soir, le juge travaillait toujours, lorsqu'on frappa à la porte de son cabinet. Sur l'ordre d'entrer qui fut donné d'une voix impatiente, la porte s'ouvrit et Manoel se présenta. — « Avez-vous mieux réussi que nous, s'écria-t-il ? — Asseyez-vous d'abord, dit le juge, et maintenant étudiez un peu le dernier paragraphe. Vous n'y voyez rien d'anormal ?

— Rien.

— Il y a cependant un détail qui prouve de la façon la plus absolue que le document est soumis à la loi d'un nombre.

— Et c'est ?... demanda Manoel.

— C'est, ou plutôt ce sont trois h que nous voyons juxtaposés à deux places différentes ! Cela démontre *a priori* que chaque lettre est modifiée par la vertu des chiffres de ce nombre et suivant la place qu'ils occupent.

— Et pourquoi donc ?

— Parce que dans aucune langue il n'y a de mots qui comportent le triplement de la même lettre ! »

Manoel fut frappé de l'argument, il y réfléchit, et, en somme, n'y trouva rien à répondre.

« Mais enfin, monsieur, demanda Manoel, qu'entendez-vous par un nombre ?

— Le voici, et un exemple vous le fera comprendre mieux que toute explication. Choisissons une phrase au hasard, la première venue, celle-ci par exemple :

Le juge Jarriquez est doué d'un esprit très ingénieux.

J'écris cette phrase de manière à en espacer les lettres et j'obtiens cette ligne :

    L e   j u g e   J a r r i q u e z   e s t   d o u é   d' u n
            e s p r i t   t r è s   i n g é n i e u x.

Supposons maintenant que je prenne un nombre au hasard, afin de donner à cette succession naturelle de mots une forme cryptographique : 423 par exemple. Je dispose ledit nombre 423 sous la ligne ci-dessus, en le répétant autant de fois qu'il sera nécessaire pour atteindre la fin de la phrase, et de manière que chaque chiffre vienne se placer sous chaque lettre. Voici ce que cela donne :

    L e   j u g e   J a r r i q u e z   e s t   d o u é   d' u n
    4 2   3 4 2 3   4 2 3 4 2 3 4 2 3   4 2 3   4 2 3 4   2   3 4
            e s p r i t   t r è s   i n g é n i e u x.
            2 3 4 2 3 4   2 3 4 2   3 4 2 3 4 2 3 4 2

En remplaçant chaque lettre par la lettre qu'on obtient dans l'ordre alphabétique en le descendant suivant la valeur du chiffre, j'obtiens ceci :

l	moins	4	égale	p
e	—	2	—	g
j	—	3	—	m
u	—	4	—	z
g	—	2	—	i
e	—	3	—	h

et ainsi de suite.

La phrase est alors remplacée par celle-ci :

    P g   m z i h   n c u v k t z g c   i u x   h q y i   f y r
            g v t t l y   v u i u   l r i h r k h z z.

Or, jeune homme, examinez cette phrase, n'a-t-elle pas tout à fait l'aspect de celles du document en question ? Qu'en ressort-il. C'est que si vous ne connaissez pas le nombre qui fait la loi du document, celui-ci restera indéchiffrable. »

.   .   .   .

Il était parfaitement acquis maintenant à l'esprit du digne magistrat que la clef du document était un nombre, composé de deux ou plusieurs chiffres, mais que ce nombre, toute déduction semblait être impuissante à le faire connaître.

.   .   .   .

Le juge Jarriquez, la tête brisée, se leva, arpenta son cabinet, prit l'air à la fenêtre, poussa une suite de rugissements dont le bruit fit partir toute une volée d'oiseaux-mouches qui bourdonnaient dans le feuillage d'un mimosa, et il revint au document.

.   .   .   .

« Le juge Jarriquez, le juge Jarriquez ! » cria Fragoso.

Et haletant, éperdu, il se jetait vers la porte de la ville et tombait, à demi mort, sur le seuil de la maison du magistrat.

La porte était fermée. Fragoso eut encore la force de frapper à cette porte. Elle s'ouvrit; d'un bond il s'élança jusqu'au cabinet du juge.

« Jean Dacosta est innocent ! s'écriat-il. Ce n'est pas lui qui a commis le crime. C'est le compagnon de Torrès l'auteur du document ! C'est Ortega. »

A ce nom le juge Jarriquez bondit. Il retira le document de sa main crispée, l'étendit sur la table, s'assit et passant la main sur ses yeux.

« Ce nom, dit-il... ! Ortega... »

C'était le suprême espoir.

Et alors, d'une main dont le tremblement l'empêchait presque d'écrire, il disposa le nom d'Ortega au-dessus des six dernières lettres du paragraphe.

Un premier cri lui échappa. Il avait vu tout d'abord que ces six dernières lettres étaient inférieures dans l'ordre alphabétique à celles qui composaient le nom d'Ortega, et que, par conséquent, elles pouvaient toutes se chiffrer et composer un nombre.

Et en effet il obtint :

<pre>
O r t e g a
4 3 2 5 1 3
s u v j h d
</pre>

Mais ce nombre ainsi composé 4 3 2 5 1 3 était-il enfin celui qui avait présidé à la formation du document ?

En cet instant les cris redoublèrent. Quelques minutes encore, c'était tout ce qui restait à vivre au condamné !

Mais déjà le juge Jarriquez avait disposé le nombre obtenu au-dessus des premières lettres du paragraphe, en le répétant autant de fois qu'il était nécessaire, comme suit :

<pre>
4 3 2 5 1 3 4 3 2 5 1 3   4 3 2 5 1 3   4 3 2 5 1 3
P h y j s l y d d q f d   z x g a s g   z z q q e h
</pre>

Puis reconstituant les lettres vraies en remontant dans l'ordre alphabétique il lut :

« Le véritable auteur du vol de..... »

Un hurlement de joie lui échappa ! Ce nombre 4 3 2 5 1 3, c'était le nombre tant cherché. Sans en lire davantage, il se précipita hors de son cabinet, puis dans la rue, criant : « Arrêtez, arrêtez. »

CRYPTOGRAMME DE MATHIAS SANDORF

Ce cryptogramme est chiffré par le moyen de la grille. Voici l'extrait qui s'y rapporte :

« — Un billet? s'écria Sarcany. Attends Zirone, attends ! Ceci mérite un sursis ! »

Et il arrêta la main de son compagnon qui allait se refermer sur le cou du pigeon voyageur. Puis, prenant le sachet qui était attaché sous son aile, il l'ouvrit et en retira un billet écrit en langue chiffrée.

Le billet ne contenait que dix-huit mots, disposés sur trois colonnes verticales, comme suit :

<pre>
ihnalz   zaemen   ruiopn
arnuro   trvree   mtqssl
odxhnp   estlev   eeuart
aeeeil   ennios   noupvg
spesdr   erssur   ouitse
eedgnc   toeedt   artuee
</pre>

Du lieu de départ et du lieu de destination de ce billet, rien.
Serait-il possible de comprendre le sens de ces dix-huit mots,
sans en connaître le chiffre ?

. . . .

De l'examen approfondi de cette dépêche, dit Sarcany, il
résulte pour moi que sa clef ne repose ni sur un nombre, ni
sur un alphabet conventionnel, qui attribuerait à chacune des
lettres une autre signification que sa signification réelle. Oui !
dans ce billet un *s* est un *s*, un *p* est un *p*, mais ces lettres ont
été disposées dans un ordre qui ne peut être reconstitué qu'au
moyen d'une grille !

Soit, dit Toronthal, mais sans la grille, il est impossible de
reconstituer le billet.

. . . .

Au quatrième tiroir que visita Sarcany, sous des papiers
dont il n'avait que faire, se trouvait une sorte de carte, trouée
irrégulièrement. Cette carte attira tout de suite son attention.

« La grille ! » se dit-il.

Il ne se trompait pas.

Cette grille était un simple carré de carton, de six centi-
mètres de longueur par côté, et divisé en trente-six carrés
égaux, mesurant chacun un centimètre environ. De ces trente-
six carrés, disposés sur six lignes horizontales et verticales
comme ceux d'une table de Pythagore qui aurait été établie
sur six chiffres, vingt-sept étaient pleins, et neuf étaient vides,
c'est-à-dire qu'à la place de ces neuf carrés, la carte était
découpée et ajourée en neuf endroits.

On pouvait établir, de prime abord, que les six premiers
mots du billet, composé de trente-six lettres, avaient été successivement obtenus au moyen des trente-six carrés.

En effet, la disposition des carrés vides avait été si ingénieu-
sement combinée dans l'agencement de cette grille, qu'en lui
faisant faire quatre fois un quart de tour, les carrés vides
venaient successivement occuper la place des carrés pleins,
sans jamais se doubler en aucun endroit.

. . . .

Sarcany écrivit sur une feuille blanche les lettres des six
premiers mots. Cela donna la disposition suivante :

<pre>
i h n a l z
a r n u r o
o d x h n p
a e e e i l
s p e s d r
e e d g n c
</pre>

Puis la grille fut appliquée sur cet ensemble, de manière que le côté marqué d'une petite croix se trouvât placé en haut. Et alors les neuf cases vides laissèrent apparaître les neuf lettres suivantes, pendant que les vingt-sept autres restaient cachées par les pleins du carton :

<pre>
h a z r x e i r g.
</pre>

Sarcany fit alors faire un quart de tour à la grille, de gauche à droite, de façon que le côté supérieur devînt cette fois le côté latéral droit. Dans cette seconde application, ce furent les lettres suivantes, qui apparurent à travers les vides :

<pre>
n o h a l e d e c.
</pre>

Dans les troisième et quatrième applications, les lettres visibles furent celles-ci, dont le relevé fut noté avec soin :

<pre>
n a d n e p e d n
i l r u o p e s s
</pre>

ce qui ne signifiait absolument rien.

« Continuons, » s'écria Sarcany.

Il recommença l'expérience sur les six mots formant la seconde colonne du billet. Quatre fois il réappliqua la grille sur ces mots, en lui faisant faire un quart de tour. Il n'obtint que cet assemblage de lettres absolument dénué de sens :

<pre>
a m n e t n o r e
v e l e s s u o t
e t s e i r t e d
z e r r e v n e s
</pre>

Et voici les mots que donnèrent les quatre dernières applications de la grille :

<pre>
u o n s u o v e u
q l a n g i s r e
i m e r p u a t e
r p t s e t u o t
</pre>

« Eh ! s'écria Sarcany, qu'avons-nous à faire de cet indéchiffrable logogriphe !

— Écrivez donc tous ces mots les uns à la suite des autres ! répondit simplement le banquier.

— Et pourquoi faire.

— Pour voir ! »

Sarcany obéit, et il obtint la succession de lettres suivantes :

hazrxeirgnohaledecnadnepednilruopessamnetnorevelessuotet
seirtedzerrevnesuonsuoveuqlangisreimerpuaterptsetuot.

A peine ces lettres étaient-elles écrites, que Silas Toronthal arrachait le papier des mains de Sarcany, il le lisait, il poussait un cri.

« Ne voyez-vous pas, s'écria-t-il, qu'avant de composer ces mots au moyen de la grille, les correspondants du comte Sandorf avaient préalablement écrit à rebours la phrase qu'ils forment ! »

Sarcany prit le papier et voilà ce qu'il lut, en allant de la dernière lettre à la première.

« Tout est prêt. Au premier signal que vous nous enverrez de
« Trieste, tous se lèveront en masse pour l'indépendance de la
« Hongrie. Xrzah. »

« Et ces cinq lettres ? s'écria-t-il.

— Une signature convenue ! répondit Silas Toronthal. »

CRYPTOGRAMME DU VOYAGE
AU CENTRE DE LA TERRE

Ce cryptogramme est chiffré au moyen d'une transposition. Voici le passage qui le contient :

« Mon oncle déploya sur la table un morceau de parchemin long de cinq pouces, large de trois et sur lequel s'allongeaient, en lignes transversales, des caractères de grimoire. »

Le professeur considéra quelques instants cette série de caractères ; puis il dit en relevant ses lunettes :

« C'est du runique, du vieil islandais. Je vais te dicter chaque lettre de notre alphabet qui correspond à l'un de ces caractères islandais. »

Chaque lettre, appelée l'une après l'autre, forma l'incompréhensible succession de mots suivants :

m.rnlls	esreuel	seecIde
sgtssmf	unteief	niedrke
kt,samn	atrateS	Saodrrn
emtnael	nuaect	rrilSa
Atvaar	.nscrc	ieaabs
ccdrmi	eentul	frantu
dt,iac	oseibo	KediiI

Quand ce travail fut terminé, mon oncle prit vivement la feuille sur laquelle je venais d'écrire, et l'examina longtemps avec attention. « C'est ce que nous appelons un cryptogramme, dit-il, dans lequel le sens est caché sous des lettres brouillées à dessein, et qui convenablement disposées formeraient une phrase intelligible. Quand je pense qu'il y a là peut-être l'explication ou l'indication d'une grande découverte ! »

« Voyons, dit-il, la première idée qui doit se présenter à l'esprit pour brouiller les lettres d'une phrase, c'est, il me semble, d'écrire les mots verticalement au lieu de les tracer horizontalement.

— Tiens, pensai-je.

— Il faut voir ce que cela produit. »

Au moment de faire son expérience capitale, les yeux du professeur Lidenbrock lancèrent des éclairs à travers ses lunettes. Il toussa fortement et d'une voix grave, appelant successivement la première lettre, puis la seconde de chaque mot, il me dicta la série suivante :

    mmessunkaSenrA.icefdoK.segnittamurtn
    ecertserrette,rotaivsadua,ednecsedsadne
    lacartniiiluIsiratracSarbmutabiledmek
    meretarcsilucoYsleffenSnI

« Ce n'est pas cela ! s'écria mon oncle, cela n'a pas le sens commun ! » Puis traversant le cabinet comme un boulet, il s'enfuit à toutes jambes.

Soudain, une lueur se fit dans mon esprit. Pour comprendre ce document, il n'était pas même nécessaire de le lire à travers la feuille retournée. Non. Tel il était, tel il pouvait être épelé couramment.

L'ingénieux Saknussem avait écrit sa phrase à l'envers.
Le document était conçu en ces termes :

> In Sneffels Yoculis craterem kem delibat
> umbra Scartaris Iulii intra calendas descende
> audas viator, et terrestre centrum attinges.
> Kod feci. Arne Saknussem.

Ce qui, de ce mauvais latin, peut être traduit ainsi :

> Descends dans le cratère du Yocul de
> Sneffels que l'ombre du Scartaris vient
> caresser avant les calendes de Juillet,
> voyageur audacieux, et tu parviendras
> au centre de la Terre. Ce que j'ai fait.
>
> Arne Saknussem.

ANNEXE X

CRYPTOGRAMME DE PAUL FÉVAL

Paul Féval, dans un de ses romans intitulé : *Les compagnons du Silence*[1], donne une série de cryptogrammes, chiffrés avec un système de substitution. Il a paru intéressant de reproduire, ci-après, un de ces cryptogrammes, en y ajoutant, à titre de commentaire, un essai de décryptement.

Voici ce cryptogramme[2] :

« $I^3R \quad A^6 \quad A \quad I^4A^5I^2RI^4A^5I^2 \quad IL^2NM^2I^2 \quad CI^2 \quad DRA^5M^2 \quad A^2NA^4O$
$I^4A^5I^2 \quad RI^2 \quad A^2I^3A^4$

« $II^2M^2O \qquad RA \qquad A^2NI^3$

« $I^3R \quad A^6 \quad A \quad I^2A^6I^2RI^4A^5I^2 \quad IL^2NM^2I^2 \quad CI^2 \quad DRA^5M^2 \quad A^3NI^3A^4$
$I^4A^5I^2 \qquad RI^2 \qquad IL^2AA^4MNA^3$

« $II^2M^2O \qquad RA \qquad INA^3M^2II^3I^2A^3II^2 \qquad EA^5 \qquad OA^4AI^3AO^4I^2$

Le cryptogramme ci-dessus présente, à première vue, trois particularités remarquables :

Il contient 10 lettres de l'alphabet, seules ou combinées avec les chiffres 2 à 6, de façon à donner 20 signes différents, ce qui permet de supposer qu'on se trouve en présence d'une substitution simple.

Il est partagé en tranches irrégulières analogues en tous points aux mots d'une phrase en langage clair.

Plusieurs des groupes qui le composent sont répétés deux fois. Les particularités 2 et 3 fortifient l'hypothèse qu'on se trouve en présence d'une substitution simple.

Essayons le décryptement de ce texte par les procédés habituels :

1. Paris, 1923. Ollendorff, page 6.
2. *Ibidem*, page 64.

La recherche des fréquences nous donne le tableau suivant :

			report 68		report 96	
I^2	—	19 fois	I^3 — 6		A^2 — 3	
R	—	10 —	I^4 — 5		A^3 — 3	
A	—	9 —	A^4 — 4		D — 2	
A^5	—	8 —	O — 4		M — 1	
I	—	8 —	A^6 — 3		O^4 — 1	
N	—	7 —	L^2 — 3			
M^2	—	7 —	E — 3			
à reporter	68		96	Total . .	106 lettres.	

La lettre le plus souvent répétée est I^2. Elle se rencontre 19 fois dans un cryptogramme de 106 lettres, ce qui est une proportion normale. Nous pouvons dire que $I^2 = e$.

Procédons ensuite par tâtonnements.

Si, comme nous le supposons, les coupures des mots du clair sont apparentes, le déchiffrement de notre texte est singulièrement plus facile. Nous relevons, en effet, les deux monogrammes : A^6 et A. La langue française n'a que deux monogrammes : « a » et « y ». D'après l'emplacement des lettres, nous pouvons supposer que A = a et A^6 = y. En français, d'autre part, « y a » est toujours précédé de « il ». Nous pouvons donc poser I^3R = il, et nous avons, en conséquence, le commencement d'alphabet suivant :

$$I^2 = e \qquad A^6 = y \qquad R = I$$
$$A = a \qquad I^3 = i$$

Continuons nos recherches : le mot $I^4A^5I^2RI^4A^5I^2$ renferme trois lettres connues : I^2RI^2, et un groupe I^4A^5 répété 2 fois. Il est vraisemblable que ce groupe, qui se reproduit un peu plus loin isolément sous la forme $I^4A^5I^2$, se traduit par :

$$I^4 = q$$
$$A^5 = u$$

et que le mot complet se lit « quelque ». Nous avons donc 2 lettres de plus.

Le mot suivant $IL^2NM^2I^2$, dans lequel nous connaissons

$I^2 = e$, venant après le membre de phrase « Il y a quelque »,
peut très bien être le mot « chose », ce qui nous donne :

$$I = c$$
$$L^2 = h$$
$$N = o$$
$$M^2 = s.$$

Le groupe CI^2 où $I^2 = e$, signifie vraisemblablement « de » et
nous permet de poser :
$$C = d.$$

Le groupe DRA^5M^2, qui se lit « lus » nous permet d'identifier le mot « plus » d'où nous tirons :

$$D = p.$$

Passons maintenant à la ligne suivante : le mot II^2M^2O dont
on connait déjà $I = c$, $I^2 = e$ et $M^2 = s$, se lira « C'est ». Nous
poserons donc :
$$O = t.$$

Plus loin encore, le mot $INA^3M^2II^3I^2A^3II^2$ qui renferme huit
lettres connues :   co   scie   ce, nous donnera :

$$A^3 = n.$$

Et le mot $OA^4AI^3OA^4I^2$

t   ai   t   e

nous permettra d'ajouter à notre liste :

$$A^4 = r.$$

Parvenus à ce point, il nous semble inutile de pousser notre
démonstration plus loin, puisque nous possédons 16 lettres
sur 20.

La traduction complète du cryptogramme est la suivante :
« Il y a quelque chose de plus fort que le fer,
« C'est la foi.
« Il y a quelque chose de plus noir que le charbon,
« C'est la conscience du traître. »
Cette traduction est reproduite à la page 67 de l'ouvrage
cité plus haut.

Quant à l'alphabet du Silence, il est ordonné comme suit, les lettres du chiffré étant toutes des capitales :

a $=$ A	j $=$ E	s $=$ M^2
b $=$ M	k $=$ G	t $=$ O
c $=$ I	l $=$ R	u $=$ A^5
d $=$ C	m $=$ E^2	v $=$ L^3
e $=$ I^2	n $=$ A^3	x $=$ L^4
f $=$ A^2	o $=$ N	y $=$ A^6
g $=$ L	p $=$ D	z $=$ P
h $=$ L^2	q $=$ I^4	
i $=$ I^3	r $=$ A^4	

Cet alphabet est indiqué à la page 172 de l'ouvrage de Paul Féval.

La clef, comme il ressort du tableau ci-dessus, est formée des lettres composant le premier vers de la chanson de Fiora·vente, qui sert aussi de mot d'appel et de mot d'ordre aux Compagnons du Silence :

Amici alliegre andiamo alla pena.

ANNEXE XI

ERREURS TÉLÉGRAPHIQUES

Le système Morse, communément employé pour les transmissions des télégrammes, se prête aux erreurs télégraphiques.
Celles-ci, malheureusement fréquentes, font perdre beaucoup
de temps aux déchiffreurs et peuvent, dans certains cas, avoir
des conséquences désastreuses. Nous croyons rendre service
en donnant, ci-après, deux tableaux :

A. — ALPHABET MORSE.

A	· —		1	· — — — —
B	— · · ·		2	· · — — —
C	— · — ·		3	· · · — —
D	— · ·		4	· · · · —
E	·		5	· · · · ·
F	· · — ·		6	— · · · ·
G	— — ·		7	— — · · ·
H	· · · ·		8	— — — · ·
I	· ·		9	— — — — ·
J	· — — —		0	— — — — —
K	— · —			
L	· — · ·			
M	— —			
N	— ·			
O	— — —			
P	· — — ·			
Q	— — · —			
R	· — ·			
S	· · ·			
T	—			
U	· · —			
V	· · · —			
W	· — —			
X	— · · —			
Y	— · — —			
Z	— — · ·			

B. — TABLEAU DES SUBSTITUTIONS POSSIBLES
AVEC L'ALPHABET MORSE.

Les substitutions possibles avec le Morse sont presque toujours dues à une coupure mal faite par le télégraphiste. Exemple : . — . pour . — . qui donne R pour AE.

Nous n'avons pas essayé d'établir de tableau pour les erreurs dues au remplacement d'un point par un trait et réciproquement ou à la chute d'un trait ou d'un point en cours de transmission, le nombre d'erreurs de ce genre étant trop considérable et leur recherche étant affaire de tâtonnement.

Les erreurs télégraphiques, susceptibles de se produire au cours de la transmission d'un texte quelconque, peuvent être classées en trois groupes.

Premier groupe. — Erreurs n'affectant pas, à première vue, l'aspect extérieur du télégramme : par exemple, une lettre a été substituée à une autre lettre.

Deuxième groupe. — Erreurs ayant eu pour résultat d'augmenter le texte d'une ou deux lettres : par exemple, deux ou trois lettres ont été substituées à une lettre unique.

Troisième groupe. — Erreurs ayant eu pour résultat de diminuer la longueur du texte d'une ou deux lettres : par exemple, une lettre unique a été substituée à deux ou trois lettres.

PREMIER GROUPE. — Les cas où, dans un texte chiffré, une lettre a été substituée à une autre, par suite d'une erreur de transmission, sont innombrables. Ils proviennent, soit de la transformation d'un point en un trait ou réciproquement, soit de la chute d'un point ou d'un trait, soit d'une coupure mal faite.

Citons simplement à titre d'exemple :

a) Transformation d'un point en un trait ou réciproquement ;

A	· —		· ·	I
E	·		—	T
I	· ·		· —	A
N	— ·		· —	A
T	—		·	E

b) Chute d'un point ou d'un trait ;

H	· · · ·	· · ·	S
M	— —	— — —	O

c) Coupure mal faite.

MM	— · — —	— — — —	CH
OT	— — — ·	— — — —	CH
TO	— — — —	— · — — —	CH

Pour retrouver ces erreurs, il faut procéder par tâtonnement, en ayant sous les yeux l'alphabet Morse.

DEUXIÈME GROUPE. — Les cas où le groupe chiffré transmis est plus long que le groupe normal, proviennent, en général, d'une erreur due à une coupure mal faite pas l'agent transmetteur manipulant l'appareil Morse. Voici un tableau des cas les plus fréquents susceptibles de se présenter :

AE	· — ·	· — ·	R
AI	· — · ·	· — · ·	L
AM	· — — —	· — — —	J
AN	· — — ·	· — — ·	P
AT	· — —	· — —	W
ATE	· — — ·	· — — ·	P
ATT	· — — —	· — — —	J
DE	— · · ·	— · · ·	B
DT	— · · —	— · · —	X
EA	· · —	· · —	U
ED	· — · ·	· — · ·	L
EE	· ·	· ·	I
EEE	· · ·	· · ·	S
EEEE	· · · ·	· · · ·	H
EG	· — — ·	· — — ·	P
EI	· · ·	· · ·	S
EIE	· · · ·	· · · ·	H
EIT	· · · —	· · · —	V
EM	· — —	· — —	W
EMT	· — — —	· — — —	J
EN	· — ·	· — ·	R
ENE	· — · ·	· — · ·	L
EO	· — — —	· — — —	J
ER	· · — ·	· · — ·	F

Code	Morse (code)	Morse (lettre)	Lettre
ES	· ···	····	H
ET	· —	·—	A
ETE	· — ·	·—·	R
ETT	· — —	·——	W
EU	· ··—	···—	V
GE	——· ·	——··	Z
GT	——· —	——·—	Q
IA	·· ·—	···—	V
IE	·· ·	···	S
IET	·· · —	···—	V
II	·· ··	····	H
IN	·· —·	··—·	F
IT	·· —	··—	U
ITE	·· — ·	··—·	F
KE	—·— ·	—·—·	C
KT	—·— —	—·——	Y
MA	—— ·—	——·—	Q
ME	—— ·	——·	G
MET	—— · —	——·—	Q
MI	—— ··	——··	Z
MT	—— —	———	O
NA	—· ·—	—··—	X
NE	—· ·	—··	D
NEE	—· · ·	—···	B
NET	—· · —	—··—	X
NI	—· ··	—···	B
NM	—· ——	—·——	Y
NN	—· —·	—·—·	C
NT	—· —	—·—	K
NTE	—· — ·	—·—·	C
RE	·—· ·	·—··	L
SE	··· ·	····	H
ST	··· —	···—	V
TA	— ·—	—·—	K
TAE	— ·— ·	—·—·	C
TAT	— ·— —	—·——	Y
TD	— —··	——··	Z
TE	— ·	—·	N

TEE	— · ·	— · ·	D
TEM	— · — —	— · — —	Y
TEN	— · — ·	— · — ·	C
TET	— · —	— · —	K
TI	— · ·	— · ·	D
TIE	— · · ·	— · · ·	B
TK	— — · —	— — · —	Q
TM	— — —	— — —	O
TN	— — ·	— — ·	G
TNE	— — · ·	— — · ·	Z
TR	— · — ·	— · — ·	C
TS	— · · ·	— · · ·	B
TT	— —	— —	M
TTE	— — ·	— — ·	G
TTT	— — —	— — —	O
TU	— · · —	— · · —	X
TW	— · — —	— · — —	Y
UE	· · — ·	· · — ·	F
WE	· — — ·	· — — ·	P
WT	· — — —	· — — —	J

TROISIÈME GROUPE. — Les cas où le groupe chiffré transmis
est plus court que le groupe normal proviennent, en général,
également, d'une erreur due à une coupure mal faite. Voici
un tableau des cas qui se présentent le plus fréquemment :

A	· —	· —	ET
B	— · · ·	— · · ·	TS
		— · · ·	DE
		— · · ·	NI
		— · · ·	NEE
		— · · ·	TEI
		— · · ·	TIE
		— · · ·	TEEE
C	— · — ·	— · — ·	TR
		— · — ·	KE
		— · — ·	NN
		— · — ·	NTE
		— · — ·	TEN
		— · — ·	TAE
		— · — ·	TETE

D	— · ·	— · ·	NE
		— · ·	TI
		— · ·	TEE
F	· · — —	· · — ·	ER
		· · — ·	UE
		· · — ·	IN
		· · — ·	EAE
		· · — ·	ITE
		· · — ·	EEN
		· · — ·	EETE
G	— — ·	— — ·	ME
		— — ·	TN
		— — ·	TTE
H	· · · ·	· · · ·	ES
		· · · ·	SE
		· · · ·	II
		· · · ·	EEI
		· · · ·	EIE
		· · · ·	IEE
		· · · ·	EEEE
		· ·	EÉ
I	· ·		
J	· — — —	· — — —	AM
		· — — —	EO
		· — — —	WT
		· — — —	ETM
		· — — —	EMT
		· — — —	ATT
		· — — —	ETTT
K	— · —	— · —	NT
		— · —	TA
		— · —	TET
L	· — · ·	· — · ·	ED
		· — · ·	RE
		· — · ·	AI
		· — · ·	ETI
		· — · ·	ENE
		· — · —	AEE
		· — · ·	ETEE
M	— —	— —	TT
N	— ·	— ·	TE
O	— — —	— — —	MT
		— — —	TM
		— — —	TTT

P	· — — ·	· — — ·	AN
		· — — ·	EG
		· — — ·	WE
		· — — ·	ETN
		· — — ·	EME
		· — — ·	ATE
		· — — ·	ETTE
Q	— — · —	— — · —	MA
		— — · —	GT
		— — · —	TK
		— — · —	MET
		— — · —	TTA
		— — · —	TNT
		— — · —	TTET
R	· — ·	· — ·	AE
		· — ·	EN
		· — ·	ETE
S	· · ·	· · ·	EI
		· · ·	IE
		· · ·	EEE
U	· · —	· · —	EA
		· · —	IT
		· · —	EET
V	· · · —	· · · —	EU
		· · · —	IA
		· · · —	ST
		· · · —	EIT
		· · · —	EEA
		· · · —	IET
		· · · —	EEET
W	· — —	· — —	AT
		· — —	EM
		· — —	ETT
X	— · · —	— · · —	DT
		— · · —	NA
		— · · —	TU
		— · · —	NET
		— · · —	TEA
		— · · —	TIT
		— · · —	TEET
Y	— · — —	— · — —	TW
		— · — —	KT
		— · — —	NM

— · — —	NTT
— · — —	TAT
— · — —	TEM
— · — —	TETT
— — · ·	GE
— — · ·	MI
— — ·	TD
— — · ·	TNE
— — · ·	TTI
— — · ·	MEE
— — · ·	TTEE

Z   — — · ·

ANNEXE XII

EXERCICES CRYPTOGRAPHIQUES

Transpositions simples.

Nº 1. — THIUP CREIV OASTE NITSE VPIID OUASC AERAS INDAF USSUA
TOCEG VPFRT ELLUT RLECE ESLLI OEROR TSANN SMNAO EDDMT NROSL
DTSEN.

Nº 2. — ECANP OESEU TUTTI MNDAI DINSU TLAEO FINED ERQES IARQA
QSUAM ESLTS RNRSN ETETA TIT.

Nº 3. — Un agent de liaison ennemi s'est égaré dans nos
lignes : il était porteur du télégramme suivant :

EOPEL PUVOE RATUP PTTUT ENNTS TSATU OOSIR TNNED EHERR TLIAE
LOREN NDERA AQSLD TIMEP EIRDN ETOOA NAESC SURSN POESS LUUIE EERBS
EPOIL RALID ERLLN IEIAE RTEOI NEAPL ARAEE QDRAE UCENN SEBSO TLSTS
IEMBL ILTEB CSSDR ESANS AIEEQ EBAII SQSMN NAIRN GSENO EROVN UUEA.

Nº 4. — Radiotélégramme intercepté au moment où une
attaque était en cours :

APTMN TRELN EEDFD TTCSV NOSEA LCELA TTIEN RCSRL TTCMD NRAOS
MTNEE GNIDE MIAAE LFVEN EEDAM TERLP EELRM EOUDD PDCRU NAILO
ERSSI EEDNR UIRRL NHNES TMSEU INSSN ONETO STEEU ILPAN QTAUD EEIRE
BENOI VEFER UPEUD TSTOU ZSEAP AIEEI IEAES MRFAE EONAE NIERM UAEDA
NRTXI TINTN AERIU IRERN LAQAU ANLES CNEEL L.

Nº 5. — Le poste auquel était destiné le télégramme nº 4 a
transmis une demi-heure plus tard au poste émetteur le radio
suivant qui semble être la réponse au dit télégramme :

EPSRE ASDQN EENIS RIEHN RTUNU EERQO OTASL ETTRN MEUGN ETTES
EUCSE CLEAA RLPEI EDITE DASRS DLOCS SEGSU EPSRE IESOO ORNPX.

Transpositions doubles.

N° 6. — Mot probable : Infanterie. Longueur de la clef : six lettres.

EMEFR AAAAV TEDAR ETTEG EGMNU ISINF TINEE TUNNL RNEDL EINEI DEEEN E.

N° 7. — Mot probable : Patrouille. Longueur de la clef : cinq lettres.

ONDRR NUAIL EBQAO SODEB SQRLO HNIES LEHSU CENNS ISNBO EOEGU LIATE OPREA DCCAM TDSLL TUOEI SE.

Transpositions à figures.

N° 8. — NEOTN OSCNE TRDMT REAEE TEATF VCPRS ABLMN MMEEI IUDNR IEGE.

N° 9. — LEULV AITRE REAII INIDD SNLRL VOEPO EECUI EEMYX SMTAN DGNLS NENSI IESET ERE.

N° 10. — AVDRL CIETE LIEAL TTLIR EEBAA AFLNN ITIDL EAESU TAARP ENJNE IDLUE TSOEU ECNSS RTATP DAOOR EINIE DRETR ECMSL UALNU HEESE REOSS TU.

Note. — Les exercices 8 à 10 sont effectués sur des figures géométriques simples d'un système de Jules Césâr.

Méthode de Jules César.

N° 11. — SVIAL ZDHBV PZLKC XVPUB KLCEJ LUBAX HZHPB HIHUK VUULK LXCPA OPLZK PEULC MOLCZ LARXF.

N° 12. — IQHUY YQLRM UEQOB AAMUG EQUZZ QPUMG QZQAG FUGRM IMHJC EQIHF CMEAB GQPHB ALQBA GQGQQ JQOHG QFKJL.

Substitutions simples proprement dites.

N° 13. — LMREP RHUYB SRDBD XBSTB ESNBY XIPGB DLTZB DXBSB EHSRE OPLEH BSREO DPYML RDIES LYYBK IPYOP LHYBS NBMRE.

N° 14. — OHMEM PKKLR HVLBB LSPVZ BOLOL MNLHD RVNZP BOFRM OHLEP BXOFR NUMBO LYLRU VLSQK MBOBZ SSLBD LHZRE HMXLA ZHOPA PLIJU.

N° 15. —

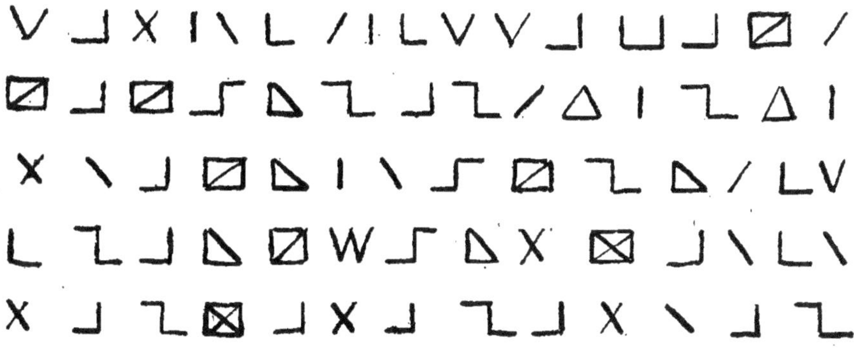

Note. — Un travail préliminaire consistera à remplacer chacun des signes ci-dessus par des lettres, ce qui ramènera aux exercices n°ˢ 3 et 4.

N° 16. — 12324 54367 42893 65048 9,69. — .2;9 : 95461 9782 765✕- 04285 ✕ 7294 90 : 6.? 2492 829 ✕/ 12772.

N° 17. — 36174 82865 14172 72292 65912 41236 24223 36512 36659 16536 48286 52719 19122 45717 36194 90412 48722 72448 28652 22812 19173 63612 65281 93624 57173 61924 27142 73655 22652 84865.

Note. — Dans cet exercice, chaque groupe de deux chiffres représente une lettre.

Substitutions simples, *avec double représentation de la lettre E.*

N° 18. — NHHNC OADFF DVQAS NUNQH AFSUD SNUNH QTFST OULDM TQUSU ASNUD JHQUY AENUU NKDDF NINFH YDRNH UNFLX DDYAE AURQF.

N° 19. — NZLGX UCRLZ BBZZB QTLHN XYURG ZUHRT SZBHP GQLVT ZKBZB NODGN XBHLZ BNODG NXBHV XGZVB HLCXB HBZPG LPUTZ PTKBL YBPNZ VTXKU FNHKG KGNEP BZVKT EHNXR BPGZV XBKGX BHTHV LZPBK GHCLX UPDBH.

Substitutions simples, avec double représentation de la lettre E et suppression des redoublements.

N° 20. — IJPDZ RTBVS GJFKB XBCQZ STBPU SDPDU CDBZT XFZAZ SVPTB IZJTC TSFZD CDXBK BXPST YVBFC DBPTJ QUCDX UCVBI ZVSHT..

N° 21. — CGQGN LRFEC ADVLR GBOEG RFAHL PDOAO HTERF ZAUCA RUVEH YQHQT AQILR NOHDH GNDQH FDNCQ RLRUE ZORUL ODZEP QGRDL OHIGR TFZEO KVAOH ANIGR TFPRL.

N° 22. — GPAUE QDPEP UHAQB HGMPE QZCMP JHBHX EQEKP BCBRC AMUBH CBRZC AZMPI RBCLP MXKQZ SJEMC RBMHE CXERM CGREX CKQBR XEHVR XHVMB TDAHC QCMZC.

N° 23. — JLFBN XSYIN MSGAJ LTMTN LXHXH JMYZG AHMTL HMBNT XCTON AGMBY XLNBS YXMSG XHTOE XHTOT XGOKQ.

Substitutions simples avec renversement des fréquences.

Note. – Les exercices 24 et 25 comportent des fautes de chiffrement qui permettront d'entamer les décryptements.

N° 24. — 12511 51259 15732 14217 16161 22412 51146 11512 61171 52122 15274 25942 22231 21612 21421 61673 23425 12421 14516 12714 23274 21524 12181 22342 61175 14218 17517 10112 22151 22116 12712 24215 61171 21541 12511 21542 16241 21642 24170.

N° 25. — 44958 55348 85695 69567 48689 06767 80546 97067 53907 95399 69798 05499 68485 49969 67799 06795 67489 86975 75697 66968 80549 06779 68807 69567 79947 67959 85906 85985 90485 39953 90487 69554 89997 94898 99535 36990 53905 29953 98900.

Autres exercices de substitutions simples avec renversement des fréquences.

N° 26. — NEJALONOLU LUNOBUNELO JULOJULUJO LOVOBALOJA VOVILOLONO VOJIJABUVI LONEVULOJU LUVULOJALU LOJUNEVULU LANELUBALO NIVULAJALU JOLOBANOJO JIBALOJAJA LOVAJINOVU LONÈ-JUJUJI NONENUVUJI VEJOLONILA VULULOJUNU LOVULULOJU NOJULOVANU

NOVULOVUJO LOBUNELOBA BUNELOJULO BALOVALOJA LUJUJOLOLU
VUNOJAVOVI LOLOVUNONU NULAVULUJU NEJILUPAPA.

N° 27. — RIFEKIFUCU CIFEKEPAFU FIRIFERIKE KIKIFURIFI KOFUKARICU
CORIKIFUKA RICEFERUKE COCUCECORA ROKACOFIRO FEKARIFECI
PUFEFIKEFI CEFECIKIFE RIFIFETICE FEREROKEPI KAFERIFEPO CORUFECUFI
FECUPOKEPO FECEKECUCI PUKEKOKOKE CORIFECERO COFERI.

Substitutions doubles.

N° 28. — PAIKI GLQSV XGZAE AMBSB SPEIK MGOAN BXVGI YELMT
CSFIT EIEUH NXVMJ IFIHG XIPCL XFIBT MIKXE VTQTX FMGEQ NEBKB
EPAGL PRSQC MXZFD QSFHR HSJXP.

N° 29. — YEGFU NRGIE FYQRG XEAVX ATHKQ SBHZB FXHXQ SASZX
FEPMQ UFXAF NUQDR GBUBP.

N° 30. — DENYA PHIJM AHVGV QHECR VIJRV QEIHE NEAYO ILVAE
NEJGV IAYVY NIDEN KVQAR LELTJ SRMKM KRFIA IFSXZ KECEQ.

N° 31. — IRPRY DQKYN QRTLY SGMMN XAJYF AGRII OMYMQ DLPVV
IRPRY DAPTR ZEYLA XVOAV IYAZL SPEMT NECNF DYRVA CTMIF LAQYN
GSYRK RNPBR NEQVM DMRGE OEZEH EPEJY OEYLY MARND QMCTN ECLYE
OSAXF ESELE OMFSR ELOJY YVQNN UAPFE ZEHTQ XTGQD YLAZL SMRGE
OIHCM SXEPI HTMTC VAHYP ULFAC I.

N° 32. — KLVSV RSRPV LGQNG LVPKL ECGVE UTIXN ACQNY QREEO
EGVAM CQDXF EBUUT BEEEI NIMCI JEFEK GCDUU IHPJM SSUSF IOAPS
XVDMN GNITI KOPNX OEFTP EIQUM APTXV RVIPF XTIVU TAVKX RNUAB
PSAQX EVGLR DGGKC DRTKO GOIDI VABTE JUUCA.

Exercices sans indication de système.

N° 33. — LCAUS LYSAT LSMTI NNSEM ROADT OSIDE EEOIR SEOEE EICGC
IERLU RALMQ SCESN TNIPN SUSIR EEPNA SNEIU GTEEI TETRM EIIMI EARSE
LCTAI APREE ISNCO EPRRS UTDUL UNQLE LDNAI SASFR RCOHT ISEOE DCPQN
EPATN ALCML PSAMA CNEII SODML EAANR SOASG SAEIP SINST QTEOR STTEA
YPERR PNMSU TEEES OPJ.

N° 34. — CRMEI QGUEN QJQUI HXBUJ XMENG UBCGQ RQIQM EGUHO
XUDQP UENIU EYXUP QUXUB QDEUH EXUDQ PUENU EIMHN QURUN CRMEI
JCQNG UIYXQ IMEEQ UXICY YCXNU ECENC HEUGQ RQIQM EFHQI UXCQN
UEIMH NQUEG UBCGQ RQIQM EGCNN CFHU.

N° 35. — 23919 34234 23941 06793 93423 46734 48424

21842 93096 72553 42904 21848 23181 03419 10184 89342
23484 82325 53423 43153 31671 33442 91484 24819 10184
89342 23484 82325 53424 29494 42904 29042 23944 21923
91915 36731 42942 31819 42159 42390 90423 49467 18152
31848 42936 74242 18184 29067 42230 92393 31423 12318
34942 37110 53931 84242 42483 12318 34942 31853 67483
15331 67133 35367 48531 84223 48486 74853 31421 84248
48429 04218 48314 21542 18346 79442.

Nº 36. — ZHUVG LAKHY UHVDL FRQVX DXHQR PEUHY ASHXL XVIUR
YSHVF LUFYO DQXGH ZLQFH OOHVZ HUVFK DPSRL VBZHU VPLGL PRYZH
PHQXV GHZRL XYUHV GDQVO HVGHY AVHQV PDLVS OYVLP SRUXD QXVZH
UVOHQ RUG.

Nº 37. — EOJIV OUAZE OSAIR NOJAX HIQCF TNITS QCJOA SESRN VQUCE
UCCGS PATIB JPHGH COFHQ BZSQE XLZXZ LGQUC ECGCG HDATB UIFAK
AYSIS GTMXH EUSSO ZEOSA IRNYD URRGT SAOQE USGRR FXHQS G.

Nº 38. — NLPLD EGENS IVIOE DAOEI QMTRT SEEED TTDRU EETEX
ARUUE AIUMB EIIDO ENLET UEREP DAEEU LVIRD EDMNN AECAD DSSEI
LIMTD TSEME ESPSX ASEGE RDNMU CEODS TREAX CVCSH FORSP QBXMO
NANEU CTEIX EIEIS TSDAI ESTJE ERHCA EMPGI ERSNU EUMEI TNQBT EUSZZ
VSALE SRSTC LILUT.

Nº 39. — CECOMECOVU CUVOMEJULE MAVOCEJILI VUCELUCOCO
VOCELOLECE MOVOLIVUCE MOMEVOJUCE VEVICEVEJU CELOVULICO VOME-
LIJUJU CEMALOCELO CELULUCEVU LICELOCELU MOMEVOCOLI VEMAJULICE
VOCULUCOCE MAMALUCEMI MICECOLECE VUCUVOMEJU LILOMELUCO
LOMAVOLUCU LOVICUVUVU CELOJUCELO VEMALEVOCE LOMELAMELU
COJECEMEMA VECUMAMOME LOCUMAMIMI VOLIVOJUCE MIJUCUCOCO
SEVUCELUCO MECECOCEJI VOMELULE.

Nº 40. — ANNTE MMHFJ GOFJR IDARU NFFSA JPTBU BFVMS UICRI EDAEA
XOSEM JOQSJ OESAT RAEUF GJMYS FX.

Nº 41. — RNIAS DANEE NEUEO NCEMT CINDI UHNIE EDODS EANRS POISA
INASN RVFCX OUARN YNAZ.

Exercice dont la solution ne sera pas donnée.

Monsieur,

En réponse à votre xuryz du 25 mars, je huhc informe que
l'expédition des caisses lqvshfxhyu de 1204 à 1220 a été faite

pyhoohughpdlq le 12 mars ainsi que l'a rqchkhyuh ma facture
du vfdihyqlrq 13 mars.

Je fais toutes recherches utiles, réclamez de votre côté à
gare destinataire.

Salutations.
Bernard.

SOLUTIONS DES EXERCICES

N° 1. — Avons trouvé parmi les prisonniers faits au cours
de l'opération de cette nuit des soldats de la classe mil neuf
cent vingt.

N° 2. — Des déclarations de prisonniers assurent que l'attaque est tout à fait imminente.

N° 3. — En raison de la pénurie de câble téléphonique on
devra se borner à établir les liaisons tactiques les plus importantes. S'en tenir à un petit nombre de bonnes lignes instal-
lées autant que possible à l'écart des routes, avoir de nombreuses équipes de réparation.

N° 4. — Après une préparation d'artillerie commencée vers
une heure du matin, l'infanterie allemande est partie à l'attaque, l'ennemi n'a progressé que lentement au prix de grandes
difficultés et dans des limites restreintes. Le combat continue
dans notre zone avancée sur l'ensemble du front de la division.

N° 5. — Dès que la progression s'arrêtera se hâter d'installer
les postes d'écoute qui sont une source de renseignements précieux.

N° 6. — L'infanterie ennemie a gardé une attitude généralement défensive.

N° 7. — Quelques patrouilles ont cherché à aborder nos
lignes dans les bois de Condé et au Clos-Milon.

N° 8. — On se contentera d'émettre par T. S. F. avec le
minimum d'énergie.

N° 9. — A l'intérieur de la division employer exclusivement
les antennes dirigées.

N° 10. — L'activité de l'artillerie a été faible dans la nuit et
dans la journée, peu de réaction à nos tirs, peu de harcèlements
sur les routes.

N° 11. — L'observatoire du point deux-cents parait abandonné depuis hier dix-neuf heures. .

N° 12. — Veuillez faire connaître immédiatement si travaux prévus par note du onze ont été exécutés.

N° 13. — A minuit précises déclencher douze salves de cent cinquante-cinq sur maison carrefour Quatre-Chemins.

N° 14. — Travailleurs ennemis ont été aperçus point quatre-vingt quarante-deux semblant commencer ouvrage fortifié.

N° 15. — Le ravitaillement ne nous est pas parvenu, avons utilisé un jour de vivres de réserve.

N° 16. — Le petit poste du Point du Jour a reçu huit obus de soixante-dix-sept, un homme tué deux blessés.

N° 17. — Notre coup de main a pleinement réussi, avons fait quatre prisonniers, n'avons aucune perte.

N° 18. — Attaque ennemie paraît en préparation pour ce soir, préparez tir de barrage en avant de la tranchée de Berlin.

N° 19. — Un aéroplane ennemi a survolé nos lignes ce matin de neuf heures à neuf heures trente, sa présence a coïncidé avec un tir d'obus de deux cent dix sur le centre de résistance des Paroches.

N° 20. — Vous signale combat aérien au-dessus de Saint-Mihel, un avion ennemi s'est abattu en flammes au nord-est de la ville.

N° 21. — Liaison téléphonique interrompue, urgent déclencher barrage, avons surpris par T. P. S. l'annonce d'un coup de main pour vingt-deux heures vingt.

N° 22. — Malgré barrage l'ennemi a réussi à pénétrer dans nos lignes, nous lui avons fait deux prisonniers, trois morts, de notre côté cinq blessés.

N° 23. — Un gros dépôt de munitions a sauté ce matin à trois kilomètres nord-est de Sailly-Saillisel.

N° 24. — En représaille de notre tir sur Bapaume, les Allemands ont bombardé ce matin à cinq heures le Q. G. de la D. I.

N° 25. — Poursuivons l'ennemi en retraite mais maintenons difficilement le contact quelques rares combats d'arrièregarde.

N° 26. — Une attaque s'est déclanchée à cinq heures trente sur tout le front de la D. I. L'ennemi a réussi au prix de fortes pertes à s'emparer de quelques éléments de tranchées, rapport suit.

N° 27. — Réponse à votre rapport, fournir pour demain dix-huit heures l'état des pertes de chaque régiment engagé dans l'affaire d'hier.

N° 28. — D'après des déclarations de prisonniers il est pos-, sible qu'une division supplémentaire ait été mise en ligne dans le secteur des Monts.

N° 29. — Les minenverfer seraient très nombreux dans le secteur en face de nous.

N° 30. — L'artillerie de campagne ennemie paraît s'être avancée et-être largement approvisionnée en obus à gaz.

N° 31. — Ordre du Général Commandant la troisième D. R. Par ordre de l'Armée, les convoyeurs des trains de ravitaille-ment seront porteurs d'armes à feu, éventuellement de mitrailleuses légères. Ils feront éventuellement usage de leurs armes en cas de tentative de pillage.

N° 32. — Il est rappelé que le pillage est puni conformément au code de justice militaire de réclusion jusqu'à dix ans et d'un emprisonnement ne pouvant être inférieur à dix ans ainsi que de la dégradation militaire. Rusch.

N° 33. — La sécurité des communications par T. S. F. n'est garantie que si l'on réduit leur emploi au strict nécessaire. En principe n'employer les radios que s'il n'y a pas de téléphone et passer uniquement des messages tactiques importants rédigés sous la forme la plus concise et jamais en clair.

N° 34. — Avons identifié sur le front de la division deux régiments en première ligne un régiment en soutien et avons fait des prisonniers appartenant à une division qui serait en soutien de la division d'attaque.

N° 35. — Après avoir résisté énergiquement à nos contre-attaques du dix-sept et contre-attaqué elle-même avec appui de lance-flammes l'infanterie ennemie a gardé dans la journée et dans la nuit du dix-huit une attitude nettement défensive.

N° 36. — Vers dix heures ai constaté nombreux petits groupes circulant de Vincelles vers Champoisy, — vers midi mouve-ments de voitures dans les deux sens mais plus importants vers le nord.

N° 37. — Ravitaillement en munitions, faire envoyer cent

cinquante cartouches par homme, deux mille cinq cents par mitrailleuse faites également envoi de grenades et de fusées.

N° 38. — En vue de l'attaque il sera distribué par homme deux mille cent grammes de pain, deux boîtes de quatre cents grammes de viande, sept cent cinquante grammes de biscuit, deux bouteilles de café, ces vivres seront utilisés pour les journées du seize et du dix-sept.

N° 39. — État moral du régiment. — Très déprimé par l'échec, les mitrailleuses ennemies en particulier ont eu un effet démoralisant sur nos hommes; les cadres ayant eu beaucoup à souffrir, le flottement a été grand.

N° 40. — La ligne d'infanterie qui nous fait face sur la rive nord de l'Aisne paraît très faible.

N° 41. — Un drachen ennemi a été incendié au nord de Soissons par un avion français.

INDEX ALPHABÉTIQUE

E

INDEX
DES TABLEAUX ET ILLUSTRATIONS
DANS LE TEXTE

———

TABLE DES MATIÈRES

TROISIÈME PARTIE

LA CRYPTOGRAPHIE PAR FIGURES ET SYMBOLES

ANNEXES

EVREUX, IMPRIMERIE CH. HÉRISSEY. 795

ERRATA

Page 2, note 1, lignes 3 et 4, *au lieu de* : « cryptomenityce », *lisez* : « crypto-menytice ».

Page 27, note 1, ligne 1, *au lieu de* : De occultis litterarum, *lisez* : De occultis literarum.

Page 106, ligne 7, *au lieu de* : que des chiffres. *lisez* : que des chiffres ;

Page 107, ligne 14, *au lieu de* : 1.000 lettres, *lisez* : 998 lettres.

Page 107, ligne 14, *au lieu de* : sur 10.000, *lisez* : sur 9.760.

Page 107, ligne 15, *au lieu de* : sur 80.000, *lisez* : sur 80.240.

Page 108, ligne 3, *au lieu de* : Vesin (sur 1.000), *lisez* : Vesin (sur 1200).

Page 108, ligne 3, *au lieu de* : M 46, *lisez* : M 26.

Page 108, ligne 5, *au lieu de* : Kerckhoffs (sur 1000), *lisez* : Kerckhoffs (pour 998).

Page 108, ligne 6, *au lieu de* : Valerio (sur 10.000), *lisez* : Valerio (pour 976).

Page 108, ligne 7, *au lieu de* : de Viaris (sur 80.000), *lisez* : de Viari (pour 1.003).

Page 108, lignes 12 à 18, *au lieu de* : la lettre E représente 16,66 p. 100 environ du total des lettres dans un texte de 1.000 lettres. Les lettres NSAIR représentent chacune 10 p. 100 du total. Les lettres TUOL représentent chacune 6,66 p. 100 du total. Les lettres VFBGQ représentent 1 p. 100. Quant aux lettres HXJ, elles représentent 0,4 p. 100, les lettres YZ, 0,2 p. 100 et les lettres KW, 0,1 p. 100, *lisez* : la lettre E représente 17,29 p. 100 environ du total des lettres, dans un texte de 1000 lettres. Lés lettres NSAIR représentent chacune 7,47 p. 100, soit ensemble 37,35 p. 100 du total. Les lettres TUOL représentent chacune 6,26, soit ensemble 25,04 p. 100 du total. Les lettres DCMP représentent chacune 3,33, soit ensemble 13,32 p. 100 du total. Les lettres VFBGQ représentent chacune 1,06, soit ensemble 5,30 p. 100 du total. Quant aux lettres HXJ elles représentent chacune 0,46, soit 1,38 p. 100 du total, et les lettres YZ, 0,16 chacune, soit ensemble 0,32 p. 100 du total. Les lettres XW sont comptées pour zéro.

Page 109, ligne 17, *au lieu de* : EN - 27, *lisez* : EN - 37.

Page 109, ligne 17, *au lieu de* : AI - 10, *lisez* : AI - 36.

Page 109, ligne 18, *au lieu de* : ON - 27, *lisez* : ON - 28.

Page 109, ligne 18, *au lieu de* : SE - 29, *lisez* : SE - 19.

Page 109, ligne 18, *au lieu de* : A I - 36, *lisez* : A I - 10.

Page 111, ligne 17, *au lieu de* : chacune 6,60 p. 100 (total divisé par 15), soit 26,24 p. 100, *lisez* : chacune 6,26 p. 100 (total divisé par 16), soit 25,04 p. 100.

Page 111, ligne 20, *au lieu de* : 16 à 17 p. 100 (total divisé par 6,2), *lisez* : 19 à 21 p. 100 (total divisé par 5).

Page 111, ligne 22, *au lieu de* : Q H X, *lisez* : Q H X J Y Z.

Page 113, ligne 10, *au lieu de* : sur 1.000, *lisez* : sur 996.

Page 113, ligne 14, *au lieu de* : Kasiski, E N I R S A H R, *lisez* : Kasiski, E N I R S A H T.

Page 113, ligne 21, *au lieu de* : Valerio (p. 1600), *lisez* : Valerio (p. 1000).

Page 113, ligne 22, *au lieu de* : N - 115, *lisez* : N - 116.

Page 113, ligne 22, *au lieu de* : Kasiski (p. 1060), *lisez* : Kasiski (p. 1052).

Page 113, ligne 23, *au lieu de* : Fleissner (p. 1000), *lisez* : Fleissner (p. 996).

Page 114, ligne 10, *au lieu de* : N N E 11, *lisez* : N D E 11.

Page 114, ligne 23, *au lieu de* : Valerio (1126 sur lettres), *lisez* : Valerio (sur 1126 lettres).

Page 115, ligne 25, *au lieu de* : E T O A N I R D L, etc..., *lisez* : E T O A N I R S H D L, etc...

Page 118, ligne 2, *au lieu de* : par 1000, *lisez* : pour 579 lettres.

Page 118, ligne 11, *au lieu de* : par 1000, *lisez* : pour 831 lettres.

Page 118, ligne 21, *au lieu de* : pour 1.000 lettres, *lisez* : pour 1 000 lettres environ.

Page 118, lignes 24 à 30, *au lieu de* : Français, *lisez* : Français (pour 1.010 lettres).

Page 118, lignes 24 à 30, *au lieu de* : Allemand, *lisez* : Allemand (pour 1.038 lettres).

Page 118, lignes 24 à 30, *au lieu de* : Anglais, *lisez* : Anglais (pour 1.000 lettres).

Page 118 lignes 24 à 30, *au lieu de* : Italien, *lisez* : Italien (pour 1.000 lettres).

Page 118, lignes 24 à 30, *au lieu de* : Espagnol, *lisez* : Espagnol (pour 1.000 lettres).

Page 118, lignes 24 à 30, *au lieu de* : Hollandais, *lisez* : Hollandais (pour 579 lettres).

Page 118, lignes 24 à 30, *au lieu de* : Latin, *lisez* : Latin (pour 831 lettres).

Page 118, ligne 28, *au lieu de* : L 21, *lisez* : L 22.

Page 261, ligne 11, *au lieu de* : en France et en Alsace, *lisez* : en France, spécialement en Alsace.

Page 321, ligne 28, *au lieu de* : mmess, *lire* : mess.

Page 330, ligne 23, *au lieu de* : — - D, *lisez* : —-- D.

Page 332, ligne 37, *au lieu de* : ——— A E E, *lisez* : —- A E E.

Page 333, ligne 41, *au lieu de* : Y — ——, *lisez* : Y —--

Page 334, ligne 7, *au lieu de* : ——- T D, *lisez* : — —-- T D.

LIBRAIRIE FÉLIX ALCAN

108, Boulevard Saint-Germain, Paris 6ᵉ

L'Écriture et le Caractère

Par CRÉPIEUX-JAMIN

1 volume in-8°, 7ᵉ édition.

Les
Bases fondamentales de la Graphologie
et de l'Expertise en écritures

Par LE MÊME

1 volume in-4° avec 21 planches.

Le Langage graphique de l'Enfant

Par G. ROUMA

1 vol. in-8° avec figures et planches hors texte, 2ᵉ éd. revue

---

L'Écriture des Musiciens célèbres
ESSAI DE GRAPHOLOGIE MUSICALE

Par L. M. VAUZANGES

1 vol. in-8° avec 18 reproductions d'autographes.